大学生心理健康

主编 吴燕霞 周 圆

中国教育出版传媒集团

高等教育出版社·北京

内容提要

　　心理健康教育是高校人才培养体系的重要组成部分,有助于提高大学生心理素质、促进身心健康和谐发展。本书共十五章,主要包括大学生心理健康概述、心理异常识别与应对、心理困惑与心理咨询、自我意识与自我调节、人格心理与人生发展、家庭关系与成长历程、沟通合作与人际交往、亲密关系与性心理、情绪识别表达与调适、资源取向与挫折应对、学习心理与时间管理、职业生涯规划与发展、网络媒体与心理健康、危机应对与生命教育、积极心理与健康成长等方面内容。

　　本书既可以作为普通高等学校大学生心理健康课程教材,也可以供广大心理学工作者、德育工作者等阅读参考,还可以作为广大青年朋友提高心理素质的参考用书。

图书在版编目（CIP）数据

　　大学生心理健康 / 吴燕霞,周圆主编. -- 北京：高等教育出版社,2024.9. -- ISBN 978-7-04-062930-9

　　Ⅰ. G444

　　中国国家版本馆CIP数据核字第20241RC225号

Daxuesheng Xinli Jiankang

策划编辑	汪 鹛	责任编辑	易星辛 李 淼	封面设计	张雨微	版式设计	徐艳妮
责任绘图	裴一丹	责任校对	吕红颖	责任印制	刘弘远		

出版发行	高等教育出版社	网　址	http://www.hep.edu.cn
社　址	北京市西城区德外大街4号		http://www.hep.com.cn
邮政编码	100120	网上订购	http://www.hepmall.com.cn
印　刷	涿州汇美亿浓印刷有限公司		http://www.hepmall.com
开　本	787mm×1092mm　1/16		http://www.hepmall.cn
印　张	21		
字　数	440千字	版　次	2024年9月第1版
购书热线	010-58581118	印　次	2024年9月第1次印刷
咨询电话	400-810-0598	定　价	42.90元

本书如有缺页、倒页、脱页等质量问题,请到所购图书销售部门联系调换

版权所有　侵权必究

物料号　62930-00

本书编委会

主　编　吴燕霞　周圆

副主编　吕晓丽　徐欣颖　乐嘉立

编　委　（按姓氏笔画排序）

马婷婷　王　枫　乌阿茹娜　石湖清

刘世宏　米依尔　李欣蔚　李思嘉

李　洁　吴娅婕　宋　超　陈燕维

祖燕飞　徐璐璐　郭仁龙　唐昱欣

前言

　　大学生作为国家未来的栋梁、民族发展的希望，肩负着祖国繁荣昌盛的重任。大学生是一群对未来充满期待、对知识兴趣浓厚、对事物拥有好奇、本身朝气蓬勃的青年，正处于世界观、人生观、价值观形成的关键时期，面对多元文化交叉、国际局势变幻莫测、经济持续快速发展、网络信息发展迅猛的社会，新时代大学生的价值观念、社会认知、心理成长都会受到影响和挑战。促进学生身心健康、全面发展，是党中央关心、人民群众关切、社会关注的重大课题。党的二十大报告明确提出，重视心理健康和精神卫生。教育部等十七部门印发的《全面加强和改进新时代学生心理健康工作专项行动计划（2023—2025年）》中指出，培育学生热爱生活、珍视生命、自尊自信、理性平和、乐观向上的心理品质和不懈奋斗、荣辱不惊、百折不挠的意志品质。作为高校心理健康教育工作者，开展心理健康教育工作就是落实这一重要的使命。

　　本教材坚持以习近平新时代中国特色社会主义思想为指导，深入贯彻党的二十大精神，突出体现心理健康教育在高校人才培养体系中的重要地位和作用。本教材内容贴近学生现实生活，符合身心发展需要，便于学生掌握并应用心理健康知识；有助于培养各方面能力，切实提高心理素养，促进学生全面发展。全书体例新颖适用，设计了心灵导航、心灵故事、心灵小窗、心医之窗、心理科学、心理热点、心灵补给站、心灵保健操等模块，讲述与主题相关的案例或故事，介绍经典心理学实验，分享与主题相关的体验性活动和心理调适方法，将理论研究、案例分析和体验互动相结合，既注重价值引领、知识传授，又为当代大学生提供常见心理困惑的应对思路和策略，具有思想性、实用性、针对性、时代性、趣味性。

　　本教材是集体智慧的成果。吴燕霞、周圆担任主编，统筹全书编写工作；吕晓丽、徐欣颖、乐嘉立担任副主编协助统稿。具体分工如下：上海师范大学吴燕霞（第一章和第六章）、周圆（第一章和第十五章）、徐欣颖（第四章）、乐嘉立（第十三章）、马婷婷（第十四章）、乌阿茹娜（第五章）、石湖清（第九章）、刘世宏（第三章）、吴娅婕（第二章）、李欣蔚（第十一章）、陈燕维（第八章）、唐昱欣（第八章）、郭仁龙（第四章）、尹元花（文书工作），上海健康医学院吕晓丽、王枫、祖燕飞（第七章），江西师范大学李洁和贵州大学宋超（第十二章），上海交大医学院徐璐璐（第十一章），新疆伊犁师范大学米依尔、李思嘉（第十章）。在此，对以上高校和老师们的辛勤付出表示衷心感谢！我们还要特别感谢上海师范大学对本书的大力支持，感谢高等教育出版社编辑为提升本书质量所做的大量工作。

在编写过程中，我们参阅了大量国内外心理健康方面的文献和专家学者的研究成果，在此向相关作者表示感谢。

由于编写时间紧张，加上编者水平有限，不足和疏漏之处在所难免，敬请广大读者批评指正。

吴燕霞

2024年5月

目 录

第一章

课程导论：
大学生心理健康概述

 文化润心

司马牛问君子。子曰："君子不忧不惧。"曰："不忧不惧，斯谓
之君子已乎？"子曰："内省不疚，夫何忧何惧？"

——《论语·颜渊》

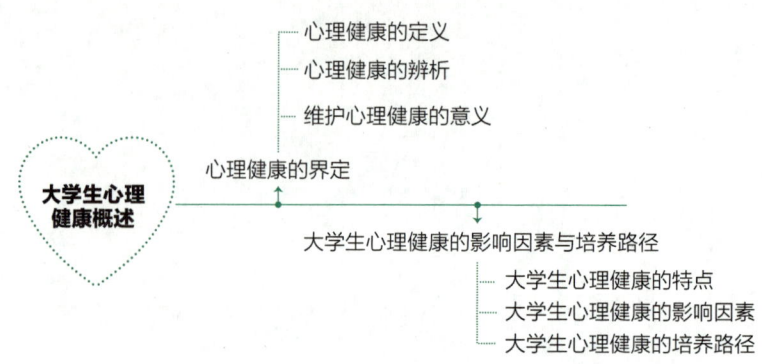

心理健康的定义
心理健康的辨析
维护心理健康的意义
心理健康的界定

大学生心理健康概述

大学生心理健康的影响因素与培养路径
大学生心理健康的特点
大学生心理健康的影响因素
大学生心理健康的培养路径

我的心理健康吗?

小茜是个进入大学不久的学生,她发现自己在大学里有了自由度,生活和学习有了自主权,反而不知道该怎么安排时间了。高中时小茜成绩还不错,但高考没有发挥好。她有些不甘心,想通过考研来实现自己最初的梦想,但大学的学习自主性很强,进度很快,许多内容要靠自学。这和高中时期的学习形式完全不一样。小茜还没找到重拾学业自信的状态,心里有点着急。当看到同学学习时会倍感压力,觉得周围的人都比自己强,而自己又无法完全投入学习,因此小茜感到焦虑和迷茫。

小东也是大学新生,中学时期没有住校的经历,大学集体生活让他有些烦恼。他发现寝室里的同学各有各的生活习惯和作息时间。晚上寝室里有打电话的,有看视频的,有玩游戏的,有去参加社团活动的,这些与自己早睡的习惯不一样。寝室里的高低床睡得不如家里的床踏实,导致睡眠质量不好。白天昏昏沉沉,听课受影响,情绪上也愈加烦躁,看什么似乎都不太顺眼。寝室同学小A邀请自己参加生日晚餐,自己也婉拒了。那天小A生日,寝室其他同学都去了,只有小东一个人留在寝室,他又觉得闷闷不乐和格外孤单。

在进入大学后,小茜和小东都有来自学业、人际、情绪或生活环境等方面的烦恼。他们的心理状态是否不健康? 心理健康的标准又是什么?

一、心理健康的定义

什么是心理健康？有人说心理健康是每天都很快乐，有人说心理健康是没有精神疾病，有人认为心理健康也包括身体健康，有人认为心理健康是由外部环境决定的。心理健康的定义存在许多说法。

人本主义心理学家马斯洛认为"自我实现、充分发挥个人天性的人就是心理健康者"，他在需求理论的基础上提出了心理健康的概念。结合人本主义流派和马斯洛的需求理论，将此概念进一步展开，即心理健康的人具有如下特征：对现实更有效的知觉；对自我、他人和自然的接受；行为的自然流露；责任感和献身精神；独处和独立的需要；自主的活动；不断更新的鉴赏力；高峰体验；对所有人的爱的情谊；人际关系融洽；民主的性格结构；手段和目的、善和恶之间的辨别力；富有哲理的、善意的幽默感；创造性；对文化适应的抵抗等。

拓展知识：
马斯洛提出的心理健康十条标准

实验社会心理学创始人、美国人本主义代表人物奥尔波特，则把心理健康定义为"成熟的人为心理健康者"，该定义的外延包括：自我意识广延；良好的人际关系；情绪上的安全感；自觉客观；具有各种技能，并关注于工作；现实的自我形象；内在统一的人生观等。

我国学者张春兴和杨国枢提出"心理健康应含有客观和主观两个因素；个人的心理健康多由在团体中人际关系而表现，因此它含有社会意义"。胡江霞认为"心理健康状况是指内部发展与外部适应的'幸福状态'"。谭和平提出"心理健康就是指个体的全部心理活动过程处于正常完满的状态"。刘华山则认为"心理健康指的是一种持续的心理状态，在这种状态下，个人具有生命的活力、积极的内心体验、良好的社会适应，能够有效地发挥个人的身心潜力和积极的社会功能"。

世界卫生组织（WHO）认为心理健康是健康的重要组成部分，其对健康定义为："健康不仅仅是没有疾病和痛苦，而是一个人在身体、精神和社会适应能力各方面都处于良好状态"。这个定义表明，心理健康包含身体健康、心理健康、社会适应性较好以及道德健康。心理健康的人有现实感、情绪与情境的匹配；有专注的事情，善于学习；了解自己，愿意努力改善；安然接受不可改变的缺陷；良好稳定的人际互动；主动管理自己的生活和健康；积极处理生活中出现的各种问题。2001年，WHO进一步提出："心理健康是一种幸福的状态，在这种状态下，个人能够应对正常的生活压力，能够富有成效地工作，并能够为自己所处的环境作出贡献。"

拓展知识：
世界卫生组织提出的心理健康七条标准

来看看心灵故事中的小茜和小东，他们都面临着进入大学校园后来自学业、人际等方面的新挑战，能够觉察和接受大学和高中生活的巨大差异。如果他们愿意努力调整原有的模式，顺应新环境，减少负面情绪，结交新的同学、学长、老师和朋友，主动管理自己的生活、学习。那么，小茜、小东将和绝大多数新生一样，经过一段时间能够适应大学生活，积极、健康地成长。

从上述定义中可以发现，心理健康的定义不仅仅是一种狭义的心理层面的健康，它对生理健康、道德健康、社会关系健康等方面作出了要求，是一种全方位、多层次、高标准的健康。

二、心理健康的辨析

（1）心理健康的人是否就没有痛苦和压力？首先，要明确心理健康并非是一瞬间的健康，而是长期积累的心理过程。在长期的生活中，极少有人能做到完全不痛苦或者没有压力。其次，痛苦和压力只是一种心理体验，短期内痛苦和压力的存在是一种正常的心理现象，导致其出现的原因可能是环境改变所引起的心理和环境之间的一种不平衡状态。大家可以通过积极的自我调节、主动的适应行为，减少痛苦情绪、降低自身压力。但是，如果长期处于极度的痛苦之中或者自身无法承受的压力范围之下，并且已经对正常生活造成负面影响，甚至出现了躯体化反应，引起食欲不振、失眠、长期腹痛等，则需要及时寻求心理咨询中心或医院精神科的帮助。

（2）性格外向的人会比性格内向的人心理更健康？这里混淆了心理健康和人格的概念，其实二者之间并没有很强的相关度。性格的外向和内向并不代表心理健康水平有所差异。性格外向的人可能会因为过于在意他人的看法等陷入焦虑情绪，性格内向的人也不一定会因为缺少社交而抑郁。而且每个人的性格表现并非一成不变，可能会随着环境的变化而变化。但要注意的是，如果有同学突然从善于交际、阳光开朗的形象转变为不喜欢与人沟通、自我封闭的形象，那么可能是出现了心理上的变化。大家要敏锐发现他人的突然性转变，并且及时进行开导沟通。

（3）越聪明的人心理就越健康吗？同样，心理健康和智力水平之间是不存在高相关的，聪明并不代表心理健康。甚至，在外界表现出极高智力水平的人，由于承受更多的期待值、更大的责任以及对自己更高的要求等，反而会容易出现抑郁、焦虑、强迫症等症状。当然，心理疾病可能会导致学生出现懒惰、拖延、厌学、自闭等现象，这些现象可能会导致学习成绩下降，但这并不代表这些学生存在智力缺陷。

（4）心理健康的人不需要寻求帮助吗？心理疾病并非是突然出现的，而是逐渐形成的。有些同学可能认为自己很少会出现心理问题，所以不需要他人的帮助。实际上，心理疾病的预防同样重要，生活中出现的负面情绪、心理压力、危机事件等都可能成为心理疾病的隐性导火索。在自身积极调节的同时，也可以寻求学校心理咨询中心老师的帮助。除了抑郁、焦虑等情绪，在恋爱、人际交往、人生选择等方面，老师也乐意为同学答疑解惑，帮助同学作出合理的选择，走上更加健康的人生道路。

（5）道德越高尚的人心理越健康吗？道德高尚的人一般具有正确的世界观、人生观、价值观以及丰富的精神世界。但是，心理健康不仅仅只有道德健康一个维度，个人的幸福感、获得感等同样重要。

（6）没有心理疾病就是心理健康吗？心理疾病即在某一个或多个方面达到了心理学上所规定的临界值，但并不等于各项指标没有达到临界值就是心理健康的状态。心理也可能长期处于亚健康的状态，比如长期拖延、贪睡、厌世等，也可能是自我同一性混乱、自我效能感较低等。

（7）心理健康的人不会和别人发生矛盾吗？心理健康的人一般具有更加开阔的胸怀和更加广阔的视野，能够维持良好的人际关系，但并不代表他们不会和别人在观点、利益等方面产生分歧，发生矛盾。与人交往的过程不会事事顺心，差异必然存在，但心理健康的人会用更加有效的方法解决矛盾，促进沟通和发展，达到双方的平衡。

（8）情绪稳定是心理健康的表现吗？长期处于稳定的积极情绪之下，一定程度上确实代表了此人的心理健康水平较高。不过需要注意的是，情绪稳定并非是情绪完全没有波动，而是指在短暂的情绪体验之后，能够迅速调节回正常水平，避免过多的情绪消耗。较高的情绪调控能力是心理健康的重要表现之一。

三、维护心理健康的意义

《"健康中国2030"规划纲要》第五章中明确提出，"加强心理健康服务体系建设和规范化管理。加大全民心理健康科普宣传力度，提升心理健康素养。加强对抑郁症、焦虑症等常见精神障碍和心理行为问题的干预，加大对重点人群心理问题早期发现和及时干预力度。加强严重精神障碍患者报告登记和救治救助管理。全面推进精神障碍社区康复服务。提高突发事件心理危机的干预能力和水平。到2030年，常见精神障碍防治和心理行为问题识别干预水平显著提高。"

《普通高等学校健康教育指导纲要》中明确提出，心理健康是高校健康教育的内容之一，其目标是"树立自觉维护心理健康的意识，掌握正确应对学业、人际关系等方面的不良情绪和心理压力必需的相关技能，提高心理适应能力"。

大学生充满活力、拥有好奇心，他们对知识有着浓厚的兴趣，对未来充满期待，对新鲜的事物持有开放的态度；他们处于世界观、人生观、价值观形成的关键时期，面对复杂的社会环境及国际局势，可能会出现心理健康问题。作为国家未来的栋梁、民族发展的希望，大学生肩负着祖国繁荣昌盛的重任。因此大学生维护自身心理健康具有重要意义。

（1）提高适应能力。大学是人一生中重要的转折点之一，大学生需要面对人际关系、学业、发展等方面的变化。健康的心理可以帮助学生增强对新环境和挑战的适应能力，缓解心理压力，增强应对困难的韧性。

（2）预防和减少心理健康问题。大学生应该关注自身的心理状态，及时寻求干预，减少心理疾病的发生和恶化。

（3）促进人际关系的和谐。大学生还要注重个体与他人之间的关系，更好地理解他人，提高人际沟通和协作的能力。

（4）培养社会责任感。心理健康注重个人对社会的贡献，健康的个体应该表现出积极的社会责任心态。

大学生心理健康不仅仅影响个体的健康情况，同样也关系到青年群体的未来发展和社会责任承担。个体的心理健康影响到周围人际关系的心理健康，大学生群体的心理健康同样会成为社会心理健康水平的重要指向标。

第二节
大学生心理健康的影响因素与培养路径

一、大学生心理健康的特点

（一）大学生心理健康状况

中国科学院心理研究所、社会科学文献出版社发布的《大学生心理健康状况调查报告》（以下简称《报告》）通过实际调查以及汇总数据，本着客观、科学的态度得出了目前中国大学生整体心理健康状况良好的结论。《报告》围绕大学生心理健康相关性最为紧密的睡眠、恋爱、学业等方面进行了深入的调查。

睡眠方面：调查结果显示有接近8成的大学生表示自己每日睡眠时长≥7小时，占比79.14%，表示自我睡眠质量良好的学生占比为53.80%。有效的睡眠能够帮助大学生获得身体所需的微量元素，使白天疲惫的神经得到良好的放松、休息，能够最大限度地降低呼吸系统、神经系统疾病的发生率。

恋爱方面：调查结果显示目前正处于恋爱状态的大学生占比为27.61%，同时，

25.40%正处于单身状态的大学生对恋爱表现出了较高的欲望，这说明当代大学生对恋爱抱有较高的期待和欲望。这主要是由于亲密关系的建立，不仅有助于缓解大学生孤独、无聊、焦虑的心理，同时更能够从情感上、心理上、行为上起到一定的慰藉、激励、规范效用，从而促使大学生对未来、人生、就业、生活产生高度的发展自觉性。

学业方面：考试是大学生成长过程中不可回避的重要事项。从小学、中学到大学，考试如影随形伴随着学生一次又一次的升学、成长。调查结果显示，大学生面对考试普遍存在一定的焦虑与压力，但同时也能够对自我不良心理作出有效的控制与疏导，能够在焦虑、压力心理的驱动下，有目的、有意识地开展学习活动。由此可见，适当的压力与焦虑能够对大学生的发展起到积极的作用，使之目标更明确、动力更强劲、愿景更强烈。

当代大学生年龄在20岁左右。从心理上来讲，这个年龄阶段属于青少年晚期、青年早期。大学生对待生活中出现的一切未知事物，常常表现出强烈的探索欲望与活力，但反观他们的后续行为往往又缺少理性的判断与思考，表现出草率、冲动的一面。大学生情感起伏变化较大，会因暂时获得的小惊喜、取得的小成绩而信心满满，也会因为生活学习中遇到的小挫折、小状况而垂头丧气；会受到榜样的激励而信心倍增、跃跃欲试，也会因一些失败和困难而心灰意冷甚至陷入深深的失落、无助当中。这些都是大学生心理复杂多变的表现，在大学生群体中具有普遍性。

（二）大学生心理问题特点

（1）自我意识强烈，集体意识薄弱。自我意识是一个长期形成的过程，当代大学生生活在一个开放、发达的社会，这种大环境影响着他们的心理、思维以及观念，使他们具备更强的自我意识。他们更多地关注个人发展与个人价值的实现，注重自己的情绪，遇事时先考虑自己的感受。有些人认为自己是世界的中心，不考虑别人的感受。这种心理虽然有利于形成乐观豁达的人生态度，但会催生不负责任、不顾道德伦理的行为。同时，受社会价值观念多样性、网络时代信息碎片化等因素的影响，大学生集体意识薄弱。有的人习惯沉浸在网络社交媒体世界中，不愿意参加现实的社交活动，更不愿意参与集体活动，对集体利益漠不关心，缺少集体荣誉感。例如，新生军训期间，有的人更多思考的是个人的舒适问题，缺少为集体争得荣誉的动力。

（2）情绪容易波动，自律性较差。竞争激烈的学习环境、社会舆论制造的观念以及父母的期盼等因素增加了大学生的学业压力，导致他们情绪容易出现波动。当遇到无法调节的情绪时，大学生往往不愿意与人沟通，将情绪深埋在心中，而且他们处于青少年到成年人的转变阶段，面临对自我身份、价值观的探索，这种不确定性可能导致其情绪容易波动。同时，他们自律性不够强，难以控制冲动，表现为过度消费、生活作息不规律、饮食不当、缺乏运动等不健康行为和生活方式。例如，有的大学生因第一次实现"财务自由"，出现"半月富裕，半月穷"的现象。大学生在刚步入大学时，容易出现对新环境不适应，这与情绪不稳定以及对新环境所带来压力不适应有关。

（3）易产生孤独感，心境问题增加。当代大学生成长在网络技术快速发展的时期，面对社交媒体的完美展示和社交圈的压力，他们可能感到与众不同或被落下。一方面，当代大学生多为独生子女，在步入大学生活前，很少经历集体生活，不太善于与人分享，与人沟通。随着家庭结构的变化和家长忙碌等原因导致缺乏家庭支持和陪伴。因此，在这个阶段他们会产生孤独感。另一方面，受现代社会快节奏高压力的生活方式、过度使用社交媒体和电子设备等因素影响，导致大学生遇到困难不擅长去主动解决，只是躲在自己的世界里，长此以往，心境问题有所增加。

（4）竞争意识强烈，精神压力较大。当代大学生见多识广、多才多艺、敢于表达自己，家长对教育更加关注，对孩子期许更高。大部分大学生从小就具有较强的竞争意识，这使得他们对外界认同自己的期许更加强烈。从衣食无忧的家庭生活切换到要依靠自己面对的大学生活，大学新生往往会感受到学业、生存、交往等方面的多重压力。尤其是从中学迈入大学，在中学时他们是佼佼者，到了大学发现同学们都优秀，这会让他们承受着巨大的心理落差，因此精神压力也会增加。

二、大学生心理健康的影响因素

大学阶段是青少年心理发展的重要阶段，也是心理变化的特殊时期。心理健康状况影响着大学生的正常学习和生活。心理学研究表明，影响大学生心理健康状况的因素十分复杂，概括起来主要涉及社会文化、家庭环境、学校教育、学生个体等方面。

（一）社会文化因素

（1）竞争压力增加。随着社会经济的快速发展，社会对大学生学历水平、个人技能、专业知识的要求越来越高，社会竞争压力越来越大。大学生需要不断提升专业知识、实践能力等，以满足国家和社会对人才发展的需求。

（2）互联网信息冲击。高速发展的互联网时代具有信息全面、传播快速和共享等特点，当代大学生可以便捷地接收到多方面的信息，在蜂拥而至的过载信息冲击下，大学生要有取舍和判断能力，否则可能身居"信息茧房"而倍感茫然和空虚。

（3）多元文化冲突。大学生正处于世界观、人生观、价值观逐渐形成的重要时期，思想尚不成熟。处在东西方文化交叉、多种价值观并存的时代，有的大学生会不知如何选择，会陷入迷茫和混乱。

（二）家庭环境因素

家庭是个体成长和生活的重要基地，家庭对大学生健康成长与发展的影响非常重要且深远。不同的家庭有着不同的价值观、生活方式等，这都会对家庭成员的行为和思想产生重大影响。一个温暖、相互支持和鼓励的家庭环境有助于一个人成长为自信、有思想、富有同情心且有成就的人。研究表明，家庭背景因素、家庭结构、教养方式、家庭氛围、父母关系、亲子关系等对大学生的心理健康都会产生影响。如父母通情达理，他们的孩子具有更高的自我接纳程度和自尊水平，具有更高的心理能量，与老师、同学、朋友更能和谐相处，对人际关系的满意度更高。积极的养育方式与问题行为、压力呈负相关，不当的教养方式（如严厉惩罚）与外化问题行为呈正相关。情感温暖型教养氛围对大学生的心理适应和人际关系具有正向积极作用，良好的亲子关系不仅可以让他们获得支持和幸福感，还可以提高其心理健康水平。

（三）学校教育因素

（1）学习方式改变。大学的学习方式与中小学阶段截然不同，更考验学生的自主性、自制力和自我约束力。能否合理规划时间、有效完成任务等是对大学生的考验。

（2）学业和就业压力。大学生在有限的时间内完成繁重的学习任务，提升自己的能力，同时还要面临就业压力。有的大学生要准备考研或出国深造，学习压力不容小觑。

（3）环境需要适应。大学生活是大学生从家庭走向社会的过渡阶段，也是培养交际能力、实践技能等的重要阶段。与之前生活的环境完全不同，大学生需要适应新的、更多元的校园环境，需要建立与拓展人际关系，使自己更为成熟，适应国家和社会发展的需要。

（四）学生个体因素

学生个体因素包括生理、心理、生活和行为方式等方面，如运动、饮食、睡眠、生活规律、家族遗传、身体疾病等因素都会影响心理健康水平。研究表明，睡眠质量状况与大学生的抑郁和焦虑关系密切；增加运动量能有效降低大学生的抑郁、焦虑和压力水平。大学生的认知、情绪、意志、个性等都与心理健康有关。有安全感、自信、情商高、抗逆力强、适应能力强等有利于提高大学生的心理健康水平。反之，情绪管理差、个性偏颇、社交及沟通障碍、自我期望过高、过于内向等都可能提高大学生发生心理问题的风险。研究表明，学业负担重、长期离家想念家人、不知道自己适合什么工作、找不到生活学习目标、就业前景不理想、经济压力大、与人交往有困难、恋爱不顺或失恋、毕业论文遇到困难等是大学生群体的主要压力源。无聊感是由于知觉到生活无意义而产生负面情绪体验，大学生越是感到无聊，出现焦虑、抑郁的风险就越高。对就业和升学的担心程度会影响大学生的抑郁、焦虑、压力水平，大学生的恋爱状况、人格发展和心理健康水平有关。因此，增强自信、提高情商、提高适应能力、学习压力应对技巧、主动寻求社会支持等都有助于提高大学生的心理健康水平。

三、大学生心理健康的培养路径

党和国家高度重视大学生心理健康问题。促进学生身心健康、全面发展，是党中央关心、人民群众关切、社会关注的重大课题。《全面加强和改进新时代学生心理健康工作专项行动计划（2023—2025年）》中明确提出，以习近平新时代中国特色社会主义思想为指导，全面贯彻党的教育方针，坚持为党育人、为国育才，落实立德树人根本任务，坚持健康第一的教育理念，切实把心理健康工作摆在更加突出位置，统筹政策与制度、学科与人才、技术与环境，贯通大中小学各学段，贯穿学校、家庭、社会各方面，培育学生热爱生活、珍视生命、自尊自信、理性平和、乐观向上的心理品质和不懈奋斗、荣辱不惊、百折不挠的意志品质，促进学生思想道德素质、科学文化素质和身心健康素质协调发展，培养担当民族复兴大任的时代新人。培养健康心理，可以从以下几方面帮助大学生健康成长，全面发展。

（一）认识健康标准和异常表现，善于自助求助

大学生要掌握一定的心理健康知识，增强心理卫生意识，了解心理健康的标准和意义，熟悉可能面临的问题或困扰，知道如何识别异常情况，从而提升识别自己或同学心理健康问题的能力。假如自己或同学遇到成长过程中的困难或挑战，甚至出现一些身心反应表现时，有自助、互助和求助意识，善于及时寻求身边资源帮助自己或他人渡过难关。

（二）完善自我意识和人格发展，接纳完整自我

大学生是国家发展的希望和未来，大学时期也是大学生全面认识自我、形成健全人格的关键时期。而大学生自我意识、人格发展还不全面、不成熟，对自我认识可能还不客观，有时会出现片面或消极认识的情况。大学生需要通过心理健康教育，了解自身心理特点和性格特征，正确认识自我，培养悦纳自我的态度，培养自己的人格特质，完善人格，做一个自立、自信、自尊、自强和幸福的人。

（三）了解人际关系和恋爱心理，与家庭共成长

大学生获得精神支持、满足心理需要的重要源泉是建立良好的人际关系网络，从而获得亲情、友情、爱情和归属感。大学生要了解人际关系的特点和难点、恋爱心理和性心理的知识与技能；认识家庭对个体的影响，与家庭共同成长；要培养兴趣爱好，丰富业余生活，拓展人际交往。这些都有助于大学生健康成长。

（四）识别情绪压力，提升抗挫折能力

情绪是大学生心理健康状态的重要风向标，压力在大学生成长过程中也是无处不在，对大学生的学习生活、身心健康都会产生很大影响。大学生需要掌握情绪识别、情绪表达和情绪调节能力，构建良好的情绪调节机制，提升压力评估、管理和应对能力，并学习从积极的视角看问题，善于探索自己的内在和外在资源，学会理性面对挫折和困难，提高自身对挫折的应变能力，培养理性平和、乐观向上的心理品质和不懈奋斗、荣辱不惊、百折不挠的意志品质。

（五）加强学业管理，做好人生规划

学习是大学生的主责主业，也是一项艰苦的脑力劳动。要想取得优异的学习成绩，掌握扎实的科学文化知识，需要投入很多宝贵的时间和精力。学习成果也将影响未来的职业选择和成就，甚至更长远的发展。每个人都希望能心想事成、逐梦远

航。这就需要加强学业管理，做好时间管理，发挥内驱力和坚强意志，努力完成学业；同时，合理开展生涯探索和规划，把自己的需要、愿望、目标和行动结合起来，积极进取，向理想努力奋进。

（六）应对时代变化，奔向幸福人生

随着社会发展和时代变迁，大学生与互联网已生息与共，而信息智能化对大学生心理的影响也日益显著。社会发展所带来的快节奏、多风险和强竞争使每个社会成员也面临着心理压力，对于大学生来说困惑更大。因此，大学生要认识生命的真谛和意义，要适应社会的发展和时代的变化，积极调适，增强心理韧性，拥有健康的身心理状态，走向幸福的人生。

健康的心理是大学生顺利完成学业、成长成才的基础，开展心理健康教育是现代教育的需要，也是适应社会发展的需要，更会对人才培养与社会和谐起到积极的推动作用。

 心灵补给站

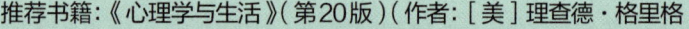

推荐书籍:《心理学与生活》（第20版）（作者：［美］理查德·格里格）

《心理学与生活》是心理学导论类教材的典范之作。半个多世纪以来，在全世界心理学界一直享有盛誉。我国心理学界许多教师多年来一直将本书作为教材或主要教学参考书，北京大学自1990年起就一直采用本书作为普通心理学课程的教材。

推荐书籍:《日常生活心理健康50问》（作者：陈祉妍等）

本书是依托2018年全国大规模学术调研，经过题库编撰、专家审核和多轮编写讨论形成的科普手册。该手册面向普通大众，通过故事引入和专家解说的方式向读者呈现，涉及心理疾病、心身健康、危机干预与自杀预防、儿童心理健康的基本知识与原理，覆盖大众群体日常生活中常见的困难情境或误区，通过了解背后的知识及应对方法，能有效帮助大众掌握心理健康知识，从而进一步提升心理健康素养，提高工作与生活的幸福水平。

推荐电影:《阿甘正传》(导演: [美] 罗伯特 · 泽米吉斯)

阿甘于第二次世界大战结束后不久出生在美国南方亚拉巴马州一个闭塞的小镇。他有先天的智力障碍,然而他的妈妈是一个性格坚强的女性。她常常鼓励阿甘"傻人有傻福",要他自强不息。阿甘做每一件小事都全力以赴,他在奔跑时心无杂念,在部队时用心操练,在捕虾时尽力而为,每一步都坚实无比。他以单纯面对复杂的世界,获得了常人终此一生也得不到的东西。

推荐电影:《深海》(导演: 田晓鹏)

父母离异,家庭重组,亲情缺失的生活现状让小女孩参宿十分怯懦,脸上鲜有笑容。父亲现在一心扑在新的妻子和出生不久的小弟弟身上,对她充满敷衍。远在他乡的母亲似乎开启了新的生活,拒绝对这个女儿施以哪怕一丁点的爱的恩惠。在阴晦的日子里,参宿随同家人登上了六天七夜的海上游轮。狂风暴雨,怒浪滔天,女孩悲伤的心情被不断放大。当那团如乱麻一般的龙卷风出现在海面时,母亲的歌声从远处传来,而参宿也消失在无尽的夜色之中。当她再度醒来时,发现自己身处海底的某个奇怪地方,在光怪陆离的深海大饭店内,奇形怪状的食客们一边抱怨一边大快朵颐,而唯利是图的老板南河则自顾自地做着自己引以为豪的所谓创新菜。参宿的到来,给南河带来了无穷的混乱与麻烦。

心情晴雨表

嘿,或许你每天都在经历着快乐或难过,不过也许你从来没有尝试过停下来好好地看看它们,也许你也已经记不起过去一周自己的心情是如何变化的。因此我们想邀请你制作一周心情晴雨表。拿出一张白纸,在每晚睡觉前,你可以用代表开心、平静、难过等心情的符号记录你的心情。

在每周最后一天花三分钟回顾一下这周的心情晴雨表,看看这周是开心常伴还是难过相随,又或者是平静。也许,你会发现自己原来没有自己想象的那么快乐,也未必如想象的一般糟糕,想想是什么让自己快乐了? 让自己难过的又是什么呢?

期待你能够多了解一些心里的自己。

"希望你能读懂这本书想对你说的话：重视心理健康，学会鉴别异常状态，正确掌握求助方法，积极解决矛盾问题，你定能成为更好的自己！"

师小星："心理健康，对于正处于大学阶段的我们，无疑是一块重要的基石。在这个阶段，我们面临着来自学业、社交和未来规划等多方面的压力，而心理健康则是我们应对这些压力的关键。一个健康的心理状态能够帮助我们保持清晰的思维，提高学习效率，同时也有助于我们建立良好的人际关系，增强团队合作能力。此外，心理健康还能帮助我们更好地应对挫折和失败，培养坚韧的品质，为未来的成功打下坚实的基础。因此，作为大学生，我们应该时刻关注自己的心理健康状况，积极寻求帮助和支持，努力保持积极向上的心态，为自己的未来发展奠定坚实的基础。"

第二章

火眼金睛：
心理异常识别与应对

凡人之情，得所欲则乐，逢所恶则忧，此贵贱之所同有也。近之
不能勿欲，远之不能勿忘，人情皆然。

——《管子·禁藏》

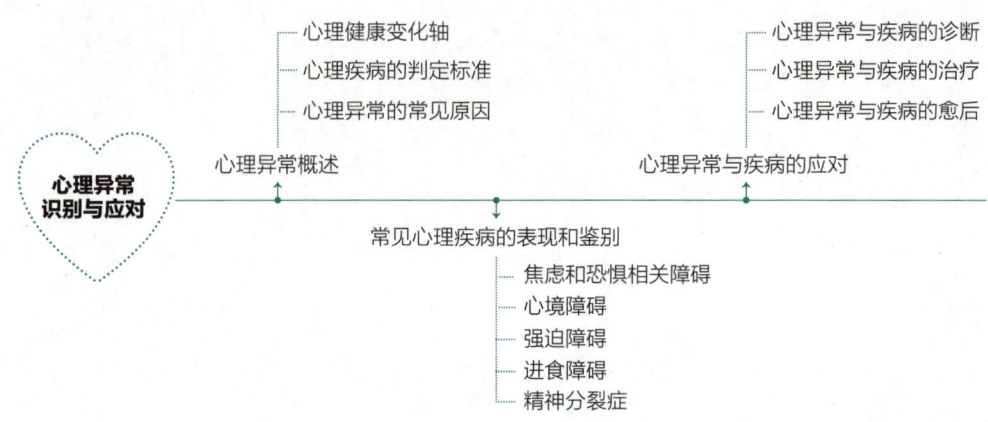

心理异常识别与应对

心理异常概述
— 心理健康变化轴
— 心理疾病的判定标准
— 心理异常的常见原因

常见心理疾病的表现和鉴别
— 焦虑和恐惧相关障碍
— 心境障碍
— 强迫障碍
— 进食障碍
— 精神分裂症

心理异常与疾病的应对
— 心理异常与疾病的诊断
— 心理异常与疾病的治疗
— 心理异常与疾病的愈后

心灵故事

　　小文在大学军训的时候昏厥，经校医建议转诊至市精神专科医院，因小文长期饮食过少，严重营养不良，确诊为厌食症。由于她体重过低及心率过缓有生命危险，当即住院进行治疗。

　　原来小文的饮食问题由来已久。家人从小就对她要求严格，她与同学关系也不太融洽，甚至经历过校园霸凌。小文经历了被排挤、嘲笑，从一开始的愤懑到最后的自我厌弃。她讨厌班里的同学，但更讨厌自己。在无奈和悲伤之下，她开始跑步，享受这样的自由，也享受运动带来的酣畅淋漓。但她渐渐开始偏离初衷，不再享受运动带来的放松，却欣喜于站在体重秤上的数字。为了这个数字，她绞尽脑汁，吃饭开始计算卡路里，觉得食堂饭菜太油，就自备热水涮过再吃；跑步不间断，膝关节疼痛不已也不放弃。为了不让爸妈发现小文挑宽大的衣服穿。但临近中考时，她的异常被爸妈发现了，住校改成走读，爸妈轮流在家监督她吃饭，哪怕塞也要给她塞进去。然而父母越是这样管着，她就越发不想吃饭。

　　在这样的氛围里，小文升入了理想的高中。高中班级氛围好了很多，她也有了朋友。一切情况似乎在好转，然而有次和朋友逛街，小文突然发现自己穿不了原来尺码的衣服。想起曾经被嘲笑和排挤的画面，恐慌的小文又开始疯狂地运动和节食，甚至又开始享受饥肠辘辘的感觉。就这样，小文在厌食的路上越走越远。

　　这次晕倒送医让小文意识到自己真的生病了，看着一项项超出正常范围的指标，她仿佛醍醐灌顶。在医生的指导下，父母也意识到一味只通过管吃饭并不能帮助孩子，甚至还容易加剧亲子冲突，导致孩子疾病恶化。住院期间，爸爸、妈妈和小文一起参加治疗和学习，这才理解了很多小文的想法和行为。出院之后，小文继续在学校心理中心接受咨询，并定期回到医院复诊。她还在学校社团成立了进食互助小组，用自己的经历帮助其他有进食问题的小伙伴。

早在春秋时期，我国著名的思想家管仲就对心理健康问题有所论述，他将正常人的心理状态分为善心、定心、全心、大心等多种层次，而西方心理学对于心理异常的理解则主要来自心理病理学不断校正、整合的发展。

一、心理健康变化轴

心理异常是一个比较宽泛的统称，世界上通用的心理异常判定标准发展至今不超过80年的历史。当身体出现状况，感觉到不舒服了，可以迅速到医院检查，根据检查报告中体液（唾液、血液、尿液等）的各个细微的客观指标，或者依赖影像科对机体（肌肉、血管、骨头等）的成像差异来予以佐证，帮助医生判断健康状况。同理，当心理出现异常了，除了自身感受是一个重要的信号，还有哪些线索或者方法来帮助我们判断心理是否出现问题了呢？

心理健康（mental health）也称精神健康，是一种精神上的幸福状态。心理健康不仅仅是没有精神障碍，还需要排除精神残疾以及其他心理异常状态。它是健康和幸福的一个组成部分，是人们作出决定、建立关系和塑造生活世界的个人和集体能力的基础。

根据心理功能、心理状态是否发生病理性变化，心理异常分为非病理性心理异常（一般心理问题）和病理性心理异常（精神疾病、心理障碍）。

一般心理问题（mental block or mental obstruction）俗称"心理亚健康"，它指心理上出现的短暂的、轻微的、异于常态的状态，如心理失衡、心理失调等。它通常是一些由特定情景诱发的情绪问题，或是未达到诊断标准的人格问题等非病理性心理异常，大多数持续时间不长，可通过自我调节、心理咨询和治疗得到缓解或解决。但这些心理问题已经对个体的正常生活造成困扰或损害，如果长时间未得到改善，有可能会继续发展和演变成心理疾病。

心理疾病（mental illness）称为"心理障碍"或"精神障碍"，也是狭义的"心理异常"，是心理状态病理性变化的表现，从症状来看，通常意味着一种与痛苦或损害相关的心理功能失调，是一种有非常规的或与社会文化期望不相符的行为反应。

在实际生活中，心理异常的各个类别并没有特别明确的分水岭，往往是彼此交叉或逐渐过渡的关系，如图2-1所示。世界上约有1/8的人患有精神障碍，而心理相对健康的人群仅占1/3，大多数人群都存在不同程度的心理困扰。

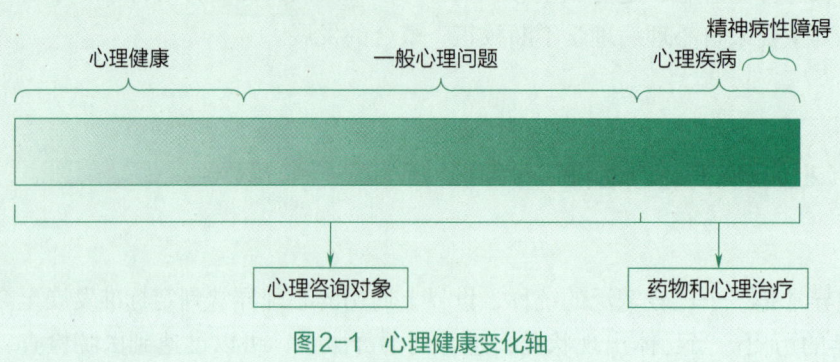

图2-1　心理健康变化轴

二、心理疾病的判定标准

1. 症状标准

（1）心理功能失调。心理功能失调是指个体在认知、情绪或行为功能上出现障碍。如本章"心灵故事"里的小文在后期对吃和体重的过度关注，导致她对体重的认知偏离正常范围，为此异常焦虑，并在过度运动、过分节食的行为下导致病情加剧。

（2）个体的痛苦。患者个体的痛苦是一个重要的提示，但仅有痛苦并不能认为是异常，磨难和痛苦本来就是生活的组成部分。另外，有些心理障碍的症状并不包括痛苦。"心灵故事"里的小文并没有那么痛苦，是因为她的认知已经产生严重偏差，她甚至觉得体重严重过轻危及生命不是大事，反而在治疗初始阶段会为体重的恢复和正常的饮食而感到痛苦。所以，这时需要来自家人、朋友和专业医疗团队的接纳和支持，帮助她平稳度过这一阶段。

（3）非常规的或与社会文化期望不相符的反应。除了常见的妄想、幻听等精神病性症状，还包括患者不符合社会期待的反应，如自闭症患者的刻板行为、恐惧症患者的过度回避、人格障碍患者易引发人际冲突的特质等。

2. 临床标准

目前，国际上通用的临床诊断标准体系是世界卫生组织（WHO）发布的

《国际疾病与相关健康问题统计分类》（International Classification of Diseases and Related Health Problems，ICD），现行版本为2019年更新的ICD-11。另外，还有1952年美国发布《精神障碍诊断与统计手册》（Diagnostic and Statistical Manual of Mental Disorders，DSM），现行版本为2013年更新的DSM-5。1958年，我国开始制定《中国精神障碍分类与诊断标准》（Chinese Classification and Diagnostic Criteria of Mental Disorders，CCMD），现行版本为2001年更新的CCMD-3。本章中所涉及的心理病理学研究包含国内外期刊，故以国际通用诊断为基础（ICD-11结合DSM-5）。

三、心理异常的常见原因

有资料记载，最开始人们对于不能解释、不合常理的行为，会认为是邪恶在作祟。然而，很多疾病在所谓的"仪式"后并不能得到治愈，甚至会加剧。随着医学的发展，古希腊医生希波克拉底认为心理障碍是脑部疾病或头部创伤造成的，并且受遗传的影响。对心理障碍生物学原因的关注极大地促进了心理病理学的理解和疾病治疗的发展，但医生发现只是让患者住院并不能治愈所有疾病。当19世纪精神分析、人本主义、行为主义的浪潮袭来，心理学百家争鸣，人们对于心理疾病的理解在科学方法的支持下逐渐完善。原来任何影响因素都不是单独起作用的，所有的行为是心理、生物和社会因素持续共同作用的结果，这就形成了"多维度整合取向"（multidimensional integrative approach）。这种取向从系统观视角认为心理病理学中任何一种成分都不可能脱离整体而单独起作用，这一整体既包括个体的生物学基础和行为，也包括个体的认知、情绪以及社会和文化环境。多维度整合取向理论有助于帮助人们更完整地理解"一个人"，而不是"某个病人"或者"某个子女"。它关注个体的毕生发展阶段，如不同年龄神经发育及认知发展的特点；也会考虑某个异常的多种形成途径（等结果性原则），如妄想既可能是精神分裂症的表现，也可能是苯丙胺类药物滥用所致。

（一）生物因素

1. 遗传医学

研究显示，约有一半稳定的个体特质和认知能力可归因于基因的影响。例如，同卵双生子的一人患有精神分裂症，则另一人患病的概率不到50%。于是越来越多的科学家开始关注剩下的50%究竟是什么？目前比较认可的是以下两个模型。

（1）素质-应激模型（diathesis-stress model）。也译作素质-压力模型（图2-2）。个体遗传了表现某种特质或行为的情绪，然后在应激条件下激活。每一种遗传倾向就是一种素质或易感性（vulnerability），只有遇到某种环境时才会表现出来。

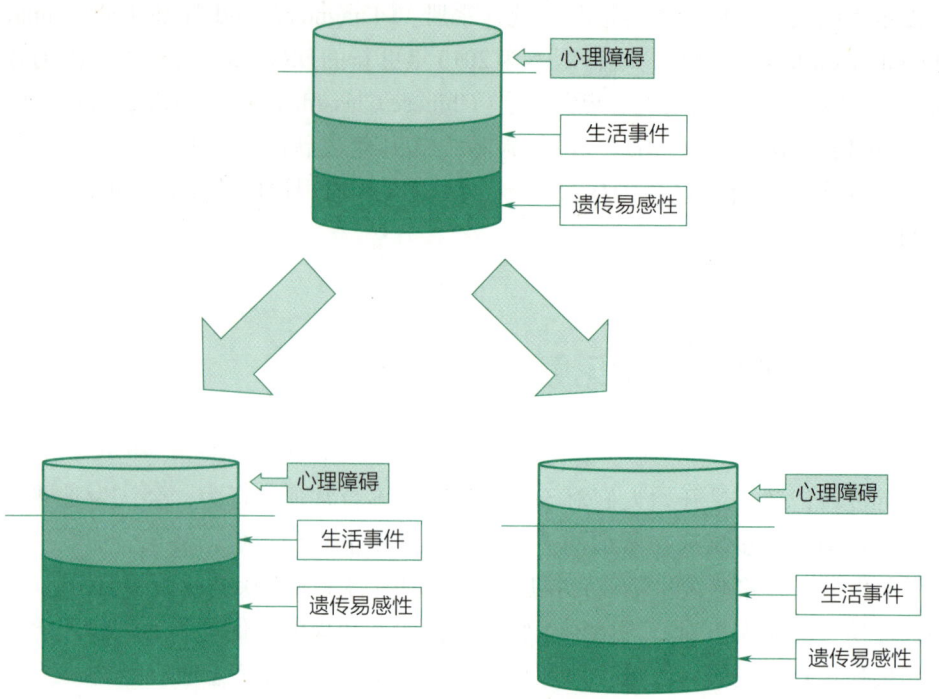

图2-2　素质－应激模型图例

（2）基因－环境交互模型（reciprocal gene-environment model）。也叫基因环境关系模型（图2-3）。有证据显示，遗传天赋可能会增加个体经历应激事件的可能性。也就是说，基因决定的倾向性会创造一些环境因素，比如有抑郁素质的人可能会选择更容易导致抑郁的环境或人际关系，从而增加罹患抑郁症的可能性。

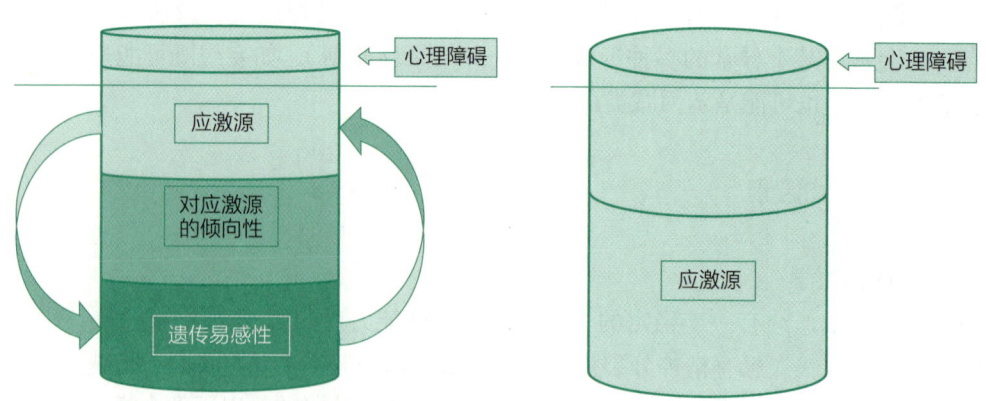

图2-3　基因－环境交互模型图例

2. 神经科学

人类神经系统分为中枢神经系统和周围神经系统。前者包括大脑和脊髓，它们负责加工来自感官器官的信息；后者包括躯体神经系统和自主神经系统，一方面它们与脑干协调一致以确保身体的运转正常，另一方面它们则分别控制着肌肉系统、心血管系统以及内分泌系统。

除了人体复杂的神经系统结构，微观的神经递质在心理疾病的形成中至关重要，如多巴胺、5-羟色胺。越来越多的证据表明，心理障碍是多种神经递质交互作用的结果，并不是由某种单一化学成分的异常导致的。

（二）心理因素

1. 心理动力学理论

心理动力学理论基于弗洛伊德建立的精神分析理论，认为人的心理由本我、自我和超我构成。本我和超我的冲突会引发焦虑，而自我会调动防御机制来进行无意识的自我保护。近代以来，精神分析理论发展出许多流派，如自体心理学、客体关系等。以抑郁症为例，精神分析学家亚伯拉罕认为抑郁症是由于对他人的敌意转向自己，这个概念至今仍是大多数精神分析临床医生理解该病症的核心框架。抑郁症患者为了应对痛苦的低自尊或难以忍受的愤怒幻想而触发防御机制，但实际上本应向外投射的愤怒会指向自我，而将自我或他人理想化以应对低自尊的努力最终会导致进一步的失望和贬值，导致抑郁症的进一步恶化（图2-4）。

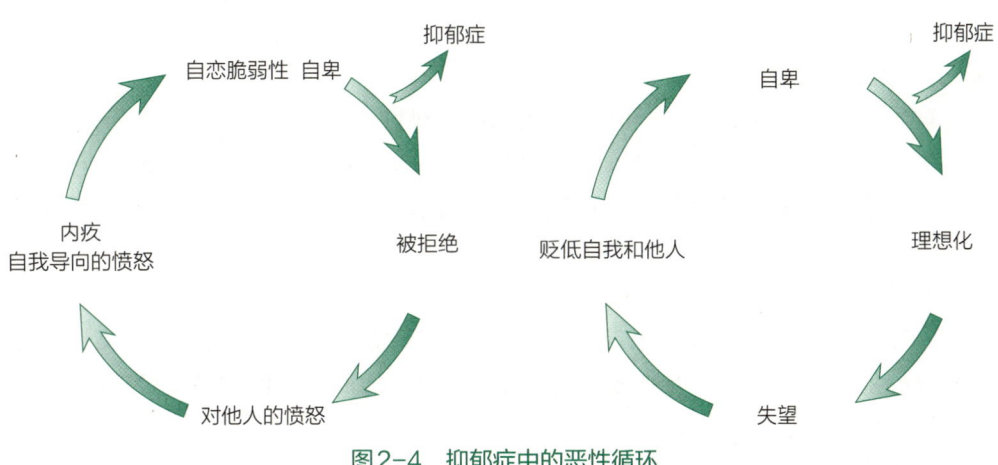

图2-4　抑郁症中的恶性循环

2. 认知行为理论

巴甫洛夫用经典条件作用验证了刺激与反应的关系。基于这些关于行为的实验，美国心理学家约翰·华生认为心理学应该像生物学一样具有科学性，并致力于行为的可塑性。美国心理学家斯金纳在此基础上提出了操作性条件反射。认知行为流派认为所有行为都具有可操作性，且治疗多以行为改变作为目标之一，所以其治疗效果更容易被测量和监测。因此认知行为疗法（CBT）及其衍生的辩证行为疗法（DBT）都是较早得到循证研究证实的疗法。例如，基于心理学家艾利斯的"ABC"理论，抑郁症的形成和维持主要受到三个因素影响：A——activating event（激发事件）、B——belief（核心信念）、C——consequence（结果/行为）。当个体的"核心信念"被有压力的生活事件激活，并导致"认知扭曲"或"自动思维"，如经常小题大做、过度概括，这些想法往往会在不同情况下重复出现。所以抑郁症的认知行为治疗目标往往是提升患者对于自身核心信念的认识，训练患者识别自动思维，学会调整行为结果，改变恶性循环。

3. 人本主义理论

人本主义理论重视自我实现，认为人性本善，且都具有趋向完整和积极的潜能，强调"无条件积极关注"在治疗中的意义。从人本主义观点来看，个体都有向上生长和追求更好自我的驱动力，如果这些驱力被长期压抑，或遇到较大阻碍就会导致抑郁。这种"自我实现"并不只是现实生活中的物质满足，或是常见意义上的"人生四大喜"。例如，很多同学一路勤学苦读，唯一的信念就是考进大学，很少有机会思考自己未来想过怎样的生活。进了大学，他们依然忙碌学习，直到临近毕业，面临人生选择，只剩一片茫然。这个时候就处于抑郁高风险的时期，如果再伴随一些高致病性因素，如人际支持较弱、家庭冲突较多等，就更容易让人卡在抑郁中无法前行。

（三）社会因素

1. 成长环境

素质－应激模型和基因－环境交互模型都强调心理疾病的发展需要一定的应激源（生活事件），也就是说如果成长在相对恶劣的环境中，更容易引发心理疾病。这里所讨论的环境，既包括物理环境，如经济收入、生活居所、所处地域、气候特点等，也包括心理环境，如社会文化、家庭氛围、同伴关系等。

2. 人际支持

《中国国民心理健康发展报告（2021—2022）》显示，来自家庭内外的支持是心理健康的重要保护因素。当缺乏朋友支持的时候，抑郁风险检出率（32.3%）远高于平均水平（10.6%）。

3. 社会变迁

过去30年内，我国经济高速发展带来的一系列社会变化对我国国民的心理既有积极影响，也有消极影响。国民幸福感在物质生活层面显著提升，但精神障碍在国内的患病率较之前反而有所升高。

一、焦虑和恐惧相关障碍

焦虑障碍包括因过度害怕和焦虑并伴有相关行为紊乱的障碍，如惊恐障碍、特定恐惧症、广泛性焦虑症等。恐惧是对当下感知到的、临近的威胁的反应，而焦虑更多是着眼于未来，是对预期出现的威胁的反应。焦虑障碍是目前我国患病率及终生患病率最高的一类精神障碍。

（一）焦虑障碍的表现

我们常说的焦虑症其实是广泛性焦虑症，焦虑和恐惧相关障碍都有显著的焦虑反应和过度的担忧，同时也存在一些差别。以下对几个常见的焦虑和恐惧相关障碍进行比较，详见下表2-1。

表2-1　焦虑和恐惧相关障碍鉴别

症状表现		焦虑相关		恐惧相关		
		广泛性焦虑症	惊恐障碍	社交焦虑症	场所恐惧症	特定恐惧症
躯体反应	肌肉紧张	√	√	√	√	√
	交感神经活动亢进（恶心、心悸、出汗等）	√	√	√	√	√
	濒死感	×	√	×	×	×
心理反应	主观感受到紧张不安，过度的焦虑	√	√	√	√	√
	注意力难以集中	√	√	√	√	√
	有特定焦虑对象或环境	日常生活	非预期	社交情境	难以获救或逃脱的场所	特定情境或对象本身
行为反应	回避行为（或痛苦忍受）	×	×	√	√	√

（二）焦虑障碍鉴别

　　小李每次考试前都会紧张，心跳特别快，整天没有食欲吃不下饭，甚至有时候考试前两天还会出现上吐下泻的状况。你觉得他怎么了？

　　要判断小李怎么了，首先需要回顾一下心理疾病的症状标准，然后回答经典的"症状三问"。

　　1. 他有显著的功能受损吗？

　　2. 他有为此感到痛苦吗？

　　3. 他是否因此出现了违背社会规范的行为？

　　第1问不能确定，因为有可能小李在这样的状态下依然可以正常复习，并且顺利完成考试，然后在考试一结束后就完全恢复正常了。而如果小李出现注意力不集中，没法正常复习，而且会控制不住地一直担心考试，这样的状态持续一段时间，说明他存在功能受损。

　　第2问可以确定，"心跳加快、没食欲、上吐下泻"是明显的交感神经活动亢进反应，会引发很多不适感。

　　第3问无法确定，如果小李因此回避考试，或者在考试时极度恐惧和焦虑导致考试很难正常进行，那么属于异常行为。

　　如果以上三点都符合，那么可以说小李出现了心理异常，且为针对考试的特定恐惧症，则他需要去医院精神科就诊。

二、心境障碍

　　在ICD-11中将抑郁障碍和双相障碍统称为心境障碍，它们都是以心境显著而持久的变化为基本临床表现的精神障碍。我国成人抑郁障碍终生患病率高达6.8%，在世界范围内，抑郁障碍在精神障碍中的疾病负担居首位。

每天乐呵呵的人怎么也会得抑郁症?

很多人认为闷闷不乐、对生活毫无兴趣的人易得抑郁症,而阳光、爱笑的人不会得抑郁症。实际上,抑郁症患者也有喜怒哀乐的变化,即使是重度抑郁患者,其抑郁水平在每天也不是一成不变的。根据情绪动力学(emotion dynamics)理论,平均来说,抑郁症患者确实会产生更多的消极情绪,也更难体验到积极情绪,但同时他们也具有以下动态特点:

• 消极情绪波动幅度更大,变化更剧烈。抑郁症患者的消极情绪强度并不是稳定地保持于某个低位,而是在崩溃痛哭和麻木消沉等不同强度之间来回变化,无法自拔。

• 情绪系统僵化,缺乏灵活性。抑郁症患者更擅长"维持抑郁",总是"活在过去",下一秒的低沉只是上一秒的痛苦的影子。他们难以重启自己,难以开启一个全新的情绪状态。

• 具有异常的情绪反应性。抑郁症患者对发生在自己身上的积极事件,表现出"心境点亮效应"(mood brightening effect)。当好事终于发生时,相较于常人,抑郁症患者反而更容易满足、愉悦,消极情绪下降的幅度也更大。然而,消极事件也能同样反向地"点燃"抑郁症患者的消极情绪。在经历消极事件后,抑郁症患者消极情绪增加得也会更为剧烈。

• 难以细致地感受丰富多样的情绪体验。对于抑郁症患者来说,悲伤、愤怒、紧张、恐惧,一个"忧"字足以概括;愉快、自豪、热情、信赖,一个"乐"字也足够描述。他们难以进一步地细化区分这些情绪。

(一)心境障碍的表现

心境障碍主要根据发作的类型和病程特点来判断,如果仅有抑郁发作,没有出现躁狂发作、混合发作或者轻躁狂发作,则根据发作病程的长短诊断为抑郁障碍、恶劣心境等;如果存在躁狂发作、混合发作或者轻躁狂发作,则根据发作时功能受损程度和病程的长短诊断为双相I型、双相II型或环性心境障碍等。抑郁发作、躁狂发作的表现如图2-5所示。

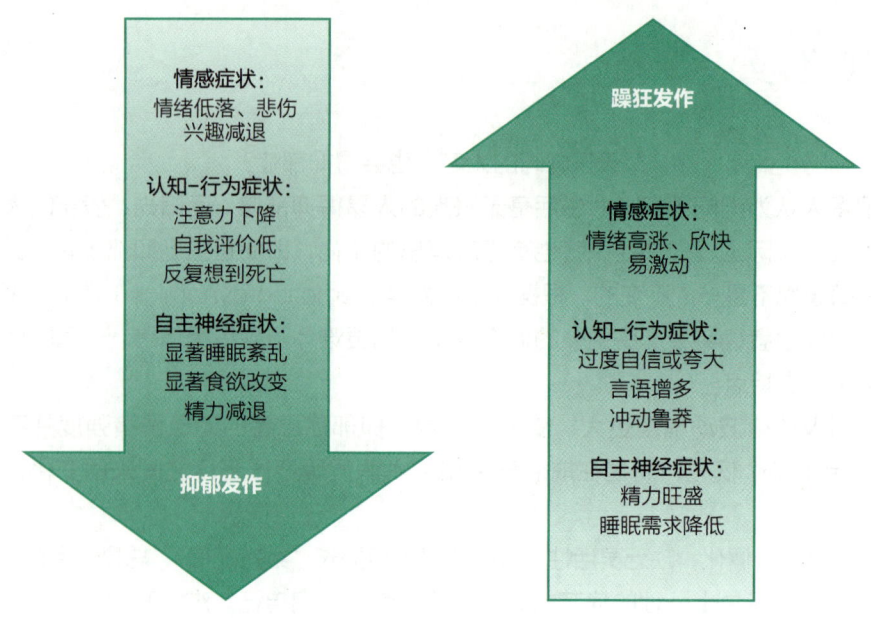

情感症状：
情绪低落、悲伤
兴趣减退

认知-行为症状：
注意力下降
自我评价低
反复想到死亡

自主神经症状：
显著睡眠紊乱
显著食欲改变
精力减退

抑郁发作

躁狂发作

情感症状：
情绪高涨、欣快
易激动

认知-行为症状：
过度自信或夸大
言语增多
冲动鲁莽

自主神经症状：
精力旺盛
睡眠需求降低

图2-5　抑郁发作与躁狂发作

（二）心境障碍的诊断

心灵小窗

　　小丽最近感觉自己总提不起劲来，一个人的时候总是看着电视剧就莫名地感到悲伤，控制不住地想哭。晚上闭上眼躺在床上又困意全无，甚至有时候睁眼到天亮。这样的状态持续两三周后，她感觉自己好了一些，学习效率也回来了，能够比较专注地看书。可是没过多久，状态又变差了。小丽在网上搜索，担心自己是不是患了双相障碍。

　　要想帮助小丽弄清楚原因，除了需要确定症状标准"三连问"的答案，还需要了解她过去的一些情况。

　　1. 她有显著的功能受损吗？

　　2. 她有为此感到痛苦吗？

　　3. 她有因此出现违背社会规范的行为吗？

　　4. 她有出现过达到躁狂发作或轻躁狂发作的历史吗？

　　从已有信息来看，小丽出现了疑似抑郁发作的症状，但中间缓解的阶段没有出现心境高涨或其他躁狂发作、轻躁狂发作的症状。心境存在变化但不一定就是双相障碍。出现疑似症状，一定要尽早规范就诊，请专业的精神科医生来判断。

三、强迫障碍

强迫及相关障碍是一类以反复出现的想法和行为为特征的疾病，如强迫症、躯体变形障碍、疑病症等。本节主要介绍强迫症。

（一）强迫症的表现

强迫症是以存在强迫思维或强迫行为为特征的精神障碍。强迫思维是反复的和持续的想法、冲动、表象，它被感受为侵入性的和不需要的；而强迫行为是重复的行为或精神活动，个体感到受驱使而对强迫思维作出反应，或必须非常机械地遵守规则，这些强迫思维和强迫行为是耗时的。强迫症的循环行为如图2-6所示。

强迫思维
持续、侵入、不必要的想法

焦虑
想法引发焦虑

缓解
焦虑被中和，但模式被维持下来。

强迫行为
内隐(反复回忆、重复)或外显的(清洗、检查等)

图2-6 强迫症的循环症状

（二）强迫症的诊断

小王是班长，对自己要求很高，日常工作认真仔细。他总是会因担心自己写错而反复检查写完的材料，而平时撰写材料的工作比较多，因此会占用大量时间。小王最近累得都快没有时间睡觉了，都快崩溃了，但又没法停下来。

小王的情况符合症状三问的标准，但究竟是强迫症还是焦虑症？由于小王存在明显的强迫与反强迫循环，所以更可能是强迫症。

四、进食障碍

（一）进食障碍的表现

进食障碍主要是以进食相关行为的持续性紊乱为特征，导致食物消耗或吸收的改变，并显著损害躯体健康或心理社交功能。它所包括的反刍障碍、回避－限制性摄食障碍、神经性厌食症、神经性贪食及暴食障碍的诊断标准构成相互排斥的分类体系。进食障碍的临床表现见表2-2。

进食障碍对于体重过低的标准是成人体重指数（BMI）低于 18.5 kg/m^2，但如果在短时间内快速减重（6个月内减少原体重的20%），也可以取代体重过低的标志。

表2-2　进食障碍的临床表现

	临床表现	神经性厌食	神经性贪食	暴食障碍	反刍障碍	回避－限制性
躯体反应	体重过低	√	×	×	×	√
	营养不良	不一定	×	×	×	√
心理反应	对体重增加过分在意	√	√	×	×	×
	对低体重缺乏严重性认识	√	×	×	×	×
行为反应	节食、禁食或过度锻炼	亚型	×	×	×	√
	暴食	亚型	√	√	×	×
	清除行为	亚型	√	×	食物反流	×

（二）进食障碍的诊断

小娜是舞蹈专业生，保持身材是基本要求。如果一旦体重增加，那就需要通过加练减重。为了瘦到理想状态，小娜每天吃得很少，同学们也都是这样。但在同学们看不到的时候，小娜会买很多零食和小吃，一次性吃很多后再想办法吐出来。偶然尝试过后，她几乎是迷上了这样的感觉。但随着催吐次数的增多，她发现自己的手和牙齿都有溃烂的情况，甚至开始出现心悸气短的感觉。她很害怕，但每当情绪不好，似乎只有吃东西才能缓解。

小娜的情况符合症状三问的标准，但她究竟是神经性厌食亚型还是贪食症？要确定这点，需要知道小娜的体重。如果BMI在正常范围内，那么她就可能是神经性贪食症。

五、精神分裂症

精神分裂症及其他原发性精神病性障碍是表现为现实检验能力显著受损和行为改变的一组障碍，主要表现为妄想、幻觉、思维障碍、行为紊乱等。需要注意的是，手术、疾病或者物质的使用也可能会使人表现出精神病性症状。

（一）精神分裂症的表现

人们通常容易将精神分裂症与分离性身份障碍（俗称"多重人格"）弄混。精神分裂症确实会对患者的自知力造成损害，但并不会出现两个或多个人格的转换。它的临床表现与人格无关，而是持续的妄想或幻觉、思维或行为紊乱、阴性症状（情感平淡、思维贫乏）或精神运动性症状（不安或激越、缄默或木僵）。所以精神分裂症患者生病时的异常是这个人的想法、感受和行为发生变化。

（二）精神分裂症的诊断

小赵高三时就感觉自己情绪不对，硬着头皮完成高考后，还是与自己理想的大学失之交臂，考进了一所普通大学。在入学后小赵一直不跟室友或者同学交流，总是一个人默默地发呆。周围人都很快适应了大学校园，并且找到了自己的乐趣，小赵却越发形单影只。渐渐地，他连课也不去上了，整天躺在床上无所事事，饭都不吃。一天，辅导员来寝室看他，感觉小赵不对劲，他似乎总是停下来盯着某个地方看。经过仔细询问，辅导员发现小赵似乎能听见别人听不见的声音，甚至这个声音还会跟小赵说"别活了""你真没用"，小赵甚至有一次在这个声音的不断催促下走向川流不息的车流，幸好被路人一把拽住拉了回来。

小赵已经出现了幻听的症状，并且社会功能、自知力严重受损，需要尽快就医治疗。同时，由于小赵在指令性幻听的指示下已经出现轻生行为，无法自控，所以他的生命安全已经面临严重威胁，需要即刻进行24小时安全陪护直至其顺利入院。也许你还有个疑问，小赵这样的状态就是精神分裂症吗？其实不一定，精神分裂症的阴性症状和抑郁发作时的有些表现类似，而且抑郁发作也可能会伴有一定的幻听或者妄想。这些都需要医生进行仔细的精神检查来评估判断。

ICD-11中一共有18个系列的精神障碍，每一个系列障碍中又有诸多的相似但又不同的类别，在此介绍的是在大学生中发病率较高的心理疾病。其他的如人格障碍、应激相关障碍（PTSD）、物质滥用和成瘾所致障碍等精神障碍可以在WHO官方网站上查看。

第三节
心理异常与疾病的应对

随着心理健康知识的普及，年轻人越发意识到规范治疗对于心理疾病的重要性。然而在最新调查中发现，我国仅有8.2%的精神障碍患者接受过卫生服务机构的治疗，其中还包括一些保健治疗。正如本章第一节所介绍的，一般心理问题与心理疾病的区别在于是否存在病理性变化，这个变化不仅是心理和行为上的，也包括生理和躯体上的。这些病理性变化并不是靠着"意志"或"坚强"能够得到改善的，需要尽早进行规范治疗才能避免病情进一步恶化。由于精神疾病对于个体的损害具有一定的持续性，成人终生患病率达到16.6%，所以患者在康复期的心理保健及康复训练也尤为重要。

一、心理异常与疾病的诊断

1. 诊断机构
根据《中华人民共和国精神卫生法》第二十九条规定，精神障碍的诊断应当由精神科执业医师作出。第五十一条规定，心理治疗活动应当在医疗机构内开展。专门从事心理治疗的人员不得从事精神障碍的诊断，不得为精神障碍患者开具处方或者提供外科治疗。

2. 诊断内容

心理疾病的临床评估包括许多策略和程序，帮助临床医生获得所需信息。

（1）临床访谈。采集病史、症状特点及严重性、药物依从性、以往不良反应、自杀风险、社会功能、家庭及社会关系等。如果患者本人不能提供以上有效信息，临床医生也会从陪诊家属、好友等方面了解情况。

（2）精神检查。通过客观观察来检查患者思维、心理、行为等方面的异常。

（3）心理测量。精神检查的辅助测量手段，如使用科学的心理量表，可以通过自评或投射测验等方式评估患者的精神、人格等水平。

（4）健康监测或其他生理检查。包括用于排查由生理器质性病变引发的精神障碍，或查看身体里药物的浓度是否达到治疗需要的健康监测方式，还包括与健康相关的血压、心率等指标的检测。

3. 诊断结果

心理疾病诊断难度较大，即使是受过专业训练的临床医生有时对诊断也不能有十足的把握。不同临床医生对同一患者也会出现诊断不一致的现象。造成这种现象的原因主要有：

（1）临床中无法根据病因或病例确诊，仅依靠临床医生的观察和患者的主观陈述。

（2）心理疾病具有较大的个体差异，每个患者的病情表现与其生活经历、文化风俗等有关。

（3）评估过程受临床医生的经验、知识、偏见以及患者的就诊动机、主诉的客观性、完整性等因素的影响。

（4）病情是不断发展变化的或者复杂共病的，医生需要更多信息补充，所以诊断可能只是暂时的。

（5）就诊环境、时长、资源、医疗规范性等。

评估、诊断心理异常与疾病过程十分复杂，而且还有不可避免的因素影响，因此，一定要选择有资质的机构和有经验的医生就诊。在诊断过程中，患者要主动配合，提供尽可能多的信息，以便提高诊断的有效性、准确性。如果对某个医生的诊断结果有异议，可以另寻医生进行复诊。但需要注意的是，一旦诊断确定下来，不能随意更换医生，因为当医生熟悉病情变化后，可以更好地控制病情，并在病情变化时发现异常。

我该怎么让爸妈支持我看病呢

我是小海，一个大二学生。其实，我在高中时就觉得自己可能患上抑郁症了，但父母一直觉得我是在装，偷懒不想学习。高考前一个月，我都在家，没有去上学，这样我得到了喘息的机会，但我的情况并没有真正好转。我一直深陷在抑郁的沼泽里。后来，我上大学了。大学的室友很好，他们建议我去学校心理中心寻求帮助。我后来咨询了心理老师，心理老师也建议我应该尽快就医。可是我知道我爸妈根本不会同意，我该怎么办？

　　其实小海的苦恼是很多患病同学的困惑，甚至也可能是致病因素之一，致病条件中很重要的一部分就是应激源。当痛苦不能被看到和被承认，病情也会随之加重，所以与父母的沟通是治疗过程中的重要一环。如果碰到这种情况，一定要及时求助周围的资源。小海找到学校心理中心就是一个很好的选择。通过家庭会谈，学校心理老师可以一起和父母沟通；通过心理咨询，心理咨询师可以一起探讨与父母的相处之道；通过学校医疗资源，在校心理医生可以进行初步评估，检查心理健康水平。

二、心理异常与疾病的治疗

　　通过专业的诊断之后，就要进入治疗阶段。目前精神专科医院和许多综合类医院的精神科都采纳多维度整合取向来理解和治疗精神障碍。然而由于资源有限，并不是所有医院都能有效地开展整合治疗。本文主要介绍以下4种治疗方式。具体采用何种治疗方式需要听取医生的专业建议。

　　1. 药物治疗
　　心理疾病的病理性改变是有一定遗传或生理基础的，且症状与多种神经递质之间的相互影响有关。部分心理疾病的病变还涉及大脑或其他神经系统的器官，这些病症需要匹配适量的靶向药物才能得到较好的改善。所以，目前药物治疗仍是心理疾病重要的也是基础的治疗手段，是不可替代的。

2. 心理治疗

这里讲的心理治疗与心理咨询不同，它们针对的是心理疾病的症状，如认知偏差、行为紊乱等，而心理咨询不能针对疾病症状开展治疗。心理治疗需要由具有心理治疗资质的人采用谈话疗法、表达性艺术治疗等不同方式开展治疗工作。需要注意的是，并不是所有心理疾病、在所有阶段都适合心理治疗。

3. 物理治疗

这些疗法包括电惊厥疗法、反复经颅磁力刺激、脑深部刺激和迷走神经电刺激。物理治疗主要用于程度较重或者较复杂的疾病，在药物和心理治疗效果不佳时使用。

4. 脑机接口治疗

目前该治疗手段仍在探索阶段，是通过在人脑神经与外部设备间建立直接连接通路，来实现神经系统和外部设备间信息交互与功能整合的技术。由于需要在术后通过不断尝试找到合适波频刺激来维持精神状态，过程痛苦且漫长，甚至可能失败，所以目前该疗法仍处于实验阶段。

世界首例脑机接口抑郁症患者

从世界范围来看，脑机接口技术（brain-computer interface，BCI，也称为 brain-machine interface）已经成熟运用在治疗帕金森等疾病上。电极只需刺激大脑中的运动神经，遏制大脑的异常放电，就能控制帕金森病人的颤抖等症状。近期，马斯克宣布其脑机接口公司已为一例四肢瘫痪的患者进行首例人类大脑设备植入手术。脑机接口治疗的时代即将到来。

2023年，我国首例脑机接口抑郁症患者吴晓天（化名）接受了采访。患者感慨自己终于在经历了一年的治疗后重获新生。2021年，他报名加入了上海交通大学医学院附属瑞金医院成立的"脑机接口治疗难治性抑郁症"临床研究小组。通过严格的伦理审查和入组筛选，最终同组有26人接受了脑机接口手术。治疗主要分为三个阶段：第一个阶段是手术准备期，在头部嵌入螺丝固定脑立体定位仪，确定具体手术的神经结构位置。第二个阶段是正式手术，在脑中植入电极，在右胸置入装置。两条电极穿过大脑前端的神经核团，从脑后连接到右胸的设备（"脑起搏器"）。设备可与外部设备关联，进行充电和参数调控。第三个阶段就是术后进行参数调配。每个点击有8个触点，每个触点有电压、电流等参数。每个患者都需要配合医生不断尝试，找到最适合自己的参数。

三、心理异常与疾病的愈后

心理异常与疾病在某些方面与躯体的慢性疾病（高血压、糖尿病）类似。在通过整合治疗度过心理疾病的急性发作期后，需要一段时间来巩固心身症状的稳定。对于容易反复发作或仍有症状残留的心理疾病还需要在状态完全稳定后进行长时间的康复维持期。

（一）尽早治疗易痊愈

临床工作中，有些患者由于个人或者家庭的某些原因，在疾病初发的阶段不治疗，或者自己没有发现异常，等到症状非常严重时，才不得不就诊。事实上，心理疾病的发展对于大脑和躯体都是有损害的，甚至其中部分发展对于认知能力的损伤不可逆。如果一直拖延不治疗会导致病情加重，大大增加治疗的难度和终身患病的风险。

（二）充分治疗防复发

"充分治疗"是指服用药物治疗时，达到充足的剂量、充足的疗程，两个条件都满足才叫充分治疗。我国抑郁症患者接受药物治疗的充分治疗率只有0.5%。很多患者觉得药物是灵丹妙药，刚吃两天就能起效，还有的担心长时间服用精神科药物会有副作用，于是症状刚缓解就赶紧停药。其实很多疾病在药物治疗过程中不可避免地会给身体带来负担，如治疗糖尿病的药物会引起胃肠不适，患者可以在医生的指导下调整药量、改用其他药物，或改为胰岛素注射。切不可因为胃肠不适而擅自停用药物，或者一旦血糖稳定了就停药不用了。如果因为症状的改变或缓解需要减药、停药，患者需要与临床医生进行充分沟通，帮助医生了解病情的变化，而后根据医生的指导进行。规范的治疗过程并不会造成药物依赖、成瘾，或者说它本来就是一个帮助患者恢复健康、摆脱药物的科学途径。规范的治疗过程一般包括急性期、巩固期和维持期三个治疗阶段。疾病的程度和类别不同，这三个阶段所需要的时间也不同。例如，一般抑郁障碍：药物起效需要1~2周，急性期治疗为3个月左右，巩固期为4~9个月；对于有反复发作病史或仍有残留症状的，维持期为2~3年；而双相障碍由于心境的变化转换涉及药物的改变，急性期的治疗则需要更长时间。

（三）多方协同促疗愈

心理疾病的治愈不但包括生理上的恢复，也包括心理、社会等功能的全面康复。很多人担心精神疾病"易复发""永远治不好"，而出现反复或终生患病的情况是由于患者没有充分治疗，甚至有些患者根本没有治疗。从临床数据看，治疗后确实存在一些终生患病的患者，比例约占所有患者的六分之一，主要是基因导致的。比如个体在合成某些神经递质存在缺陷，容易导致该种或多种神经递质不足，所以在停药后短时间内还可以维持，但时间长了会又复发，还与应激源（工作、生活、家庭、社会）等外因有关。随着病情的好转，患者总是要回到原来的生活环境中，如果患者本身的应对方式或其生活环境并没有改变，那么他很容易陷入生病之前的困境中，导致"生病—康复—生病"的无限循环。所以想要完全治愈心理疾病，需要多方面的共同努力。

1. 患者的自我照顾

（1）正确认识疾病，树立康复信心。心理疾病就像所有的非致命性疾病一样，如果好好接受治疗，大多数是可痊愈或可控的。它只是需要时间，把它当作一个普通的慢性疾病，多给一些耐心，多尝试一些改变，也许还能收获一个全新的自己。

（2）学习疾病知识，遵照医嘱治疗。通过正规的途径就医，积极地提供信息，可以获得更多有效的帮助。遵循医生的指导，了解疾病知识，不要随意换药、减药、停药，扰乱治疗疗程，耽误病情。

（3）允许症状存在，学会自我接纳。疾病只是人生中的一部分，不要把它变成人生的全部。打败病耻感，主动地来面对心理疾病，好好照顾自己。不妨暂且放下以前对自己的高要求，认真地学习做一个"病人"，尝试接受一些"不可能"，找到更多的"我可以"，从一件小事开始，找回对生活的热爱。

（4）保持社会联结，获得人际支持。心理疾病不是传染病，不需要把自己关起来。相反，治疗的过程更需要亲友的支持。真正意义上的痊愈，需要患者和周围人的共同努力。

2. 亲友的协助护理

（1）督促患者坚持服药。在急性发作期完全丧失自知力的患者往往需要住院治疗，在出院后的康复阶段仍然可能存在自知力受损，或出于种种考虑不愿服药，这时需要亲友温柔而坚定的鼓励，督促患者坚持疗程。

（2）提高对疾病的认识。作为患者的亲友，有必要积极学习心理疾病和疾病护理的相关知识。很多医院开设了患者家属的支持小组或学习小组，帮助亲友更合适、更有效地支持患者。

（3）营造理解支持氛围。心理疾病重要的发病因素是应激源，所以亲友需要注意为患者提供理解、接纳、支持的氛围。切忌"三不要"——不要指责、不要自责、不要急于痊愈。需要注意的是，良好的氛围并不是一味地宠溺，满足患者的所有要求，而是基于对疾病的了解，给予患者适当的空间，让患者做力所能及的事情，同时也对患者保持关心和关怀，帮助患者坚定治疗的信心。

（4）注意做好自我关照。帮助心理疾病患者康复的过程可能很短，也可能很长。为了打好持久战，患者亲友更需要照顾好自己的身体。帮助患者并不是需要亲友牺牲自己，牺牲自己并不能真正帮助患者，甚至还会起到反效果，比如增加患者自责自罪的心理负担或加剧其病理化的行为等。陪护的过程会产生摩擦或矛盾，这时也不妨求助专业的心理咨询师，在个体咨询、伴侣咨询或家庭咨询的帮助下，改善相处的模式，提升生活质量。

3. 社会的包容支持

（1）避免偏见和歧视。即使身边没有人患心理疾病，我们每个人作为学校和社会的一员，也有责任营造友善的环境。

（2）增加交流和支持。对于心理疾病患者来说，症状的缓解只是治疗的一部分，更具挑战的康复内容则是恢复正常的社会生活。我们为患者做的或许只是一件小事，比如一句问候，一句邀约，或是伸出手向他们求助一件小事。

（3）帮助宣传和教育。如果我们的解释或说明可以帮助更多人真正认识心理疾病，认识自己，那么，请一起为构建健康出一份力吧。

心灵补给站

推荐书籍：《我有一只叫抑郁症的黑狗》（作者：[澳] 马修·约翰斯通/安斯利·约翰）

《我有一只叫抑郁症的黑狗》是一部由抑郁症患者及其陪伴者共同完成的疗愈绘本，旨在为大众提供帮助和指导，让更多人了解抑郁症，帮助抑郁症患者康复。通过这本书，你可以了解：当患了抑郁症，你可以为自己做什么？当身边的人得了抑郁症，你可以为他做什么？

推荐书籍：《养育你内心的小孩》（作者：丛非从）

如果你有一个孤独的内在，你就会发现那里有一个无助的自己，不知道该怎么独自生活。做内心强大的自己并不是硬撑，硬撑是很孤独的，是一出假装强大的独角戏。当你真正倾听自己、从自己内心的角度思考问题，你就走上了独立、强大、自主之路。这个世界会扔给你各种问题，你缺少的从来不是方法，而是底气。这本书配有大量的真实咨询案例，如同面对私人心理咨询师，帮你看到躲藏在内心深处的自己：不相信自己值得被爱，不相信自己已经做得足够好，不相信自己的痛苦可以轻易消散。

我们只能通过内心感受来理解自己，同样的，只有内心感受是专属于我们个人的经历。感受到痛苦意味着变好的可能，只要你愿意面对真实的自己。总是喜欢挑毛病，总是躲避亲密关系，总是觉得很愤怒……一切负面情绪，只是在提醒你：内心的需要还没有被满足。与其学习很多技巧，不如从翻开这本书开始，陪自己内心的小孩长大。

推荐电影:《丈夫得了抑郁症》(导演:[日]佐佐部清)

婚后5年,在某网络公司上班的高野干夫和毫不卖座的漫画家妻子小晴过着平静的生活。干夫为人正直,一丝不苟,但是在巨大的工作压力下,干夫看似平静的内心渐渐失衡,他甚至一度企图自杀,经问诊才发现自己已经患了抑郁症。为了让丈夫尽快恢复健康,小晴以离婚相要挟迫使干夫辞职休养。失去了生活来源,高野夫妇的生活陷入了前所未有的困境,但他们也在相互扶持的道路上获得了久违的快乐。

推荐电影:《过春天》(作者:白雪)

主人公刘子珮是十六岁的少女,日复一日地过着白天在香港上学,晚上则需要通过海关回到深圳的生活。她的父母离异,母亲沉迷赌博,父亲也貌似组建了新的家庭。刘子珮为了和闺蜜在圣诞节去日本看雪,她想尽办法地赚钱。在一场生日游艇派对后,刘子珮意外撞见闺蜜男朋友的"生意"顺利"过了春天"。从此,刘子珮的学生身份成了她走私新款手机的最佳伪装。正如此片最终要表达的那样:青春是总得经历那些疼痛、失落、无奈和彷徨的,随着时间的流逝,都会归于平静,我们对青春的负责就是继续平淡生活。就像影片结尾那样,虽然主人公经历友情结束的痛苦,经过水客犯罪的残酷,但都是过去式,她依然乐观,继续与妈妈好好生活。

身 体 扫 描

请你拿出一张A4纸,一套油画棒,在纸上画出自己的身体。用油画棒把自己身体不舒服的部位标出来,可以是最近身体感到不舒服的部位,也可以是常常出现状况的部位。如果一时想不到,可以闭上眼睛把注意力放到眉头,看看它们是不是有些紧绷,再看鼻子、脸颊、脖子、肩膀、背部,依次一直到脚趾,感受一下是不是有被忽略的不舒服的感受。

身体和心理是紧密相连的,回顾身体扫描图,不妨给自己不舒服的地方来一次力度刚刚好的按摩或是一个温柔的拥抱。这样你的身心能更轻松。

师小星："了解如何识别心理异常与应对方式，能够及时注意到心理健康问题。心理异常与疾病的诱因与表现多种多样，如功能受损、感到痛苦、出现违背社会规范的行为，将它们作为心理异常与疾病的症状标准，有助于对心理健康情况进行及时判断。感到低落、焦虑并不一定代表着心理异常与疾病，而每日乐呵呵的人也有可能存在心理疾病。我们要怀着正向包容的态度正视心理异常与疾病，坦然应对自身或他人可能存在的心理问题，主动科普并倡导及时就医、配合治疗、积极康复。"

第三章

自助求助：
心理困惑与心理咨询

心安身自安，身安室自宽。
心与身俱安，何事能相干。
谁谓一身小，其安若泰山。
谁谓一室小，宽如天地间。

——邵雍《心安吟》

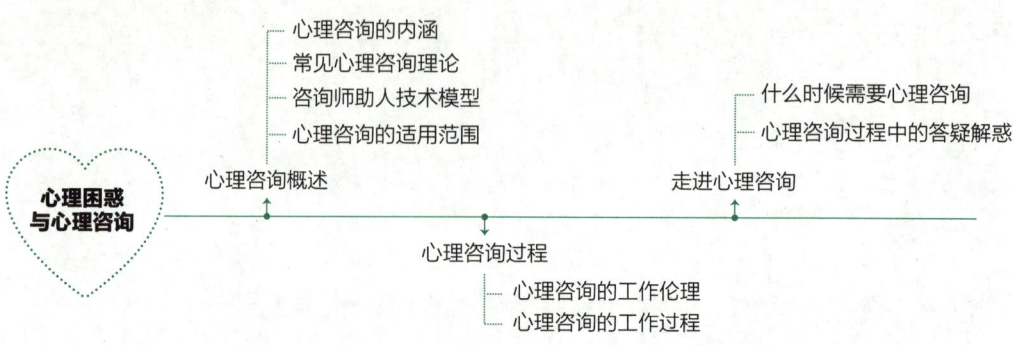

心理困惑
与心理咨询

心理咨询概述
- 心理咨询的内涵
- 常见心理咨询理论
- 咨询师助人技术模型
- 心理咨询的适用范围

走进心理咨询
- 什么时候需要心理咨询
- 心理咨询过程中的答疑解惑

心理咨询过程
- 心理咨询的工作伦理
- 心理咨询的工作过程

心灵故事

　　小司是一位大学一年级的女学生，在与室友发生冲突后，长时间感到情绪低落、孤单并伴有失眠。她与高中闺蜜多次诉说，在闺蜜的建议下，她走进了咨询室。通过5次咨询，小司感觉好多了，并觉得与室友保持距离后，内心也不再纠结与室友的冲突。在咨询师尝试和她探讨原生家庭时，小司内心感到有些不舒服，并且认为人际问题已解决，就主动结束了咨询。

　　在大三时，因为考研和找工作的选择问题，小司与父亲发生了激烈冲突。父亲让她考研，小司想先工作。父亲一气之下说"你从我的房子里滚出去"。小司非常崩溃，在那之前她一直认为那是她和父母共同的家。加之最近又和男朋友闹分手，小司在QQ空间表达了悲观绝望的心情，小司的辅导员看到后主动找小司了解情况。在辅导员的陪同下，小司再次走进了咨询室。这次，小司主动和咨询师谈论了与父母的关系，她渴望得到父母的认可和鼓励，却求而不得。在咨询中，小司发现自己与室友的关系、与男朋友的关系及自我身份认同，都受到自己和父母关系的影响。

　　小司在学校的咨询持续到大四毕业才终止，通过咨询她对很多问题进行了深入探索。她发生了一些改变：敢于与父母沟通自己的想法，分享自己的成长经历和个人感受，获得了妈妈更多理解；与爸爸保持一定距离，也没有那么容易冲突了；小司自主选择了工作而不是考研，她也找到了工作；小司与室友和好，与男友心平气和地分手。

第一节
心理咨询概述

一、心理咨询的内涵

心理咨询是运用心理学原理和方法来构建咨询师和来访者之间人际关系的过程，旨在促进来访者的心理和行为有所改变，促进来访者解决生活中的问题或个人发展，是助人自助的过程。

（一）心理咨询的核心组成

心理咨询的核心组成包括咨询师、工作对象、工作范围和工作手段。

咨询师需要接受严格的专业训练和考核，取得相应资质。工作对象包括个体、伴侣或家庭、团体。求助心理咨询的个人被称为来访者。工作范围以一般心理问题为主，还可辅助精神科药物治疗开展支持性心理咨询。工作手段包括运用人格心理学、咨询心理学等原理和倾听、共情、反馈、支持、陪伴等心理咨询技术帮助来访者梳理、澄清和理解自己的心理困扰，从而获得启发，产生领悟，实现改变。

（二）心理咨询的根本目标

心理咨询的根本目标在于促进来访者的潜能发挥，实现自我成长。这一根本目标的实现，是建立在回应来访者的求询问题进而缓解抑郁、紧张、焦虑、羞愧等痛苦情绪的基础之上。随着咨询关系的深入，来访者不断感受到自己被理解、被支持、被尊重，从而更有勇气、更有信心面对挑战，做出改变。

（三）心理咨询的主要形式

心理咨询的主要形式包括个别心理咨询和团体心理咨询两种。个别咨询是最常见的心理咨询形式，通常是咨询师与来访者每周固定时间进行一对一面谈咨询。由于人们的许多心理困扰往往起源、发展、转变于人际关系，团体咨询就是通过团体人际互动的方式，在咨询过程中重现社会生活情景，促进个体的自我认知与改变。

二、常见心理咨询理论

结合大学生心理咨询实际，目前公认的有人本主义、认知行为、系统疗法和精神分析四大理论流派。

（一）人本主义

人本主义心理咨询，其主要目标不是症状消减，而是个体的成长。人本主义理论流派认为一旦来访者与咨询师建立起较好的咨访关系，来访者内在的成长力量就会源源不断地产生。咨询师倾向于积极地看待他们的来访者，以温暖、支持、无条件积极关注、真诚和共情来回应来访者，使来访者获得积极的自我形象，从而实现自我成长。

聚焦是近年来逐渐发展起来的人本主义心理咨询技术，强调身体和心灵的相关性，通过聚焦来访者所体验到的身体感受，保持来访者的主体性，从而增强其面对现实的力量和勇气。

（二）认知行为

认知行为疗法（cognitive behavioral therapy，CBT）认为，心理困扰与错误的思想、观念或不当的行为有关，侧重于通过调整、改变不恰当的想法或行为，从而改善不良情绪和不适应行为。

心理学家艾利斯（Albert Ellis，1913—2007）在认知行为疗法的基础上，创立了理性情绪疗法（rational-emotive therapy，RET）。他认为人的情绪和行为障碍不是由于某一激发事件直接引起的，而是由于经受这一事件的个体对它不正确的认知和评价所引起的信念，最后导致在特定情景下的情绪和行为后果。这种方法也称作"ABC"理论，A是指诱发性事件（activating events），B是指对A的评价、解释等由A引起的信念（beliefs），C是指情绪和行为的后果（emotional and behavioral consequences）。

辩证行为疗法（dialectical behavior therapy，DBT）也是由传统的认知行为疗法发展而来，结合了东方禅学的辩证思想，强调在"改变"和"接受"之间寻找平衡。辩证行为疗法的关键在于辩证（dialectical），是指每个论点都有一个主张（论题）及其对立面（反论题），主要的辩证包括改变一方面，同时接纳另一方面，主要训练包含正念技巧、情绪调节技巧、人际效能技巧及承受痛苦的技巧。

（三）系统疗法

系统疗法认为，每个人都是不同系统中的一个组成部分，如核心家庭、学校、所属的社会群体等。个体与影响个体的不同系统之间的相互作用导致个体出现问题并且导致问题持续存在。因此，在家庭咨询、团体咨询或个别咨询中，不仅要考虑咨询对象，还要考虑其与周围人的关系，旨在改变个体在面对这些关系时的自我定位方式。心理咨询师与来访者的关系被视为一个新系统，系统中的双方承载着从各自家庭系统继承的价值和运作规则展开互动。我们身处的大学也是一个社会系统，理解学校心理咨询师与来访者之间的相互影响时，也要将大学这个社会系统纳入考虑。

（四）精神分析

精神分析取向的心理治疗起源于精神分析学，也称为"心理动力学疗法"。精神分析对人类的发展、心理困惑及心理病理学的构想是基于对人们无意识心理现实的认识。咨询师的大部分工作是将来访者的无意识材料提取到意识中来，扩大来访者的意识范围，内化自己的经验。精神分析与其他心理咨询流派的显著不同在于咨询师试图通过来访者-咨询师的关系与来访者和权威形象（如父母）之间早期互动的相似性来理解来访者。来访者将自己对于父母的情感投射到咨询师身上的现象称为移情。通过将移情公开化，与咨询师充分讨论，能够帮助来访者对自己的心理过程产生新的认识，从而缓解心理困扰。

客体关系理论是在精神分析的理论框架中探讨人际关系，更强调环境的影响，主张人类行为的动力源自寻求客体，关注外部客体（父母和孩子世界中的其他重要他人）对于建立内在客体的影响。

三、咨询师助人技术模型

咨询师助人技术模型是运用助人技术，引导来访者探索其问题，更好地理解这些问题，并在生活中做出改变的框架模型。该模型结合了不同流派的思想，从基于人本主义的探索阶段到基于精神分析的领悟阶段，再到基于行为疗法的行动阶段。

（一）探索阶段

在探索阶段，咨询师提供机会让来访者表达情感、彻底思考自己的问题。通过建立良好的咨访关系，咨询师鼓励和帮助来访者讲述自己的故事，探讨自己的想法，促进情感唤醒。通过咨询师对来访者提供回音壁和镜子作用，来访者更容易打开自己。

（二）领悟阶段

在领悟阶段，咨询师的耐心倾听，与来访者共同探讨，使来访者更好地了解自己的想法、情感和行为，从而领悟自己在问题维持中所起的作用。领悟帮助来访者以新的视角看待事物，开始承担自己的责任。一旦来访者获得了一定程度的理解，就更容易改变。正如上文提到的小司，当她了解到自己与他人疏远是源于母亲对自己不恰当的惩罚而形成的不安全依恋关系之后，就更可能改变对周围人的态度，更容易与人建立良好的关系。

另外，领悟还能让改变更为持久。咨询师对来访者行为的反馈，帮助来访者了解别人对自己行为的反应，开始更有效地与他人交往。

（三）行动阶段

在行动阶段，咨询师辅助来访者探索关于行动的想法和感受，并作积极改变，帮助来访者发展一些新的行为策略并从咨询室外的其他人那里寻求反馈。

总的来说，咨询师助人技术模型的每一个阶段都很重要。深入的探索，是为来访者获得领悟搭建平台；深入的领悟，是为行动的决策铺平道路。通过从探索到领悟，再到行动的三个阶段，让来访者"沉下去"了解自己，"浮出来"融入世界，从而更好地应对困难。这三个阶段并不是直线前进的，也不是截然分开按序进行，来访者有时候会转回前一阶段或跳跃到下一个阶段。

四、心理咨询的适用范围

（一）心理咨询与其他心理助人职业的区别

专业心理助人工作包括心理咨询、心理治疗、精神病学诊断和用药、社会工作等。心理咨询与其他心理助人职业的区别主要体现在工作对象、工作人员专业资质、工作方法、工作场所和工作周期等方面，具体请见表3-1。

表3-1　心理咨询与其他心理助人职业的区别

职业 区别	心理咨询	精神科	社会工作
助人方式	谈话	开药	提供支持和帮助
身份	心理咨询师	精神科医生	专业社工、社区或街道相关工作人员、义工、志愿者等
工作对象	主要是心理问题较轻的，人格基本正常，寻求通过心理咨询的技术与方法，解除心理困扰的人	心理或精神症状较重的或有心理障碍的人	正常人群，有需要的困难群体，常见有儿童、青少年、老人、妇女、身心障碍者等或学校、医院、监狱、司法立法诉求等
工作人员专业资质	接受心理/教育学/学历教育或咨询系统培训，取得国家认可的心理咨询师资格证书	在医学院或临床心理学系接受训练，取得精神科执业资格（诊断和处方权）	具有社工资格证或其他社会学、心理学、管理学等方面资质
工作方法	谈话为主，或利用不同的技术如沙盘、游戏、音乐、画画等方式进行咨询	主要是药物治疗，也配合谈话咨询、住院治疗或其他方法	针对个案、家庭等具体问题开展多种协助工作
工作场所	相当广泛，包括学校、社区、企业、个人工作室，司法部门、职业培训部门等	医疗机构	相当广泛，包括学校、社区、企业、家庭、司法部门等
工作周期	有短有长，一般咨询1次至几次，有些持续几个月到数年	较长，往往就诊几十次不等，有些持续几十年	一般较短，协助1次至几次，问题解决或目标实现后结束

　　需要注意的是，心理治疗师是指在综合医院精神科、心理科或精神专业医院开展心理工作的专业人员。

　　根据《中华人民共和国精神卫生法》第二十三条，心理咨询师不得从事心理治疗或者精神障碍的诊断、治疗。如果发现接受咨询的人员可能患有精神障碍的，应当建议其到符合条件的医疗机构就诊。大学心理健康教师也不能对学生进行精神障碍的诊断和治疗。

　　根据《中华人民共和国精神卫生法》第五十一条，心理治疗活动应当在医疗机构内开展。专门从事心理治疗的人员不得从事精神障碍的诊断，不得为精神障碍患者开具处方或者提供外科咨询。心理治疗的技术规范由国务院卫生行政部门制定。

（二）高校心理咨询中心与心理咨询服务社会机构/个人执业的异同

1. 相同点

对咨询师资质要求相同，均为接受心理咨询培训的专业人员，都应该遵守《中国心理学会临床与咨询心理学工作伦理守则》。

2. 不同点

（1）咨询师的工作定位不同。《高等学校学生心理健康教育指导纲要》明确了心理健康教育工作格局是教育教学、实践活动、咨询服务、预防干预"四位一体"。具体而言，我国高校心理健康教育教师需要承担下面4项任务：① 心理健康教育课程的教学。② 广泛开展心理健康宣传教育活动。③ 提供咨询服务。④ 开展预防干预，包括对全部大一新生进行心理测试、建立心理档案并对潜在心理问题学生进行筛查和回访；建立"学校、院系、班级、宿舍"四级预警体系，主动干预，构建立体化工作网络，把保障学生生命安全作为最高原则，同时高度重视校园安全稳定。

心理咨询服务社会专业机构/个人执业的心理咨询师主要承担心理咨询工作，有些机构要求咨询师参与相关宣传活动；有些个人执业咨询师通过网络社交媒体进行心理健康科普宣传教育活动和自我宣传。

（2）咨询次数不同。大多数高校提供短程心理咨询服务，咨询次数有一定限制，一般情况每学期每位来访学生为6~10次，特殊情况再酌情增加次数；社会心理服务专业机构/个人执业心理咨询师提供的咨询服务次数不受限制。

（3）咨询形式上的区别。高校咨询多以个别咨询和团体辅导为主；社会专业机构心理咨询师可提供个别咨询、家庭咨询、伴侣咨询、团体咨询等。

（4）学历要求不同。高校对心理咨询师学历要求高，多要求具有心理咨询或社工或教育学专业硕士或博士学位；心理咨询服务社会专业机构对心理咨询师的专业培训经历有明确要求，但对学历通常没有明确要求。

（5）提供咨询师专业性保障不同。一般高校心理咨询中心会提供定期的团体督导；心理咨询服务社会专业机构提供定期的团体督导，或要求咨询师自己参与团体督导或者个别督导；精神动力学取向的咨询师要求进行个人体验或咨询。

（三）学校心理咨询的适用范围

1. 心理咨询适用人群

心理咨询适用于出现一般心理问题或有心理困扰，有求助动机和维护健康意愿，需要寻求专业帮助的人。

一般心理问题或者说心理健康问题，也称心理失衡、心理失调，指心理上出现短暂的、轻微的异于常态的状态，不存在心理状态的病理性变化，是正常心理活动中的局部异常状态，具有明显的偶发性和暂时性，常常与一定的情境相联系，或由某个或某些情境所诱发。

　　高校里也有一些是患有心理疾病的学生，在接受精神科药物治疗的同时，辅以支持性心理咨询。

　　2. 不适合做学校心理咨询的情况

　　（1）处于重度精神障碍发作期，缺乏自知力的患者，需要住院咨询、药物治疗稳定病情。

　　（2）经专业医疗机构诊断为人格障碍的患者，他们需要长程的心理治疗，不适合在学校接受心理咨询。

　　3. 来访者的权利

　　（1）来访者有权选择是否接受心理咨询服务。

　　（2）来访者有权选择提供服务的咨询师。

　　（3）如对咨询进程不满意，来访者有权中止咨询。

　　（4）来访者有权要求工作人员为其保密，如不愿暴露身份，完成首次预约后在前台可以使用匿名。

　　（5）来访者如发现自身权益受到侵害，可随时向咨询中心投诉。

　　4. 来访者的义务

　　（1）明确咨询目标，并愿意在咨询师的协助下完成这一目标。

　　（2）如实陈述自身的有关情况，真实回答咨询师的有关提问。

　　（3）按约定时间准时前来咨询，如有特殊情况务必预先电话联系。

　　（4）校内学生按规定出示相关有效证件，以便享受学校免费的咨询服务。

第二节
心理咨询过程

一、心理咨询的工作伦理

　　心理咨询工作是具有教育性、科学性与专业性的服务工作。为了促使心理咨询师、寻求专业服务者以及广大民众了解心理治疗与心理咨询工作专业伦理的核心理念和专业责任，以此保证和提升心理治疗与心理咨询专业服务的水准，保障寻求专业服务者和心理师的权益，增进民众的心理健康、幸福和安宁，促进和谐社会的发展，中国心理学会授权临床心理学注册工作委员会修订，于2018年发布《中国心理学会临床与咨询心理学工作伦理守则》（第二版）（以下称《伦理守则》）。《伦理守则》提出善行、责任、诚信、公正、尊重5条总则。

结合高校心理咨询工作实际，以下从心理咨询来访者视角，重点介绍隐私权和保密性的相关内容。

（一）隐私权和保密性

心理咨询师有责任保护寻求专业服务者的隐私权，同时明确认识到隐私权在内容和范围上受到国家法律和专业伦理规范的保护和约束。心理咨询师在心理咨询与治疗工作中，有责任向寻求专业服务者说明工作的保密原则，以及这一原则应用的限度。在专业服务开始时，心理咨询师应告知保密原则及保密的例外情况并签署知情同意书。

（二）保密的例外

心理咨询师应清楚地了解保密原则的应用有其限度，下列为保密原则的例外情况：① 心理咨询师发现寻求专业服务者有伤害自身或伤害他人的严重危险；② 未成年人等不具备完全民事行为能力的人受到性侵犯或虐待；③ 法律规定需要披露的其他情况。

在遇到上述①和②的情况时，心理咨询师有责任向寻求专业服务者的合法监护人、可确认的潜在受害者或相关部门预警；在遇到上述③的情况时，心理咨询师有义务遵守法律法规，并按照最低限度原则披露有关信息，但须要求法庭及相关人员出示合法的正式文书，并要求法庭及相关人员注意对专业服务相关信息的披露范围。

举例来说，在学校心理咨询过程中，来访学生向咨询师透露了近期强烈的自杀意念、曾经的自杀尝试和详细的自杀计划，心理咨询师出于对学生生命安全的考虑，应当向学生家长及所在院系披露学生的自杀危机，调动校内外更多的、能帮助学生的系统资源，从安全防护、及时送医、心理支持、学院关怀等角度多方协同，保护学生的生命安全。

（三）最低限度披露原则

心理咨询师因专业工作需要在案例讨论或教学、科研、写作等工作中采用心理咨询或治疗的案例时，应隐去可能会辨认出寻求专业服务者的相关信息。心理咨询师在教学培训、科普宣传中，应避免使用完整案例。如果其中有可被辨识出身份的个人信息（如姓名、家庭背景、特殊易识别的成长或者创伤经历、体貌特征等），须考虑保护当事人的隐私。

举例来说，对于上文提到的上报学生自杀危机，应主要报告自杀意念频率、自杀计划与自杀尝试的内容，但对于造成学生情绪痛苦的成长经历等具体内容，比如家庭矛盾、同伴关系、亲密关系等，仍然属于心理咨询的保密范围。同时在寻找求助资源的时候，也仅限于必要的、真正能帮助学生的人，而不必扩大到很多不必要的人。

（四）多重关系的处理

《伦理守则》规定，心理咨询师应尊重寻求专业服务者，按照专业的伦理规范与寻求专业服务者建立良好的专业工作关系。这种工作关系应以促进寻求专业服务者的成长和发展，从而增进其利益和福祉为目的。

高校的心理健康教师既是心理咨询师，又是心理健康教育课程的授课教师，也是校内学生工作团队教师。这样的多重身份对大学生心理咨询而言，既可以是妨碍，也可以是资源。在预约安排心理咨询时，学校心理健康教师应有意识地避免多重关系，比如不为自己授课班级的学生做咨询，不对自己做专业论文指导的学生做咨询，不对自己担任指导教师的学生助理或社团成员做咨询，并对相关学生做好必要的说明。

二、心理咨询的工作过程

（一）心理咨询的阶段改变

1. 心理康复过程三阶段

可以根据心理康复过程的三阶段来看心理咨询的阶段改变：

第一阶段，感受层面。来访者主观体验改变较快，最先也最容易在咨询过程中发生。

第二阶段，认知层面。来访者对事情有新的认识，心理困扰有所缓解，这阶段改变速度较慢。

第三阶段，行为层面。影响来访者家庭、学习、工作功能的烦恼和不适应行为减少，烦恼得到平复，对于干扰家庭、工作和学习等生活运作方面的不良行为开始做出适应调整，此阶段速度最慢。

几次会谈之后来访者就可能会产生希望，但心理困扰逐渐减少需要较长时间，若要在人际关系或工作学习中出现新的行为方式，则需要更长的时间。

前文"心灵故事"中的小司在第一阶段咨询感觉变好，她认为自己的人际关系问题解决了，其实是选择与室友保持距离，而非真正改善与室友的关系。

有着轻度痛苦的来访者改变快，有着长期人格问题的来访者（例如严重的、持续的和复杂的心理困扰）需要多次甚至数年的会谈才可能产生改变。

2. 个人–人际–社会三领域

从个人内部、人际关系和社会角色的改变三个领域评估咨询改变：

（1）个人内部的改变指来访者内心发生的变化，如症状减少、自尊增强、问题解决能力提高、新的行为技能如能够自信地表达、主观幸福感增强。

（2）人际关系的改变发生于来访者的亲密关系或同伴关系中，比如沟通得以改善、关系满意度提高、关系更为健康。

（3）社会角色表现的改变指来访者在社会中承担责任的能力提高，如学业成绩提高、积极参与社团活动、在学校适应良好。

以上三个领域都有明显效果的来访者自我感觉良好，自我意识清晰，生活的意义明确，亲密关系改善，因病上课或活动请假的天数也会减少。

前文"心灵故事"中的小司，第二段咨询结束时，在个人内部、人际关系和社会角色三个方面都发生了改变。

（二）心理咨询的获益

心理咨询的获益程度与心理咨询流派、心理咨询时长等因素有关。以下总结了来访者因心理咨询而体验到的收获：

1. 发展视角

来访者学会以发展的视角看待自己的问题，把自己看作与通向成熟的挑战进行搏斗，而不是遭受严峻现实的暴击。

2. 情绪调节

来访者认识到不同的甚至相反的情绪状态会并存，负面情绪是不可避免的，个人局限性与优势紧密相关。此外，心理咨询帮助来访者将弥漫和烦扰的情绪状态加以命名，那些没想清的"认识"，未经思考的"知道"被理解并表达之后，在情绪上得以整合，由此，来访者对情绪的感受力、忍耐力、复杂度及调节能力等方面会发生显著而持久的变化。

3. 创伤压力

有些来访者在孩提时代遭遇过一些重大的压力甚至创伤。通过心理咨询，来访者能够学会保护自己免受那些来自曾经无法控制的事物的侵害，知道如何避免可能会激发极其痛苦的记忆的创伤性情景。

4. 自尊自信

来访者能以较少的自我批判来看待自己的问题和弱点。在没有焦虑和不丧失自尊感的情况下理解和接受自己，维持评价自己的合理标准，在心理层面耐受批评，接受失败，欢庆成功，建立自信。

5. 原谅同情

有时候来访者试图通过某种方式改变他人来解决自己的问题。心理咨询帮助来访者放弃改造他人，致力于改变所能改变的部分，接纳自身的有限性。心理咨询还能帮助来访者发展出自我同情的能力，能够意识到遭遇挫败都是人之常情，逐渐放下对自己的苛责，更多立足于当下的感受，提高自我接纳程度。

6. 亲密关系

在心理咨询过程中，来访者通过清晰地说出非常个人化的思想和情感而发展出与他人之间的联结能力，这种情感联结的能力会提升发展亲密关系的能力，提高亲密关系的质量。

（三）咨询结束的标准

1. 短程心理咨询

短程心理咨询的目标是症状消失或者问题解决，制定的目标达成，心理咨询就结束了。如果症状的持续超过限定的时间，需要考虑可能存在与来访者性格有关的其他因素，可能需要重新制定咨询目标，考虑长程心理咨询。

前文"心灵故事"中的小司，第一次咨询时间较短，咨询目标达到就结束了咨询。当她遇到新的困难时再次进入咨询，进行了更长时间的咨询，直到毕业时，才结束了学校心理咨询。大多数情况，学校心理咨询因资源有限，为了能帮助更多的求助学生，主要是短程心理咨询。

2. 无具体限期的开放性心理咨询

心理咨询的目的不是终结所有的痛苦，痛苦本就是生活的一部分。在精神分析的概念中，心理健康是一种构建容忍和接纳痛苦的条件的能力，而"治愈"的衡量标准是能够将病理性痛苦转化为普通的不适。

咨访关系的神经元塑造

咨访关系中，来访者右半脑选择性的识别系统和感官知觉能力不断地收集有关咨访关系环境的数据。这些感觉会触发情绪，结合各种生活经历，让右半脑明白咨访关系情绪对自身产生的影响。感知到的情绪是愉快的吗？如果是，那么我们会希望复制它，并建立行为或心理策略来实现这一目标。相反，如果感觉这种咨访关系会造成不愉快的紧张感，那么我们将设法摆脱引发这种情绪的咨访关系情境，或是设法自我防御。经年累月，通过创建各种神经元的咨访关系达成连接，连接感觉、情绪、思想和行为。人的大脑开始发展感知、感觉、咨访关系想象、思考和行为的方式，这对每个人而言都是独一无二的，会成为来访者建立咨访关系的自动机制。

第三节
走进心理咨询

一、什么时候需要心理咨询

来访者常常不确定自己的感觉是否糟糕到需要心理咨询的程度。他们可能会说："我觉得自己小题大做""肯定有比我严重得多的来访者"或者"不确定我是不是病了"。其实，当不知道问题出在哪里时，向人求助并不是令人羞耻的事情。

（一）心理咨询的求助时机

以下列出常见的12种心理困惑或问题，前6种情况在心理困惑程度重的一端，后6种情况在心理困惑程度轻的另一端。假如你正经历一些困难挫折，以下情况都适合寻求心理咨询的帮助。

（1）如果你感到绝望，打算结束生命，显然你正经历非常难熬的时期。在你跨出最后那一步之前，请直接走进学校心理咨询中心，或者告诉你周围可以提供帮助的人。如果不在工作时间，可以拨打当地或全国心理援助热线。

（2）即使你还没有绝望到想自杀的地步，但你感到痛苦，持续1~2周没能恢复，找同学朋友、老师、家长等倾诉，仍无法缓解。

（3）适应不良。当你发觉自己失去了与人交流的意愿和能力，难以适应正常的人际环境，并影响到正常生活和学习、工作。

（4）行为不合理。当你发觉自己的行为在当前的社会文化环境中被视为不合适。

（5）你感到自己的情绪和行为的变换迅速，难以琢磨和预测，甚至失去控制。

（6）身边的同学、老师等感觉你有明显变化，令他们感到奇怪，很担心你的情况。

（7）你对某些事不太确定，想好好处理一下。

（8）你想更好地理解自己和自己的情绪。

（9）你想卸下负担。

（10）你失去了关系亲密的某个人。

（11）需要有人帮助你接受某种变化。

（12）你想改善自己和周围人之间的关系。

通常来说，处于痛苦中的人如果能承认需要心理帮助，就已经朝着想达到的目标迈进了一大步。鉴于大多数求助者首先寻求亲友们的帮助，作为求助者的亲友，在发现自己的安慰、开解无效时，有益的选择是鼓励、支持甚至陪伴他们寻求专业帮助。

（二）如何找到适合自己的心理咨询师

心理咨询提供一个安全的空间，让来访者和心理咨询师建立起一段可靠的关系。心理咨询师通过一个特别的视角解读来访者遇到的困难，帮助看清问题的本质，并找到解决这些难题的方法。科学研究已经反复证明，心理咨询师和来访者之间的关系是心理咨询成功与否的关键。找到一位可以建立融洽合作关系的心理咨询师是非常重要的。我们要允许自己在寻找合适的咨询方式和心理咨询师的过程中有一些试错空间，来找到适合自己的心理咨询师。

作为来访者，如果你觉得与心理咨询师"合不来"，一定要提出你的顾虑。心理咨询师接受过相关培训，懂得如何讨论这个问题。也可能心理咨询师会先提出这个问题，你可以说"我不确定这种方式对我有帮助"，让心理咨询师引导你继续探讨下去。

如果你不愿意继续讨论，选择结束咨询，这可能反映了你在日常生活中处理其他人际关系的方式，也可能咨访关系不适合当下的你。来访者在某个时间点和自己的心理咨询师（或某种工作方式）很难产生联结，于是分道扬镳；但在之后的某个日子又重新选择该心理咨询师，重启咨询，这种现象也不少见。

当然，你和这种类型的咨询方法或这位心理咨询师在这个时间节点上正好不匹配，不意味着你做错了什么，也不意味着心理咨询师做错了什么，只是这段咨访关系不适合你。

二、心理咨询过程中的答疑解惑

（一）想要做心理咨询，又感到顾虑，下不了决心，怎么办？

将心理咨询排在未来的日程，也许和我们对心理咨询的认识或观念有关。难以寻求心理健康相关的专业支持的原因包括：

（1）受精神疾病、心理咨询污名化的影响，认为做心理咨询的人"发疯"了、"有病"。

（2）认为寻求帮助意味着情感脆弱或不成熟，害怕去做心理咨询会被老师、同学朋友另眼相看，会"社死"。

（3）对寻求帮助感到尴尬或羞耻。

（4）担心被心理咨询师评判。

（5）害怕与别人交谈，因为感到没有人可以理解自己的处境。

（6）害怕咨询中被自己的情绪淹没。

你要相信有人经历过你现在的感受，像你这样挣扎过。你不是唯一一位有这种感觉的人，心理咨询能帮你应对让你苦苦挣扎的各种情绪。

（二）预约心理咨询之后，突然感到焦虑，想取消预约，怎么办？

这种情况并不少见，感到焦虑很正常，这并不意味着你必须取消预约。你只要鼓足勇气按时赴约就好，接下来顺其自然。先试试看，再作决定。其实，咨询的目的就是做点什么来保证你继续漂浮在水面上，而不是等到快溺水了才进行抢救。如果你不知道该聊什么，从哪里说起，不妨直接告诉心理咨询师你的真实感受。心理咨询师见过很多这样的场面，懂得如何应对。你甚至可以告诉心理咨询师你很想取消这次会谈，这种坦诚对建立良好的咨访关系很有帮助。

（三）要告诉心理咨询师自己对咨询的期待吗？

心理咨询师也许会问你对心理咨询有什么期待，他们这样问的目的是想要对你的情况有个大致了解，这样可以知道如何开启对话帮助你。心理咨询的原因各式各样，和心理咨询师讨论你的动机很重要，这样你们双方从一开始就对咨询方向很清楚。如果你们不在一个频道上，沮丧的情绪和混杂的信息在所难免，心理咨询对你起到的作用可能也会受到影响。

（四）应该做多长时间的心理咨询？

没有清晰的原则规定具体的咨询次数，心理咨询师通常根据自己的临床经验提供一个大概的评估判断。多数高校一学期提供6~10次的咨询，并根据来访者的具体情况考虑是否需要增加咨询次数。如果你感到难以耐受学校寒、暑假咨询无法开展的情况，可能需要在校外寻找资源进行咨询。

（五）如果对心理咨询师不满意，该怎么办？

良好的咨访关系是咨询成功的重要因素，对心理咨询师反感，觉得难以有效合作，可能是你和你的心理咨询师之间不匹配，可以向学校申请更换心理咨询师。

某些情况下，特别是假期结束之后，当你见到心理咨询师时，对他/她不满意甚至愤怒。一般来说，这些咨询面性反应是常见的，是咨询工作的重要素材，可能是你过去的一段重要关系或重要经历在心理咨询师和你之间的重复。如果你愿意给心理咨询师和你自己一个机会，心理咨询师将你的正面和负面的感受整合起来与你进行讨论，帮你消化、处理不舒服感，你的咨询会有一个很大进展。

（六）咨询室之外遇到心理咨询师，该怎么办？

如果你和心理咨询师没有讨论这个话题并达成一致，一般心理咨询师会效仿你的做法。如果你冲他们微笑或点头，他们也会对你微笑或点头。如果你假装没有看到他们，他们也不会主动和你打招呼，以保持咨访关系的私密性。

一般来说，你可以和你的心理咨询师达成协议：在咨询室外遇到，两人互相点头、微笑，或互相说"你好"，然后各自走开。如果你先开启了一段对话，心理咨询师通常会用礼貌的方式尽快结束对话，保持咨访关系的界线。

（七）如果心理咨询不像预期的那样发展，该怎么办？

心理咨询不一定像你预期的那样发展，这很正常。有以下原因会导致心理咨询不符合预期：

（1）心理咨询是一个"过程"，如果你做了几次心理咨询，觉得似乎没有明显的效果，你仍需要帮助。心理咨询师引导你觉察导致你情绪问题的想法、感受和行为模式，然而改变你旧有的想法、感受和行为模式需要时间。也许你没有感到明显的好转，但你还是发现自己有了一些小小的变化，就算5%的变化也能带来更大的改变。

（2）如果你对心理咨询师的某个举动存疑，或者该举动让你感到不舒服，你能直接告诉他当然比较理想。如果情况比较严重，或者你不确定直接说会产生什么结果，可以告知心理咨询师所在的机构。

（八）如何从心理咨询中获得最大收益？

（1）作好心理准备。降低你对第一次咨询效果的期待，准时到达咨询室就好。用最适合你的方式（比如涂鸦、语音消息或短信）记录下让你挣扎的事。这样做的过程可能让你感到不舒服，留意一下身体里的哪个部位有明显感受，暂停下来，必要的话可以稍事休息。切记，这只是你身体里的一种感觉，它并不一定意味着有什么糟糕的事将发生。你只需观察、标注、接受，这种情形很正常，要允许自己有这样的感受。

（2）消化谈话内容。每次谈话结束后，给自己留出一些时间和空间来消化谈话内容。心理咨询结束后可以立刻记下那些让你印象深刻的内容，或者你觉得重要的内容。不仅记录你的变化过程，同时提醒你在生活中压力特别大的艰难时期可以采取的策略。

（3）行动。尝试新的行为，看看会发生什么。心理咨询过程中的"实践经验"或"行动"环节对改变相当重要。

（4）咨询频率。如果每周一次的心理咨询频率超出了你的承受范围，务必让心理咨询师知道，而不要一句话都不说就彻底离开。记得与心理咨询师坦诚地讨论你的需求和顾虑，以确保心理咨询对你起作用。

（5）结束心理咨询。与心理咨询师提前讨论结束咨询一事，最好不要突然停止咨询。结束心理咨询会带来一种失去和分离的感觉，还可能引起对未来或对心理咨询师的焦虑感，特别是已建立良好关系的中长程咨询，更有可能发生这种情况。因此，中长程心理咨询，需要用更多的咨询次数来讨论结束咨询。

心灵补给站

推荐书籍：《也许你该找个人聊聊》（作者：［美］洛莉·戈特利布）
　　本书是一位心理咨询师的回忆录，讲述了发生在心理咨询室中的故事。在这个小小的密闭空间里，人们会展现出最真实、最脆弱的一面；也是在这里，人们获得了陪伴和倾听，也获得了宝贵的觉察、成长与改变。在书中，我们会看到四个来访者的故事，他们有着不同的经历、不同的身份，同时书中还有第五个寻求帮助的人，那就是咨询师自己。她是一个单身的职场妈妈，四十多岁时遭遇失恋，几乎崩溃。有朋友对她说"或许你该找个人聊聊"，于是她也给自己找了一位心理咨询师。阅读这本书，你将走进咨询师的生活，探索心理咨询的奥秘。

推荐书籍:《药树》(作者：朱建军)

"如果来访者最终死了就算是临终关怀，那所有的心理咨询都是临终关怀。无非是一周之后死，或者五十年之后死，在时间上有点小差异而已。心理咨询的首要目标不是让一个人一直不死，而是让她更有生的希望。""这草在每个冬天虽然都会枯死，但是到了春天又会再生。虽然死亡是不可战胜的，但是，连死亡也无法战胜生命。""或许，这世界从不是没有怀疑——正是因为有了怀疑，才有了坚定。从不是没有恨——是因为有了恨，才有了爱。从不是没有病——正是因为有了病，才有了药，才有了治愈和新生。"著名心理学家、意象对话疗法创始人朱建军的心理治疗小说《药树》，讲述了一场身患绝症人士跌宕动魄、险中求生的心灵奇旅。无论身体或心灵、外在或内在，你所有的绝处逢生，必有一个值得被看见的地方。

推荐电影:《异度空间》(导演：罗志良)

在《异度空间》里心理咨询师阿占给自己的一个女病人治疗。女病人章昕称自己能看到鬼，阿占发现这其实是幻觉，努力用自己的心理咨询技术治疗章昕，后来两个人竟然相爱了。这也无意间打开了阿占的心魔——初恋女友为了自己自杀了。所以，阿占开始频繁地看到"鬼"——死去的女友。

该影片加入了大量的心理学元素，例如心理咨询师的职业道德、心理咨询技术、潜意识理论、精神分析、心理防御机制等。该影片在7个国家和地区发行后，好评如潮，也是我国早期比较经典的心理学电影。

推荐电影:《心灵捕手》(导演：格斯·范·桑特)

影片讲述了一个名叫威尔（Will Hunting）的麻省理工学院清洁工的故事。威尔在数学方面有着过人天赋，却是个叛逆的问题少年。在教授蓝勃、心理学家桑恩和朋友查克的帮助下，威尔最终把心灵打开，消除了人际隔阂，并找回了自我和爱情。

我的资源宝藏

每个人都有难过和需要获得支持的时候，不妨趁现在试试补充下方横线上的内容。

1. 可能会出现糟糕心情的预警信号（如想法、画面、处境、行为等）

_____。

2. 在无需联系他人的情况下可以尝试的自我调节方法（如放松练习、体育锻炼等）

_____。

3. 可以让我转移注意力的人或者环境

姓名：_____；联系方式：_____。

4. 我可以寻求帮助和支持的朋友或者家人

_____。

5. 如果我的心情已经到了紧急心理危机程度，我可以联系的专业人员或专业机构

心理危机干预热线：_____。

可寻求帮助的机构及联系方式：_____

难过的时候就勇敢地寻求帮助和支持，别人也会为能够给予你帮助而感受到自己的价值，祝你在这样的爱与被爱中渡过生活的难关。

"学会自助是一种能力，学会求助是一种本领。面对困惑和不解，当我们没有能力自我救赎时，寻求他助是必需的本领，也是最正确的选择。"

师小星："作为大学生，我们仍处于心理健康健全发展的重要时期。我们依然会时不时地感到内心深处的阵阵困惑，以"自助式"适当寻求心理咨询的"他助"能够有效缓解我们生活中的茫然无措、失意沮丧。跟随心理咨询师彻底探索心灵奥秘，深入领悟人际关系、身份认同等多方面多维度内容，让我们"沉下去"了解自己，"浮起来"融入世界，怀坚忍不拔之志面对困难、应对困难、战胜困难，做个人 - 人际 - 社会三领域中真正的主人公，去熠熠生辉，璀璨夺目。"

第四章

认识自我：
自我意识与自我调节

知人者智，自知者明。

——《老子·道德经》

心灵导航

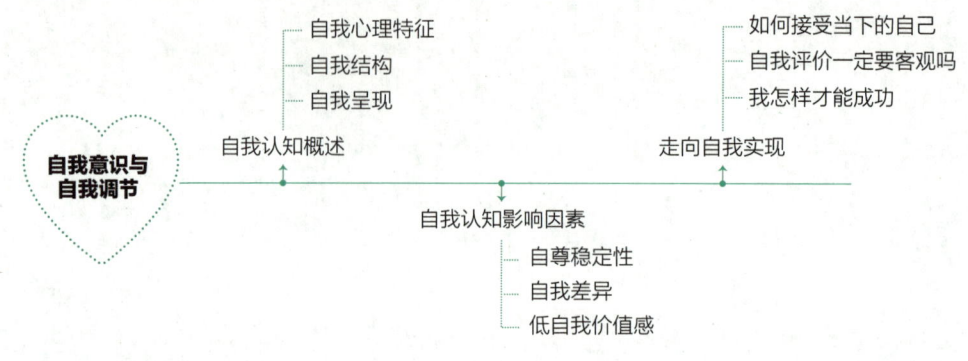

自我意识与
自我调节

自我认知概述
　自我心理特征
　自我结构
　自我呈现

走向自我实现
　如何接受当下的自己
　自我评价一定要客观吗
　我怎样才能成功

自我认知影响因素
　自尊稳定性
　自我差异
　低自我价值感

心灵故事

小张的困扰

小张是大一男生，中等身材，偏瘦。开学两个月之后，因为觉得和寝室同学相处不好，他主动到学校心理咨询中心寻求帮助。

刚到大学时，小张希望在新的环境中交到更多的朋友，得到大家的认可，所以他经常主动打扫寝室卫生，到食堂为大家带早饭，对室友的要求有求必应。久而久之，小张成了大家都可以"差遣"的人，而且他好像对此也毫无怨言。但是，小张觉得并没有得到他所期待的被关注和尊重，反而他觉得室友把他对大家的帮助和对寝室的贡献当作理所当然，甚至还针对他或排挤他，比如嫌他没见识，不懂时下流行的网络游戏和电子产品。

小张童年时期，因为父母在外务工，一直由爷爷奶奶照顾。而父母在春节回来的短暂时间里，也只是过问他的成绩而无暇关心他在学校的其他情况以及他的心情，父母经常苦口婆心地要求他一定要努力学习考上大学，这样才对得起父母常年在外务工的艰辛。有时，小张会跟父母表达学习压力大，感到很累很疲惫，父母就会以他们在外务工起早贪黑其实更累来鼓励他克服困难，坚强面对。小张也想努力学习取得好成绩，但总觉得对此没有信心。

在学校，因为都是爷爷奶奶开家长会，老师对待小张的态度也不如对其他同学那样关注。在与同学的相处中，他一直感到自己比别人低一等。他羡慕同学有爸爸妈妈接送上学放学，由爸爸妈妈参加家长会。学生时代的小张自我价值感很低，经常感到被排挤、被忽视。为了让自己感觉好一些，小张会刻意地对同学示好，积极担任班主任的小助手，学习勤奋努力。在被同学感谢、被老师表扬的时候，小张会有短暂的满足感；但被同学嘲讽、贬低甚至欺负时，他感到非常沮丧，觉得自己处处不如别人。

小张始终都有一种强烈的、无法说出口的委屈和愤怒：为什么我被不公平对待？为什么我不是"高富帅"？

一、自我心理特征

自我是人类心理活动的重要结构，是人与环境交互作用的主体，也是我们组织加工环境信息的参照。我们在自我认知、自身动机、需要的基础上选择加工环境信息，调控自身行为。了解自我心理活动的规律有助于了解自我，了解自身生命的价值和意义。

（一）自我概念

1. 自我概念

自我概念（self-concept）是一组认知结构，是关于自我信念的有组织的集合。自我概念包括我们对自己人格的信念，那些当我们想到自己时浮现在脑海里的内容，以及我们认为真实地反映了自己的描述。自我概念帮助我们理解这个世界，把注意力集中在个人目标上，保护基本的自我价值。

我们可以从许多角度看待自己，比如个体主义的"我"，或者集体主义的"我们"；比较接近于"现在"的"我"和"未来"的"我"，自己眼中的"我"和他人眼中的"我"。无论我们在描述自己时关注的是社会角色、社会关系还是个人特质，我们都能够很快进行思考，作出回应。

自我概念的内容可细化为知识部分和评价部分。知识部分是关于"我是谁？"的内容，包括个人特质、身体特征以及身份、价值和目标等内容；评价部分包括自我信念的积极性和整体的自我评价。

2. 自我概念清晰性

自我概念清晰性（self-concept clarity）是指我们能够清晰、自信地界定自我概念的内容，并且这种界定是内部一致性和阶段稳定性的体现。所谓"人贵自知，知人者智，自知者明"，对自我有清晰和一致的认识是人格发展和成熟的重要标志之一。研究表明，自我概念清晰性对心理健康和人格发展具有重要作用。高自我概念清晰性能够促进我们的主观幸福感、生命意义感等积极体验，有利于我们采取积极的应对方式；而低自我概念清晰性可能引发抑郁、焦虑、孤独感等负面情绪。

"心灵故事"中的小张，由于在成长过程中无法感受到来自父母的体谅与理解，他的自我概念就不太稳定。小张在学习与人际两方面都觉得自己不如别人,他在被老师表扬时获得成就感,又在被同学嘲讽贬低时感到特别沮丧。进入大学后,他希望通过不断讨好身边同学的方式和大家搞好关系,受了委屈也不愿表达出来。因为小张对自己的认识与了解不够清晰,他对人对事的态度与行为也就不够坚定和自信了。

(二)自我意识

1. 自我意识

15~18个月大的婴儿,能够识别镜子中的自己,由此产生自我意识。自我意识是我们认识自我,以及自我与客观世界的关系,并通过自身改造,以达到自我实现或完善的过程。自我意识是一个主动调节自身的过程,要建立在自我分化的基础上。只有当自我分化出作为主体的自我和作为客体的自我以后,自我才能成为意识的对象,并在意识水平上产生对自我的认识和调节。自我意识的内容具有对过去成就的记忆和对未来成果计划的特点,这种未来定向的思考对我们的生活与学习都有促进作用。

2. 自我意识情绪

自我意识情绪(self-conscious emotion,SCE)是我们在社会交往中根据一定的价值标准,评价自我或被他人评价时产生的情绪,是由自我参与的一种更高级的情绪。自我意识情绪具有丰富的内涵,是比喜、怒、哀、乐等基本情绪更为复杂的复合情绪。自我意识情绪缺乏确定的面部表情表达方式,是将自我卷入情绪中的一种特殊情绪类型,包含内疚、羞耻、尴尬、嫉妒、自豪等。自我意识情绪在调节和激发人类思想、情感和行为中起着重要的作用。

自我意识情绪要有自我觉察的能力和稳定的自我表征。如果你在学校运动会的短跑比赛中夺冠,你一定感到非常自豪;如果你因急事而在食堂买饭时插队了,你可能会有些尴尬。情绪的自我归因,是自我意识产生的重要条件,夺冠后的自豪,主要是因为自己出众的运动能力;插队后的尴尬,是与意识到自己违反排队秩序有关。

自我意识情绪对我们的行为具有显著的自我调节(self-regulation)功能,能帮助我们识别和改正一些错误。比如食堂插队、图书馆占座、考试作弊等对社会规则的违背,可能会导致尴尬、羞愧、内疚等自我意识情绪。并且,自我意识情绪的产生主要服务于我们的社会需要,比如羞耻、内疚和自豪,驱动着我们在大学学习、科研、社会实践等成就领域和任务领域持续地努力,以一种符合社会道德规范(如学术诚信)、社会适应(如志愿者服务)的方式展开大学生活,维持良好的人际关系。自我意识情绪的产生也可能来自满足我们自己内部的心理需要,驱使我们去做有社会价值的事,努力获得成功,成为更好的自己。

羞愧和内疚是我们时常可能体会到的两种典型的自我意识情绪。羞愧感是公开的情绪,因外界的反对和责骂而产生,羞愧感更具弥散性,是一种未分化的知觉,源于知觉到自己是坏人或完全不够格;羞愧感使我们想要避开其他人,隐藏自己

（知觉到）的不足和缺点，比如"真想找个缝钻到地底下去"。内疚感是一种更为私密的知觉反应，因为没能达到自己的标准，无法实现自己的理想而产生。内疚的焦点是行为，我们在发现自己做了不该做的事情时会有内疚感，比如在不看红绿灯乱穿马路以至于把车辆逼停时。内疚感促使我们弥补自己（知觉到）的过失并做出补偿，比如弄丢了图书馆借来的书，根据规定登记赔偿。

（三）自我评价

自我评价的动机在于我们渴望获得关于自己的真实信息，然而，了解自己并不容易。

1. 核心自我评价

核心自我评价（core self-evaluation，CSE）是个体对自身能力和价值的基本评价，是一种潜在的、宽泛的人格结构。有研究表明，核心自我评价高的个体更愿意选择难度高的任务，更愿意接受具有挑战性的工作，会认为自己的工作是有价值的，能够体验到更多的成就感和满足感。核心自我评价作为一种复杂而综合的自我认知成分，在避免心理与行为偏差中起重要的作用，能够帮助我们少受情感痛苦。

2. 反射性自我评价

反射性自我评价（reflected self-evaluation）是个体通过观察他人对自己的反应而获得自我认识的一种方式。他人就像一面镜子，可以借此进行自我判断。反射性自我评价也意味着他人判断在自我判断中的投射，自我概念影响我们对他人观点的判断，对他人观点的判断又会影响自我概念。因此，反射性自我评价，可以看作一个相互影响的判断的循环。

3. 自我评价的发展

研究发现，儿童期自我评价普遍偏高，在青春前期略有下降，青春后期和成年早期恢复上升趋势。大学生正处于成年早期的阶段，经历了青春期的身体变化（如第二性征的发育）、认知变化（如可进行逻辑推演等抽象思维）和社会变化（如高考等社会期望的转变，同伴关系、亲密关系等人际模式的变化），自我评价会产生自我积极偏差（self-positive bias），也就是将更多积极的词汇判断为形容自我。这种以自我为中心的自我积极偏差，会带来较为短暂的自我满足，也可能引发来自他人的消极反馈，比如被认为"自以为是""自不量力"。

二、自我结构

心理学家威廉·詹姆斯（William James，1842—1910）在其1890年的著作《心理学原理》中首次将自我分为经验自我（me）和主我（I）。

（一）经验自我

威廉·詹姆斯继续将经验自我的不同部分划分为物质自我、社会自我和精神自我三类。

1. 物质自我

物质自我是指可以承载"我的"所指向的有形客体、人或地点。当谈及我的手臂或我的双腿时，这些实体显然是属于"我是谁"的固有组成部分。而且，我们对自我的感知还包括其他人（我的父母）、宠物（我的猫咪）、财产（我的行李箱）、地方（我的家乡）以及我的学习成果（我的实验报告）。然而，物质自我并非由物质实体本身构成，而是由我们对这些物质实体心理上的占有欲组成。比如，拥有一把自己最喜欢的椅子，"我最喜欢"就表达了一种占有感。相应的，任何财产损失，比如弄丢的文具、洗坏的衣服、没有及时保存或被误删除的文档，这些都可能使一部分自我变为空白，从而感到沮丧。

2. 社会自我

社会自我指的是他人如何认识和对待我们。威廉·詹姆斯认为，有多少人认可我并将这种印象牢记于心，我就拥有多少种社会自我。只要我在乎不同群体之人的看法，那么有多少群体就会有多少种社会自我。社会自我反映了他人如何认识、对待我们。有些社会身份是生而具有的，比如儿子或女儿；有些则是通过个人努力获得的，比如学生会主席、特级教师等。每一种身份都伴有一系列特别的期望和行为，"女儿"显然与"学生会主席"有不同的行为表现。不同社会情境下人们倾向于展现不同的自我，社会自我包括我们所拥有的各种社会地位和我们所扮演的各种社会角色。

3. 精神自我

精神自我是我们的内部自我或心理自我。除去真实物体、人、地方和社会角色之外，由能称为我（my 或者 mine）的一切构成。我们感知到的能力、态度、情绪、兴趣、动机、观点、特质及愿望都是精神自我的组成部分。因此，精神自我是我们所感知到的内在心理品质，它代表了我们对于我们自己的主观经验——我们对自己的感受。精神自我促使我们不断主动地追求自我价值与意义，通过自我反省和自我调节克服并超越可能遇到的困难，不断自我创新。

（二）主我

威廉·詹姆斯认为，主我是主动体验世界的自我，是我们对于我们正在思考或感知的意识，包含在我们所做的任何事情当中，总在意识中出现。比如，我听到了雷声，我在昨天想到了你。

三、自我呈现

自我呈现（self-presentation）是指任何旨在创造、修改和保持别人对自己的印象的行为，自我展示体现了自我社会性的一面。

（一）公众自我

自我概念涉及我们如何看待自己，而公众自我（public self）则涉及我们希望他人如何看待自我，是在社会交往中呈现给他人的一种形象。我们通常会有多种公众自我，这与身处的情境和人际关系有关，比如面对父母家人时，面对同学朋友时，面对辅导员和老师时，我们所展现出的可能是不同的公众自我。

当然，我们在各种公众自我之间的重叠或一致性程度上是存在差异的。如果我们在不同的社会角色中（如和朋友在一起，上课听讲时，和父母在一起，和恋人在一起），认为自己的表现都比较相似，说明具有更强的调适能力。相反，如果感觉不同角色的自我难以整合，可能会存在自我调节方面的困难。

公众自我的呈现多少会带有修饰、装扮的成分，这很正常，几乎我们每个人都会这样去做。很多时候，自我呈现是无意识的、自动发生的，比如走在校园里遇到同学、老师就打个招呼，表达礼节性的问候。然而，当自我呈现很重要时，比如要参加工作面试，我们总是会有意识地努力给别人留下最好的印象。

（二）印象管理

印象管理（impression management）是指我们有意识地努力影响他人对自己的看法，是为管理别人对自己的印象而付出的各种努力。作为一种技能，印象管理对人们的社会生活至关重要。比如，想想我们在微博、微信朋友圈等社交媒体发布的内容，这些内容如何让我们既能分享自己的日常，又能引导他人对我们的认识。

进行印象管理的目的之一是表明自己的特定身份，通过选择某一类型的衣服、发型、妆容和说话方式来呈现自己的特定形象。印象管理的另一个目的是获得他人的喜欢和赞许，通过使用微笑、手势和目光接触等非言语线索，加上对自我评价的表述，让他人对自己产生好感。一些常见的印象管理策略包括讨好、自我推销、以身作则、威慑、示弱和承认缺点。

1. 讨好

讨好是指以讨人喜欢的方式行动。比如，只要真诚地赞美别人，就是有效的。另外，低调地给他人帮个忙，也是获得好评的有效策略。

2. 自我推销

自我推销背后的动机是赢得尊重，通过呈现自己的优点来让别人认可自己的能力。比如，在求职面试中，我们会表述大学期间所获的各项荣誉和成就，如曾担任学生会主席、寝室楼长，在核心期刊上发表论文，获得过一等奖学金等。另外，在做自我推销时，直接表述自己的成就，其效果往往比拐弯抹角、让对方猜测自己为什么会这么说要好。

3. 以身作则

我们通过表现出模范的行为，证明自己的品格，始终按照高道德标准行事，言行一致。如大学校园里在读的退役士兵，其言行举止所表现出的"退伍不褪色"就是以身作则。

4. 威慑

威慑通常只是在非自愿关系中起作用。明显的威慑策略包括威胁和收回重要资源，如监考老师一再强调考试作弊将受到取消学位证等处分，有些大学生父母以不提供生活费作为孩子不常和家里联系的惩罚。情感威慑更微妙一些，如深夜不睡觉、大声打电话，就会引发室友强烈的埋怨和愤怒。威慑通常会引发厌恶和憎恨，尽管如此，威慑还是行之有效的。

5. 示弱

为了得到别人的给予，试图表现出自己的软弱和依赖性。比如，骑电动车没有戴头盔而被交警拦下要予以处罚，可能会向交警求情表示急着到学校参加考试，这是自己第一次违反法规，希望免于罚款。人们往往倾向于帮助有需要的人，因此示弱可能是有效的。然而，在这个社会规则日趋完善的时代，示弱也可能越来越难以达到目的了。

6. 承认缺点

承认自己犯了一个相对较小的错误，会让别人更喜欢你吗？研究发现，承认缺点（坦诚自己有一些消极的品质）会引发积极的回应。也许承认缺点会让人觉得自己是诚实的，只要这个品质并不定义一个人，坦承自己不完美以及每个人都可能会犯一些小错误，有时会是一种有效的做法。比如，承认自己在期末复习阶段，一大早会趁着管理员老师不注意，用书包在图书馆阅览室先占个座位，然后再去食堂吃早饭。

心灵保健操

请写下关于自己的20件事

假如你想让某人知道你真实的情况，你可以告诉此人你自己的20件事，包括你的个性、背景、生理特征、爱好、属于你的东西、你亲近的人……任何能帮助这个人了解你真实情况的事物。你会告诉他什么呢？

1.	_____	11.	_____
2.	_____	12.	_____
3.	_____	13.	_____
4.	_____	14.	_____
5.	_____	15.	_____
6.	_____	16.	_____
7.	_____	17.	_____
8.	_____	18.	_____
9.	_____	19.	_____
10.	_____	20.	_____

写完后，请仔细思考自己写下的内容，想一想，这些内容是否代表了你认为最重要的一些自我概念。

第二节
自我认知影响因素

一、自尊稳定性

自尊（self-esteem）是指个体对自己作为一个人的价值的总体评价。如果我们的"主我"多发挥些作用，即多花些时间觉察此刻的自己，我们就会发现人们对自己的评价并不总是稳定不变的。当我们受到别人夸奖时会自我感觉良好，在被批评时则陷入自我否定，这种自我价值感随着不同情景或事件波动的程度反映的便是自尊稳定性。同样地，如果我们多花时间观察别人，就会发现，即使是拥有高自尊的个体之间也有着截然不同的表现。在人们的印象中高自尊个体应当是充满自信和健康的，然而有一部分高自尊个体是冲动的、傲慢自大的、富有攻击性的或是充满防御的，这种高自尊异质性也反映了个体在自尊稳定性方面的差异。

可是在我们的生活印象中，自尊应该是相对稳定的才对呀？那是因为我们的自尊又分为基本自尊（basic self-esteem）和总体自尊（global self-esteem）。基本自尊是指在我们成长和发展过程中对情绪调节起重要作用的一种体验，它起源于发展的早期，形成了我们每个人的自尊基础。从长期来看，基本自尊是比较稳定的，也是我们印象中"不变"的自尊，如"我觉得自己从小到大都是个乐于助人的人"。然而，总体自尊则指的是一种评价性的自尊，它缺乏稳定，反映的是自尊当中许多暂时化的特性，容易受到积极和消极事件的影响，并由此形成对自我的体验或者态度，这是自尊稳定性存在的基础。比如"这次考试老师表扬了我，让我觉得自己可真行！第二次考试老师没表扬我，我就总觉得是不是自己做得不好了。唉！我真没用！"

（一）条件自尊与无条件自尊

为什么有些人能够在不同的情境下都能做到不卑不亢，不骄不躁，拥有稳定的自尊，而有些人则容易在不同的情境下对自己产生截然不同的自我价值感，自尊不够稳定呢？这和我们所拥有的是条件自尊还是无条件自尊有关。

条件自尊（conditional self-esteem）指的是将自尊的建立依托于满足他人期望和他人评价基础之上。与之相反，无条件自尊（unconditional self-esteem）指的是将自尊更多地依托于内在的、自我整合的真实感受。在我们的童年早期，父母常常需要对我们的行为作出不同的反应来强化"好"行为和惩罚"差"行为。在这种教育中，父母有时的反应会伴随着爱的表现，如当我们考砸了时，让我们感受到糟糕的负面情绪和态度，而在我们考得好时才有机会感受到父母积极的反应或对我们的认可。这时候，父母便形成了对孩子有条件的积极关注或者说有条件的爱，这时候孩子便形成了"条件自尊"。相反，无论"好"成绩还是"差"行为都能得到父母积极情绪的孩子，便感受到了无条件的积极关注或者说无条件的爱，从而形成了"无条件自尊"。拥有无条件自尊的个体，能够坦诚地直面自我，做自己内心想做的事情，让真实的自我在生活中表现和成长。童年时期父母的教养方式往往使我们内化形成了"应该自我"，这个"应该自我"一直教育着我们，而长大了的我们可以通过有意识地调整"应该自我"的内容，从而调整自身对于自己爱的方式，最后获得对自己无条件的爱。

（二）自尊稳定性的重要性

自尊稳定性与多种心理现象息息相关。首先在自我接纳方面，具有稳定的高自尊的个体与不稳定的高自尊者相比，前者具有高度的自我接纳水平。他们喜欢自己，重视自己，并愿意接受自己所有的一切，包括自己的缺点；与之相反，具有脆弱的高自尊的个体对于自己的缺点抱有消极态度，并尝试拒绝和否认自己身上所具有的弱点，通常这也会带来一些心理健康的问题。在生活满意度方面，具有自尊稳定性的个体与做真实自己的程度高度相关，而真实性又和生活满意度之间存在着较高的正相关关系，因此一个稳定的高自尊也将预示着一个更好的生活满意度。除此之外，较高的自尊稳定性可以帮助我们提升生活幸福感、对抗抑郁、降低愤怒情绪，甚至在交朋友的时候，也能帮助我们拥有一份较高质量的人际关系。

二、自我差异

有些人认识到的自我，和自己所希望的自我基本一致，而另一些人则经常体验到实际看到的自己和希望看到的自己之间是有差异的。比如，用"害羞"来描述现实中的自我，但理想自我是"外向的"。我们会有多个有组织的自我知觉：现实自我（认为自己实际拥有的特征）、理想自我（自己所希望拥有的特征）和应该自我（认为自己应该拥有的特征）。应该自我和理想自我是指导我们行为的个人标准，即自我指南。自我差异（self-discrepancy）是指构成现实自我、理想自我和应该自我的自我知觉之间的不匹配。这些自我差异会影响我们的思维、感知和行动。如果我们达到了自己的个人标准（理想自我或应该自我）时，就会体验到较高的自尊；如果我们没有实现自己的期望，自尊就会受到损害。而且，特定类型的自我差异与特定的情绪相关联。

（一）现实自我与理想自我的差异

当现实自我与理想自我不一致时，会引发与沮丧相关的情绪（悲伤、失望），如考研失败、失恋等情况；当现实自我与理想自我之间的差异多于一致性时，悲伤会增加，快乐会减少。比如，某位男生觉得自己长得比较帅，但身材偏瘦且比较单薄，他想要变得更强壮一些，就可能会因此感到不满意和沮丧。这种类型的极端差异可能导致抑郁相关的心理障碍。

（二）现实自我与应该自我的差异

当现实自我与应该自我不匹配时，比如，虽然觉得自己暑假应该多在家里陪伴父母，但因为各种社会实践活动和兼职工作而没有回家乡，就可能会产生与焦躁相关的情绪，如易怒、焦虑和内疚。当现实自我与应该自我之间的差异多于一致性时，焦虑感可能会增加而平静的情绪会减少，这种类型的极端差异可能导致焦虑相关的心理障碍（图4-1）。

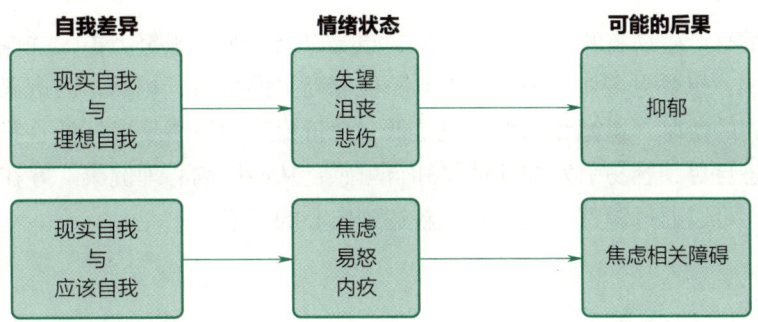

图4-1　自我差异的类型及其对情绪状态的影响和可能的后果

自我的时间之旅——未来自我连续性

以时间维度为基础，可以将自我分为过去自我（past self）、现在自我（present self）和未来自我（future self）。认知神经科学研究发现，个体加工未来自我时（判断所呈现的特质词是否可以用来描述未来的自己）大脑激活的区域与加工陌生人时更为相似。由此推测个体倾向于将未来的自己看作与现在的自己毫无关联的陌生人。正是对未来自我加工的陌生感，让我们常常只图一时痛快而容易忽略长远的收益，如学习上的畏难与拖延，生活中的放纵与熬夜，饮食上的美味与高热量，体育锻炼方面的明日复明日……

因此，将未来自我看作现在自我在时间维度上的连续对个体具有重要的意义。未来自我连续性是指个体将现在自我和未来自我联系在一起的紧密程度。未来自我连续性高的个体认为其未来自我（如5年或10年后的自己）与现在自我之间有很多相似之处，在想象未来自己时会有更生动清晰的画面，对未来自己也有着更为积极的评价。将未来自我知觉为现在自我在时间维度上的延续，增进对未来自我的熟悉感，将未来自我视为"自己人"。

那么，如何提高未来自我的连续性呢？方法有很多，以书写任务举例。

1. 想象并描述现在自我与10年以后未来自我的相似之处。
2. 给10年后的未来自我写一封信。
3. 在微博、微信朋友圈等社交媒体，与未来自我连续交流7天。

测一测你的未来自我连续性。首先，请想象你的未来自我与现在自我之间的关系，然后判断哪一组圆最能代表"现在的我"和"未来的我"之间的相似和紧密联系程度。

三、低自我价值感

我们都有产生高自我价值感的动机，想要以己为荣，想努力扩大并保护自己的自我价值感，想要更多体验为自己感到骄傲和高兴的情绪。相反，因遭遇挫折和失败而体验到的羞耻、遗憾和悲伤，也是低自我价值感的情绪反应。低自我价值感作为一种状态自尊，容易引发抑郁情绪和自卑感，从而影响心理健康。好在这种影响是暂时的，可以通过调整自我认知重新达到内心的平衡。

（一）抑郁的自我价值关联模型

当人们认为自己或者其他人不能给予希望的结果，感到无法实现理想或者达到标准，或者认为无法避免消极的结果时，会觉得无望；当人们认为自己软弱、坠落或者一无是处时，会感到无价值。无望和无价值是抑郁情绪中与自我有关的主要特征。

人们总是希望能够满足自我提升的需求，尽量使自我感觉变得良好。容易抑郁的人具有高条件性自我价值感。当某些条件得到满足时（如处于一段恋爱关系中，学业成功，志愿者工作获得好评等），自我感觉良好；当这些条件得不到满足时，自我感觉就不好了。抑郁的自我价值关联模型认为，当经历威胁到这些"自我价值的条件"时，会产生抑郁情绪，觉得以后自己再也不能满足自我提升的需求了。

抑郁倾向的个体普遍有三类自我理想（self-ideal）：① 过分要求被爱、被欣赏、被赞美、被尊重；② 过分要求强壮、有能力、成功以及独立；③ 过分要求优秀、有爱心、有道德等。具有这些过高理想的人一旦认为现在和将来这些标准都无法达到时，就会产生抑郁。他们从根本上放弃了希望，认为自己没有能力实现理想。

（二）自卑的双路径理论

心理学家阿德勒认为，我们每个人都有不同程度的自卑感。自卑感是由于对自己某一方面不满，而产生的一种交织着无力感和无助感的失望心态。没有人能长期地忍受自卑感，自卑感一定会使我们采取某种行动，来解除自己的紧张状态。

正所谓"水能载舟，亦能覆舟"，自卑感既可以激励我们自强不息，也可以启动我们的防御心理。阿德勒认为由身体缺陷或其他原因所引起的自卑，一方面能摧毁一个人，使人自甘堕落或出现精神疾病；另一方面也能使人发奋图强，力求振作，以补偿自己的弱点。阿德勒用自己的人生经历建立了著名的自卑双路径理论。他认为，每个人在童年期都会因生来弱小无力而产生自卑情结（inferiority complex）。人们总是试图摆脱这种感觉，有人成功，有人失败，进而导致后期的一系列成年行为。

自卑感产生之后，对人生具有激励作用，也有阻碍作用。我们的人生会面临两种选择：是追求成功还是逃避失败，这取决于对自卑感不同发展路径的选择（图4-2）。

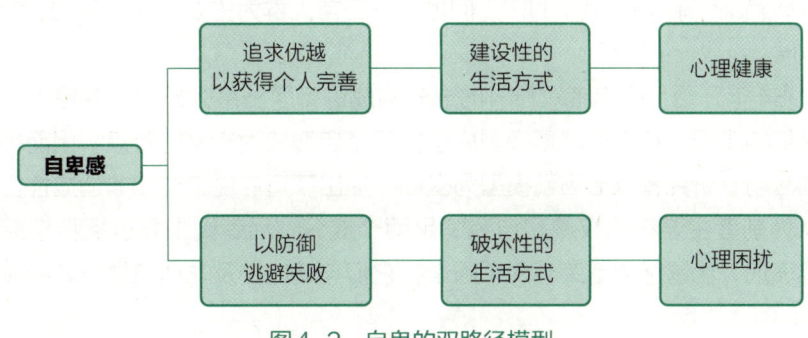

图4-2 自卑的双路径模型

路径一：追求优越与个人的完善。一旦体会到自卑感，就会力求补偿自身不足，以重获优越感，以一种建设性的生活方式来达成自我完善。比如，高考成绩不理想，没有考进心仪的重点大学，难免感到遗憾、失落，觉得自己不如别人。怎么办呢？也许可以继续努力学习本专业，参与科研，通过课程考核、研究实践、论文发表等方式与同行及专家交流，获得认可。

路径二：以防御来逃避失败，就是一条"不归路"了。如果因为高考失利就一直心灰意冷，提不起专业学习兴趣，把学习上的困难和失败都归咎于老师讲课不生动、课程进度太快等外界因素，以保护自己的自尊心。久而久之，就可能陷入不断逃避的负性循环而无法顺利毕业了。在这种情况下，自卑感就会作为一种阻碍因素而不是激励因素影响我们的学习与生活。

如何看待自恋？

"自恋"一词源于希腊传说中的纳西索斯（Narcissus）。据说纳西索斯是一个非常英俊的少年，因为爱上了自己水中的倒影而无法自拔，最后因不可得以致抑郁而终，并变成了水中的一朵水仙花。这是英语自恋"narcissus"一词的来源。因此，当我们提起自恋时，似乎总觉得这是一个偏负面的词，是一种我们需要防止其发生的情况。

同样，在心理学界，自恋在相当长的时间里都被认为是一种人格障碍。即便是今天，自恋依然是临床心理学研究的一个重要问题。这种事实使得很多人都有一种印象，自恋是非常不好的，是个体适应不良的一个重要原因和表现。

然而，这种理解是不全面的，不是所有的自恋或自恋的所有特点都是不好的。从功能上看，自恋其实有非适应性的方面，也有适应性的方面，或者说有适应性的自恋和非适应性的自恋两种类型，一概而论是不准确的。

20世纪70年代，由于个人主义在美国的上升，人们开始意识到正常人也会表现出自恋的倾向。随着第一个用于测量正常人的自恋的量表——自恋人格调查表（narcissistic personality inventory，NPI）问世，以正常人群为主要关注对象的自恋研究开始蓬勃发展。

自1984年开始，研究者对NPI的成分构成进行了一系列研究，并提出了很多不同的因素结构模型，其中七因素模型由于揭示了自恋较为丰富的特点，因而得到了较为广泛的应用。研究者以七因素模型为基础，提出了适应性自恋和非适应性自恋的概念，并认为前者主要包括权威和自我满足两个成分，后者则主要包括特权感、剥削性和自我表现，优越感和虚荣感两个因素，它们与适应性及非适应性自恋的关系都不显著。

在自我认识和调控方面，剥削性和特权感上得分较高的个体具有更强的自我意识，其理想自我与现实自我之间有更大的偏差，倾向于关注与自我有关的负面内容，有较低的自尊水平和自尊稳定性，自我控制能力也较差。与之相反，在领导力或权威维度上得分较高的个体通常表现出较高的自我觉知，其现实自我与理想自我之间的偏差也较小，倾向于关注与自我有关的正向内容，自尊水平和稳定性都较高，而且自我控制能力也较好。

关于自恋与问题行为，目前的研究主要涉及了冲动性购买和青少年问题行为两类。关于自恋和冲动性购买，一个典型的发现是总体自恋和冲动性购买之间存在显著的正相关，即高自恋的人通常表现出较高的冲动性购买倾向。自恋与冲动性购买之间的关系主要是由自恋的非适应性成分导致的，自恋的适应性成分和冲动性购买之间没有显著的关系。

自恋的非适应性成分和与冷漠无情相关的一些特质有关，具体表现为在非适应成分上得分高的人往往无法共情，在情绪表达上也存在障碍；但是，自恋的适应性成分与这些问题之间没有关系。

独 特 的 我

请将本页横过来，在空白处画上两个相交的椭圆，注意相交的面积要大一些。接着在左边的椭圆中写上你的长处，右边的椭圆中写上你的局限。写好之后，请思考你所写的内容。想一想，有没有哪些部分是可以写在中间相交之处的？也许，你比自己想得要更有可取之处。

在完成这部分练习之后，请留心觉察自己的感受，试着把这些感受记录下来。

第三节
走向自我实现

一、如何接受当下的自己

随着大学生活的展开，我们不断面临专业学习上的困难，人际相处上的困扰。我们一直勤奋努力，不断调整，然而每一天似乎都会感知到或多或少的不如意。那么，怎样才能心平气和地与自己相处？怎样才能接受当下的自己？以下将从自我同情和自我接纳两方面来探讨。

（一）自我同情

自我同情（self-compassion）是一套积极的自我态度，通常在人们的痛苦、逆境、失败、不足或一般生活困难中出现。自我同情是指不回避自己遭受的痛苦或存在的缺陷，能客观地评价自己，重视和他人的联系，对他人的痛苦能感同身受，以开放和宽容的态度认同自己，对别人和自己的痛苦能产生想要减轻的愿望，而且还想无条件地接受和包容他人，不过分关注自己的消极情绪，意识到挫败和错误可能是人生无法预料和避免的，能够保持身心和谐，对自己的缺点和不足采用理解和非批判性的态度，并认识到自己的经历是普遍存在的。自我同情更可以给人以价值感，这个价值感不是基于个人成就和所获得的评价，而是基于你是一个人，一个值得被爱的人。

自我同情包含三个要素，分别是自我宽容、普遍人性和清醒意识。

1. 自我宽容

自我宽容（self-kindness）是指给予自己善意和关爱，是对自己关心和理解的倾向，避免严厉的自我批评和拒绝。自我批评会带来疏离感，并弱化与他人的关系。在注意到自己的不足之处时，宽以待己，即使当自己存在某些有问题的个性特征时，也能对自己无条件地接纳；在遭遇挫折痛苦时，也会从自身寻找力量，去安慰自己而不是一味地忍受硬挺着。

2. 普遍人性

普遍人性（common humanity）是自我同情的核心，是将自己的经历视为所有人类都会经历的，而不是孤立的。普遍人性意味着认识到所有的人都会失败、犯错或者沉湎于不健康的行为，而不是只有自己会经历这样的事情，也就是承认人无完人。普遍人性使我们能够客观地看待自己的缺点和不足，能从更广阔的视角看待自己的遭遇和痛苦，这样就有助于将消极情绪转化为积极情绪而不只是逃避，这个转化过程来自对普遍人性的认识、理解。

3. 清醒意识

清醒意识（mindfulness）是指以一种清晰和平衡的方式觉察当前的情形，既不忽视也不对自我或生活中的不利方面耿耿于怀。这个觉察的过程使消极评判的作用丧失，减弱了自我批评并增强了自我理解。在这个过程中，人们的自我宽容水平有了提高。当我们有了高水平的自我同情时，积极情绪就会增强，消极情绪的作用就会减弱。

综上所述，自我同情，就是对待自己像对待最好的朋友一样，友善、接纳和充满爱。

（二）自我接纳

自我接纳（self-acceptance）是指我们能够悦纳自己各方面的特征，肯定包括身心等方面的自我价值，并且能够接受自己的现有状态。自我接纳是我们不以现实自我与理想自我的差距来评价自我价值的心理过程，是保持独立性，能够很好地处理过去经验的一种认知模式。这种认知模式对我们认知和行为的适应性有很大的帮助，并能体验到满足感和幸福感。

心理学家亚伯拉罕·马斯洛（Abraham Maslow）认为，自我实现的人能够认可并尊重个体差异，不会为自己或他人的缺点所困扰或感到内疚与不安。他们能坦然地接受自己的现状，包括自己的需要、水平、愿望，同样也宽容地对待他人的弱点和问题，从容地生活，很少使用防御机制，这些品质构成了自我接纳的心理状态。

自我接纳使我们能够对他人感同身受，充满同情与怜悯，充分理解他人的态度、感受和想法。自我接纳以及对他人的接纳扩展了人们的心智，帮助人们看清生活的现实。另外，接受自己的缺点和错误，也有助于激发他人改变自己的态度与行为，改善人际关系。

你是否有过这样的经历？全力以赴准备的考试没能取得理想的成绩，科学调研且文献翔实的论文投稿被拒，积极主动参与的学生干部竞选惨遭淘汰……不是说"有志者事竟成"吗？不是说"天道酬勤"吗？为何自己如此失败？也许你会反思自己的能力，也许你会觉得运气不好，也许你还感到很不公平。

我们如何建设性地看待自己的失败呢？

不妨试试"自我同情"与"自我接纳"的视角。自我同情帮助我们宽以待己，成功可以"大吃一顿"来庆祝，失败也可以"畅跑一次"来安慰；我们要认识到失败是很多人都会遭遇的经历。自我接纳，帮助我们接受自己曾经的失败，承认自己的某些不足，放下过度自责的包袱，继续前行。

二、自我评价一定要客观吗

　　"正确认识自己！"在你的成长历程中，是否一直对自己有这样的要求？是否主要根据学习成绩、班主任的评语、父母态度等方面努力认识自己，对自己作出尽可能客观的评价，以求在此基础上继续进步？那么，从心理健康的视角来看，自我评价一定要客观吗？

（一）自我归因

　　在获得成功或遭遇失败时，我们往往会不由自主地从自身和环境两方面去寻找原因。比如，通过了一次重要的学生会面试，你会把这次成功归因为自己持续努力地认真准备，还是其他面试同学专业太不对口？我们往往通过归因来理解自己的经历，自我归因（self-attribution）是指人们对自己行为原因的推断，这些推断包含我们自己的猜测。

　　自我归因有两个重要维度，分别是内部与外部、稳定与不稳定。

　　1. 内部与外部

　　内部归因是把行为的原因归结为个体的性情、特质、能力和情感，外部归因是把行为的原因归结为情境需求和环境制约。比如，如果认为自己高等数学成绩不理想是因为没有充分复习，或者在考试过程中太紧张一时忘记了公式，就是做了内部归因；如果认为考试题目太难、超出了平时学习的范围，就是做了外部归因。

我们的自我归因是内部的还是外部的，会对自我调适产生较大的影响。研究发现，那些把失败更多地归因于个人内部原因的人，可能比把失败更多归因于外部原因的人更容易抑郁。

2. 稳定与不稳定

稳定的归因多多少少带着些永久性，一般不会随着时间的推移而改变。性格倾向和思维风格是行为稳定的内部原因；交通法规、室内禁烟、不乱扔垃圾等社会规则是行为稳定的外部原因。行为不稳定的内部原因包括心境（好或坏）、动机（强或弱）等方面，如因天气突然变冷或连日阴雨而感到抑郁，主观上不情愿参加某项活动而导致的迟到或缺席。同样的，那些把失败更多地归因于稳定的内部原因的人，更容易感到消沉、沮丧。

心理学家伯纳德·韦纳认为，稳定—不稳定维度与内部—外部维度相互交叉可以形成成功或者失败的四种归因类型（图4-3）。

稳定性维度

	不稳定的原因 （暂时的）	稳定的原因 （永久的）
内部原因	努力 心境 疲劳	能力 智力
外部原因	运气 可能性 机会	任务难度

（内部—外部维度）

图4-3　归因思维中的重要维度

（引自：（美）韦恩·韦登. 实用青年心理学——从自我探索到心理调适[M]. 杨金花，于海涛，黄雪娜，译. 北京：商务印书馆，2023. ）

（二）解释风格

解释风格（explanatory style）是指人们对生活中各种事件进行类似的归因倾向。积极心理学创始人马丁·塞利格曼认为，人们倾向于在不同程度上表现出乐观解释风格或悲观解释风格。

具有乐观解释风格的人，通常把失败归因于外部的、不稳定的、特定的因素。比如，将一次求职面试的失败归因于用人单位对应聘者的特别要求，如要会说当地方言，能够经常出差，周末要求上班，每周一和周二为休息日等特定的要求。如果做这样的归因，求职者会更有意愿和信心寻找下一个面试机会，会告诉自己要作好适应企业文化的心理准备，也可以选择与自己实际情况更符合的用人单位。

具有悲观解释风格的人，倾向于把失败归因于内部的、稳定的、总体的（或普遍的）因素。同样以上述求职面试举例，悲观解释风格将失败归因于用人单位认为应聘者语言能力欠缺，对工作场地缺乏变通能力，对工作时间的安排缺乏灵活性。如果做这样的归因，求职者可能会对后续的面试感到发怵，反复陷入对自己能力的怀疑中，甚至产生诸如"我不可能找到工作"的灾难化想法中。

（三）自我提升

自我提升（self-enhancement）是指寻求关于自身的积极信息（并且拒绝消极信息）的倾向，典型的表现就是美化自己的个人特质，即优于平均效应。可以说，我们每个人都有自我提升的动机。通常情况下，自我提升的认知策略主要包括以下四项。

1. 向下比较

为了更多地了解自己，我们总是不由自主地会与别人比较（社会比较）。然而，一旦意识到境遇不佳，自尊受到威胁时，为了让自己感觉更好，就会选择与那些境况比自己差的人作比较。向下的社会比较（downward social comparison）是指选择与那些问题比自己更严重的人进行比较的防御性倾向，如英语四级考试没有通过的大二同学，可能会因为自己大四的室友考研成绩没有过分数线而感到"心理平衡"。

2. 自我服务偏差

为了肯定自己的能力，我们总是不由自主地将成功归因于自己的能力和努力等个人稳定的特质，而将失败归因于外部环境（如运气）等不稳定因素，这种对成功和失败的不同解释反映了自我服务偏差（self-serving bias）。为什么会出现这样的自我服务偏差呢？那是因为无偏差的自我判断需要高度的自我控制，而不由自主的、自动化的自我提升动机往往比自我控制更早出现。

3. 分享荣誉

为了更多地感受到颇有成就的自我意象，我们总是不由自主地会在微信"朋友圈"分享一些好消息，如喜欢的球队获得年度冠军，崇拜的体育明星打破了世界纪录，所在班级获得了"活力团支部"等优秀称号，所在的高校获批多项精品课程。分享荣誉（basking in reflected glory）就是通过公开宣布自己与成功者的联系来提升自我意象的倾向。

4. 自我妨碍

为了尽量挽回失败后的颜面，我们总是会不由自主地寻找一些借口。有时候，我们甚至会以很可能会失败的方式行事，那么一旦失败了，也就有了现成的借口。自我妨碍（self-handicapping）是指人们蓄意破坏自己的表现，从而为可能的失败提供借口的倾向。比如，对考试复习的拖延，或者在考试前一晚出去参加朋友聚会，如果成绩出来发现考得不好，就可以将此归咎为准备不充分。自我妨碍的典型表现就是缺乏努力，当然，人们也会用各种策略来妨碍自我表现，如并不看重、心情不好、临时有事等。

你是否听说过"自我包装"一词？相信我们很多人都会在有意无意中进行自我包装，如在准备求职简历时，在面试过程中，在微信朋友圈里……

回顾一下，通常我们怎么做"自我包装"呢？首先，从相关能力也就是稳定的内部归因入手，介绍自己的优点和长处；接着，从运气机遇也就是不稳定的外部归因入手，表达谦虚态度的同时也夸夸自己已获得的成就；然后，以乐观的解释风格谈谈自己对挫折与失败的看法，放下包袱积极应对，轻装前行永不言败；最后，可能是经常做的，在微博、微信朋友圈等社交媒体展示自己取得的成功，如考级合格、培训结业、面试通过、聚会合影、旅行风采、恋爱"官宣"。

"自我包装"就是这样一个良性循环且不断更新的过程。

三、我怎样才能成功

歌曲《真心英雄》中有这样两句歌词：不经历风雨怎么见彩虹，没有人能随随便便成功……相信每个人的内心，都会有类似的疑问和期待，到底怎样才能成功？或者说，我要如何才能成为更好的自己？如何才能持续走在成功的道路上？

（一）自我调节

自我调节（self-regulation）是个体引导和控制自身行为的过程。管理和引导自己如何思考、感受和行动的能力，与我们的学业发展、生涯规划、人际交往和身心健康都有密切的关系。能够放弃即时的满足（如学习而不看娱乐短视频）并专注于重要的长期目标（如考研成功或顺利毕业并找到好工作），对个人成功是非常重要的。自我调节由三个部分组成。

1. 目标选择

首先，我们需要结合生活与学习实际，从达成目标的期望值上"抓大放小"，为自己设定一个需要抵制诱惑并且持续努力的相对长远的目标。因为我们用于自我控制的心理资源很可能是有限的，如果消耗资源去抵制某种诱惑，就可能难以抵制下一个诱惑或无法坚持完成任务。比如，在期末复习迎考阶段，最好不要进行节食减肥的计划，不然在抵制了高热量美食诱惑之后，可能注意力无法长时间集中而难以完成当天繁重的复习任务。

2. 行动准备

设定了目标之后，就要努力去实现这个目标。在行动准备阶段，我们收集信息，根据可能的结果构建情境并采取行动。比如，对于复习迎考，准备复习资料，设想顺利通过考试取得好成绩会感到高兴，以此为动力，关闭娱乐短视频，推掉一些朋友聚会，布置一个只有学习材料的书桌或直接去自修教室、图书馆，开始期末复习。

3. 行为控制环路

人们调整自身行为以适应某些标准从而实现目标，就是一个行为控制的过程。比如，你已经设定了具体的期末考试复习计划。在计划实施过程中，你发现自己1小时的复习时间是最有效率的，然后经过5~10分钟的简短休息之后，又可以"满血复活"，继续集中注意力投入复习中。你为此感到高兴，并且吃了一包小零食作为对自己的奖励。经过一天的尝试及自我观察，你就能够较为精准地根据自身实际调整复习计划。请注意，在这份计划中，一定要预留阶段性的休息时间，设定自我奖励的方式，适当安排一些生活娱乐作为调剂。

（二）自我效能

自我效能（self-efficacy）是个体对自己做出某种行为以实现预期结果的能力的信念，它代表了对自己能实现特定目标的坚定信念，正如一首英文歌曲里唱的"I Believe I Can Fly"（我相信我能够飞）。自我效能由著名心理学家阿尔伯特·班杜拉（Albert Bandura）提出，他认为我们在自身不同领域，自我效能感是不同的。比如，在朋友聚会中可能认为自己的人际交往能力较强，但在课堂上当众演讲时，可能会感到特别紧张觉得无法顺利完成。

自我效能会影响我们对目标的承诺、在任务上的表现以及面对障碍时对目标的坚定性。大量研究证明，在健康促进、学业表现、职业选择、工作效率等方面的能力都与自我效能有密切关联。自我效能感是习得的，是可以通过观察与学习而不断提升的，自我效能感的提升包括四种来源。

1. 掌握经验

掌握新的技能，当然也就提升了特定的行为胜任感。比如，学会在图书馆使用自助复印机，学会在手机App上操作寝室楼的公共洗衣机。但另一些技能却比较难掌握，如玩滑板、驾驶汽车、演奏乐器、绘画写生、舞蹈表演等，并且还会在学习过程中不断犯错、遇到困难、感受挫败。如果能在经历失败之后继续坚持，直到获得最后的成功，就能获得相应的自我效能感。

2. 替代经验

观察别人展示你想学习的某项技能，可以选择一位能够胜任某项任务的榜样。如果这位榜样在性别、年龄、文化水平等方面与你相似，你就更有可能通过观察来提升自己掌握这项技能的信心。比如，与他人初次见面不知说些什么，为此而感到害羞，那么观察身边朋友与人交谈时的言行举止，可以提升自己与人交往的信心。

3. 劝说和鼓励

说出自己的困难，获得朋友的鼓励，为自己筹备"后援团"。比如，你想要报名参加校园歌手比赛，却有些担心自己很快会被淘汰，不妨把自己打算报名的想法在寝室里和室友聊聊，也许室友的鼓励与支持，会给你更大的信心和动力。

4. 对情绪唤起的解释

伴随感受的生理反应和对该反应的解释，是自我效能感的另一个来源。假设你坐在考场等待监考分发试卷，你感到手心出汗，心跳加快，胃部有些不适。如果把这些行为归因于焦虑甚至恐惧，可能会暂时降低对本次考试的自我效能感，就不利于考出好成绩；如果你把这些反应归因于考前适度紧张所需的生理唤醒，就可能提高自我效能感，提高考出好成绩的可能性。

成功可以复制吗？从自我心理学的视角，答案是肯定能复制。

那么问题来了，怎样才能复制成功呢？

首先，回顾一下自己的成功经历，回到具体任务的初始阶段。出于什么考虑，你选定了这项任务。对于任务的完成，你有几成把握？你的这些把握从何而来？可能是源于曾经类似的经历，如同样都是本专业相关的科学研究；也可能是其他同学曾经顺利完成，如学院迎新晚会的系列海报设计；还可能是身边同学朋友的鼓励，如担任暑期爱心学校"校长"带领大家一起参与志愿活动；甚至可能是内心按捺不住的激动，如创作一幅春季校园的写生画作。

接着，回顾任务实施的具体路径，考虑一下当时自己如何披荆斩棘，怎样合理安排时间，聚焦目标，排除干扰，劳逸结合。

最后，再回到自己的初心，选择一项有志于完成的任务。从自我效能感的视角继续考虑来自自身的直接经验和来自他人的间接经验对自己的参考价值；从自我调节的视角考虑如果进展不顺利，要如何调动自身心理资源克服畏难情绪，继续执着努力，要如何利用环境资源和人际资源寻求帮助、"借鸡生蛋"、笑看得失。

愿你在复制成功的道路上步履不停，一直走下去！

推荐书籍:《被讨厌的勇气》(作者:〔日〕岸见郎,古贺史健)

全书由两人对话组成。通过"对人生感到无望的青年"与"幽默智慧的哲人"之间一问一答的对白,传递了"阿德勒个体心理学的哲学思想"。书中大段文字不多,语言非常平实,偶尔尴尬卖萌。通过讲述阿德勒的心理学理论,生活中的鸡毛蒜皮被一一解析,最后给出思考的方向,希望能最终解决读者日常生活中的烦恼。

推荐书籍:《比较的囚徒》(作者:陆静怡)

有人的地方,就有比较。与同学比成绩、与同事比薪水、与亲戚比人生成就……比较仿佛成为认识自我的一面镜子,是定义优劣的"相对论"。正是这套"相对论",在每个人心中激发情绪的千层浪,又在社会上掀起"内卷"风潮。多少酸甜苦辣、爱恨情仇皆因"比较"而生。错用比较,就如作茧自缚,会将自己推入偏见与冲突的漩涡,让社会躁动不安;而善用比较背后的心理学规律,则能趋利避害,推动社会发展。本书解析了内卷的心理本质,从现实案例出发,基于心理学理论,将比较对个体、群体和社会的影响娓娓道来,是认识和利用比较的"科学指南",帮助我们挣脱比较的枷锁,打破内卷的困境,拥抱幸福的人生。

推荐电影:《律政俏佳人》(导演:〔美〕罗伯特·路克蒂克)

影片主要讲述了女主人公艾丽·伍兹为了爱情考上哈佛法律系,最后收获甜美爱情与友情的故事。艾丽·伍兹是一个金发美女,又是学校妇女联合会的主席,风光无限。她与学校互助会中最出色的男生沃纳·亨廷顿频频约会,希望成为沃纳·亨廷顿三世夫人。没想到的是沃纳根本就没有想过要娶她,理由是她虽然是一位金发美女,但脑袋空空。所以,沃纳选择了哈佛法学院,并把艾丽甩了,还和过去预科时的旧女友重修旧好。艾丽不甘心就这样失败,她要证明给沃纳看,她不但有美貌,而且有智慧。她通过自己的奋斗拼命挤进了哈佛法学院。这里,没有游泳池也没有商场,她再也不能靠她的美貌混日子了。艾丽必须重新开始奋斗,为了她的心上人,为了给被蔑视的金发美女正名。

推荐电影:《飞驰人生1》(导演: 韩寒)

曾经叱咤风云的拉力赛车手张驰,五年前因私自赛车而被禁赛。从天堂跌落谷底,张驰饱尝生活的艰辛。他忍辱负重,洗心革面,终于争取到了解禁的判决。在此之后,他重新找到亲如兄弟的领航员孙宇强,决心共同冲击本年度的巴音布鲁克拉力赛。然而在此之前,张驰必须重考驾照,改装赛车,拉到赞助。每一步都充满艰难,他忍受着旁人的奚落嘲讽,忍受着现实的冰冷残酷,无论如何都不改变前进的目标。当他好不容易走到了赛场,还将面对禁赛这几年崛起的新秀林臻东的挑战。张驰的时代是否就此远去?

"被人揭下面具是一种失败,自己揭下面具是一种胜利。
重新认识自己,更全面、客观地认识那位独一无二的自己!
认真说一句:'你好,我!'"

师小星:"自我心理学的视角帮助我认识到较为清晰的自我概念,有助于维持稳定的自我感。丢东西时的心痛可能是物质自我缺失的表现,这和所丢之物是否值钱没有必然的关系。现实自我和理想自我、应该自我之间的差距常常是触发情绪困扰的原因,当然,这可以通过稳定的自尊水平来调节。我将怀着自我同情与自我接纳的态度,充分肯定自己的能力,相信自己的实力,坦然体会良好的自我感觉,保持积极正向的自我观念,不断走在自我实现的道路上。"

第五章

完善自我：
人格心理与人生发展

文化润心

人性之善也，犹水之就下也。人无有不善，水无有不下。

——《孟子·告子上》

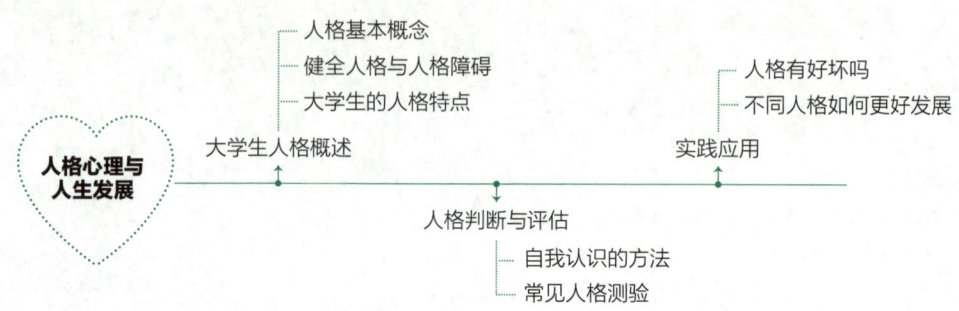

人格心理与人生发展

- 大学生人格概述
  - 人格基本概念
  - 健全人格与人格障碍
  - 大学生的人格特点
- 人格判断与评估
  - 自我认识的方法
  - 常见人格测验
- 实践应用
  - 人格有好坏吗
  - 不同人格如何更好发展

"独一无二"的价值

新的学年开始了，新生们开始陆陆续续认识很多新伙伴。在日常相处中，大家越来越熟悉。借此机会，学校以"温馨小家成员"为主题开展观察、记录宿舍和了解室友性格特征的活动。各个宿舍踊跃报名该活动，其中一个宿舍的情况是：

同学小A：内向且深思熟虑。小A同学喜欢阅读，经常一个人安静地思考。小A虽然反应并不是最快的，但是他在和室友的交流中总能提出独到的见解。在宿舍里，小A常常扮演那个安静倾听的角色，大家和小A在一起总有被时刻关心、关注的感觉。

同学小B：外向且热情洋溢。小B喜欢社交，总是能迅速与周围的人建立起友好的关系。虽然小B在宿舍里有时候会情绪低落，容易受伤，但他遇到困难的时候，舍友们总会积极地陪着他渡过难关。宿舍里的气氛制造者就是小B，他也特别喜欢组织各种宿舍活动，如外出聚餐等。

同学小C：严谨且有条理。小C将自己的生活总是安排得井井有条。他不喜欢突发事件打乱已经安排好的计划，不会主动寻求刺激。在宿舍里，小C不仅是那个提醒大家保持整洁和遵守规定的人，也是给大家带来安全感的人。舍友们很多大事小事也会倾向于找他寻求帮助。

同学小D：自由奔放且富有创造力。小D热爱生活，总能够从生活的细节中发现美。和他在一起，大家总能发现各种新奇的点子来让普通的日常生活变得有趣。宿舍里，小D是那个经常会冒出各种有趣建议和想法的人。

尽管这四位同学性格迥异，但他们能够在相互理解和包容的基础上求同存异，互相接纳、尊重彼此的差异，发挥各自的性格优势，互相帮助，互相关心。在成长的道路上，他们乐于体验生活的乐趣，共同创造一个温馨、和谐、快乐的宿舍小家。

一、人格基本概念

对于人格是什么，不同的学科存在着不同的解释，而不同的学者对此也有各自的观点和见解。在心理学研究中，不同理论流派的学者对人格也作出了不一样的解释。精神分析学派的代表人物弗洛伊德认为人格结构可以分为三个方面，分别是本我、自我和超我。如果这三者能处于一种平衡的状态，则个体的人格就会处于健康的状况；如果这三者之间出现失衡，或者是长期处于冲突的状态，就会发展出不良人格，甚至会出现人格异常。因此，在弗洛伊德的观点中，人格是个体的各种需求在本我、自我和超我的综合引导下不断斗争的结果。人本主义学派的代表人物罗杰斯认为，自我是人格的核心，每一个个体都应该不断地去寻求真正的自我，每一个个体都具有自我实现的倾向。人格就是个体在自我概念的指引下朝着自我实现前进的途中所呈现出来的稳定的行为方式。行为主义学派的代表人物斯金纳特别强调强化对行为的塑造，通过正强化、负强化以及惩罚等对个体的行为进行修正，当行为改变达到一定程度时，就会影响人格的形成。因此，在斯金纳看来，人们的行为方式是可以被训练出来的，并逐渐形成稳定的人格特质。社会学习理论流派的代表人物班杜拉特别强调观察学习，个体通过观察榜样的行为，也会对自身的行为产生影响。因此，在班杜拉看来，人格的塑造不是被动的，而是个体的内在与环境之间相互作用的结果，个体也会主动地参与到人格的形成中。

基于心理学研究中各种理论学派的观点，我们认为人格是个体在适应或改变环境的实践活动中形成的稳定且独特的心理特性和行为方式的总和，它主要表现在性格、气质、能力、兴趣、态度、价值观、需要、动机等方面，具有整体性、独特性、稳定性和功能性等特征。人格的整体性主要是指人格是由多种成分构成的有机体，各个组成要素之间不是孤立存在的，也不是堆叠的、静态的，而是错综复杂、相互作用的，具有内在的一致性。人格的独特性表现在个体的遗传因素、成长环境和所受教育等方面，"人心不同，各如其面"，正所谓世界上没有两片一模一样的雪花，也找不到两个完全相同的人，人格在先天和后天因素的综合影响下形成了独特的心理特征。人格的稳定性主要是指一个人的人格一旦形成就很难改变，并且具有跨时空的一致性。人格的功能性主要是指一个人的性格会极大地影响他的行为方式，有时甚至会决定一个人的命运。

滑雪天才少女谷爱凌，想必大家都很熟悉。她是一个有着混血脸庞、金色头发的年轻女孩，也是一名女子自由式滑雪运动员。同样，她也代表中国夺得了北京冬奥会滑雪冠军，成为入选"福布斯中国30岁以下精英榜"最小年龄入选者，2022年成为一名美国斯坦福大学大一新生。她在接受采访时表示：我说我是个内向的人，大家都不信，我的MBTI是INTJ……

内向或外向是一种对人格的笼统分类，火遍天际的MBTI也是一种人格测试。你想了解你的人格类型吗？你想了解健康人格的发展途径及其对于成功成才的作用吗？如果大家能清楚地了解自己的人格类型，或许会对个人的发展产生意想不到的作用。

二、健全人格与人格障碍

（一）健全人格

1. 健全人格的概念

健全人格是一个综合的概念，它既是人格障碍的反面，也是人格健康发展的过程。当一个人的人格发展出现了偏离或者障碍时，我们就需要对之加以纠正和调整，这个过程就是人格的健全过程。

那么健全人格是什么呢？关于健全人格最简单的定义就是人格的正常和谐发展。也有研究者认为，健全人格是指各种良好人格特征在个体身上的集中体现，是指个体正常地生存或生活，是正常的人格，是健康的人格，是由人的内在心理引导的人行动的方式，这种方式由理智所引导并使人尊重生活，热爱自我及自然环境。因此，人的需要得以满足，人的意识、才智以及能力得到健康全面和谐的发展，进而形成积极向上的心理品质和个性特征。一般说来，具有健全人格的个体能与社会环境相适应。

2. 健全人格的特征

健全人格的个体显著特征是，他们能够有意识地控制自己的生活，掌握自己的命运，正视自己，正视过去，面对现实，着眼未来，渴望迎接生活的挑战，在现实中充分发挥自己的潜能并实现自身的价值。健全人格的培养过程，就是促进人的个性特征的全面发展，以达到人格发展的正常状态的过程。

对大学生而言，拥有健全人格意味着具有正确的价值观，良好的道德情操和自我调节能力，同时还具有积极的协作精神。

3. 健全人格的标准

黄希庭等人认为，健全人格就是以正面的态度对待世界、他人与自己，过去、现在与未来，顺境与逆境，做一个自立、自信、自尊、自强和幸福的进取者。

健全人格的培养一方面是基于个体身心各方面的广度而言，另一方面是基于个体人性的深度而言。它是指人的各方面潜能的充分和谐发展，并非意味着所有品格均质发展。同时，健全人格的发展不是学校教育阶段的独属任务，而是伴随着一个人终生的过程。

（二）人格障碍

1. 人格障碍的概念

《精神障碍诊断与统计手册》第五版将人格障碍定义为一种"明显偏离了个体文化背景预期的内心体验和行为的持久模式，是泛化的和缺乏弹性的，起病于青少年或成年早期，随着时间的推移逐渐变得稳定，导致个体的痛苦或损害"。

2. 人格障碍的特征

根据临床表现，人格障碍具有如下共同特征：人格障碍开始于童年、青少年或成年早期，并一直持续到成年乃至终生；没有明确的起病时间，不具备疾病发生发展的一般过程，在这个进程中可能存在脑功能损害，但一般没有明显的神经系统形态学病理变化，也没有幻觉和妄想，可与精神病性障碍相鉴别；个体的人格显著、持久地偏离了所在社会文化环境应有的范围，形成了与众不同的行为模式，表现出情绪不稳定、自制力差、与人合作能力和自我超越能力差等特征；个体通常对自身人格缺陷不自知，但能理解自己行为的后果，并能够应付日常工作和生活，也能在一定程度上理解社会对其行为的评价，因此主观上往往感到痛苦，却难以医治。

3. 人格障碍的分类

《精神障碍诊断与统计手册》是有关精神障碍诊断的分类手册。在第五版中把人格障碍分为十种：偏执型人格障碍、分裂样人格障碍、分裂型人格障碍、回避型人格障碍、依赖型人格障碍、强迫型人格障碍、表演型人格障碍、自恋型人格障碍、边缘型人格障碍和反社会型人格障碍。按照症状表现又可把这10种人格障碍分为三大类：

A类人格障碍表现为古怪或怪异的模式，包括偏执型人格障碍、分裂样人格障碍和分裂型人格障碍。

B类人格障碍表现为戏剧化、情绪化或不稳定的模式，包括反社会型人格障碍、边缘型人格障碍、表演型人格障碍和自恋型人格障碍。

C类人格障碍表现为焦虑或恐惧的模式，包括回避型人格障碍、依赖型人格障碍和强迫型人格障碍。

从人格发展水平来看，A类人格水平最低，相对难以改变；B类次之；C类人格发展水平相对高一些，改变更容易一些。

《精神障碍诊断与统计手册》（第五版）对人格障碍的分类

4. 人格障碍的成因

以心理学理论分析，一个人的人格特质通常在青少年期逐渐成形，并从此贯穿整个成年阶段。因此，个体从出生那一刻起直到青少年时期所有的人生经验、遭遇、人际关系等都发挥着举足轻重的作用。

在一个人早期成长过程中，感情或归属感的缺失，严重影响一个人的人格发展。此外，脑功能病变也影响着人格特质的正常发展。

三、大学生的人格特点

人格特点会在极大程度上影响一个人的心理健康状况、社会适应能力以及未来的成就发展。对于处于大学阶段的个体来说，他们的人格基本形成并日趋成熟。人格特点也是他们综合素质的重要组成部分，对他们日后的学习、工作、人际交往等方面都有重要影响。大学时期也是个体人格塑造的关键时期。研究表明，大学时期形成的人格特点，如能力、态度、价值观、兴趣等在其一生中都具有一定的稳定性。因此，在大学期间形成健全的人格，不仅是青年大学生成才的需要，也是促进社会发展的需要。

青年阶段的大学生，他们的人格特点一方面是对儿童少年时期所形成的人格特点的发展、延续，另一方面又是对成人时期人格特点定型与开放的延伸。大学生的人格特点主要有以下几点。

（一）过渡性

埃里克森的人格发展理论

心理学家埃里克森曾提出人格发展理论。他把个体人格的发展看作经过一系列阶段的过程，并将这个过程分为八个阶段，每个阶段都有其特殊的目标、任务和冲突。埃里克森认为，每个阶段的心理危机既是一种挑战又是个体成长和发展的机遇和转折点。前一阶段危机的顺利解决是下一阶段危机成功解决的基础，如果不能成功地解决本阶段的危机，将会对人格的发展产生影响。而大学生正处于埃里克森所提出的八个阶段中的第五个阶段。在这个阶段，他们面临的主要是自我同一性问题，需要解决的是角色同一性建立和角色混乱的冲突，处于自我同一性确立的时期。青年大学生是一个相对特殊的群体，一方面他们的世界观、人生观、价值观尚未完全形成，心理上也正处于由不成熟向成熟的过渡时期；另一方面，他们逐渐需要面临恋爱、职业选择、承担社会责任等问题。在这个过程中，由于他们无法明确地知道自己是什么样的人，于是就会产生"我是谁"的疑问，也就是自我同一性问题。如果他们在自我探索的过程中，能够将自己将要承担的各种角色理顺了、和谐了、内外一致了，就可以顺利地度过角色混乱的危机，否则就会感到迷茫、无助，无法明确自己的前进方向和奋斗目标。因此，青年大学生毫无疑问正处于追寻自我同一性的过渡期。

（二）自主性

青年大学生经过儿童期和少年期，他们人格的发展不仅体现在身高体重的明显增加、知识水平的显著提升、逻辑思维的进步以及人际关系的扩展这些量变方面，还体现在个体人格发展的质的变化。进入青年期后，这一系列的变化使得个体将关注的重心由探索外部世界逐渐转移到认识自我上。尤其对于大学生而言，他们逐渐摆脱了对父母的依赖，思想上开始渴望独立，试着自己去解决所遇到的各种问题。与此同时，他们在这个过程中慢慢形成了自己的世界观、人生观和价值观，并用这些观点去观察、分析和思考问题。他们也开始逐渐意识到自己的价值所在，并承担起一定的社会责任，有了强烈的责任意识。可以说，大学生的自主性无论在思想上还是行为上都有了极大的发展。

（三）可塑性

个体的人格发展会受到多方面因素的影响，除了遗传因素，还包括家庭环境、父母教养方式、教师教育方法、社会文化以及自然环境等。随着个体的成长，在个人的主观能动性和外界环境的相互作用下，个体的人格从不太稳定、不太确定的状态发展至稳定的、确定的状态。青年大学生在儿童期和少年期的人格发展更多地受父母和教师的影响，以及所处环境的熏陶和感染，外部社会环境和教育对其人格的成长具有不可低估的作用，因此他们的思想和行为具有一定的依赖性。进入青年期后，个体会逐渐摆脱对父母和教师的依赖，依据他们自身的经验，独立做出思考和行动。在这个过程中，会逐渐形成稳定且独特的人格特征。因此，大学生的人格特点会更多地受后天因素影响，具有一定的可塑性。

第二节
人格判断与评估

一、自我认识的方法

你是开朗外向的人吗？你比你周围的人更富有责任心吗？你比其他人更容易焦虑吗？为了解答这些问题，更好地通过人格特质来解释和预测自己的心理状态和行为表现，了解一些人格评估方法是非常必要的。人格评估就是通过某些方法系统地获得关于某个人或者某些人的人格资料，包括自我内省、他人评价、行为评估、人格测验等具体的方法。

（一）自我内省

自我内省是指通过反思和自我评估，以便更清晰地认识自己在不同情境下的行为和情感反应。在进行自我内省时，可以考虑以下几个方面：你在处理压力和挑战时的反应是怎样的？你更倾向于积极地解决问题，还是更容易感到焦虑和沮丧？你的社交偏好是怎样的？你更喜欢独处，还是更享受与他人交往？你对规则和责任的态度如何？你是否倾向于自律和有条理，还是更倾向于灵活和不拘小节？你对新事物和变化的接受程度如何？你是否喜欢探索新思想和经验，或者更倾向于对熟悉的事物感到舒适？这种自我内省可以帮助你更清晰地认识自己在不同情境下的表现，也可以为你提供一些启发，帮助你更好地理解自己的行为和情感。同时，这也是一个不断成长和发展的过程，通过不断地内省和反思，你可以逐渐发现自己的优势和成长的方向。

（二）他人评价

他人评价是指通过他人的观察和反馈来了解你的个性特点。这种方法可以提供不同角度的信息，帮助你更全面地认识自己。在进行人格测验的他人评价时，你可以考虑以下几点：

（1）提供清晰的指导。给评价者一些明确的问题或指导，帮助他们更好地描述你的行为和特点，如你的社交行为、情绪稳定性以及责任感等方面。

（2）接受真诚的反馈。接受来自评价者的真诚反馈，不要过分解读或筛选信息，而是尝试以开放的心态接受各种评价。

（3）整合多方的信息。将来自不同评价者的反馈综合起来，形成一个更全面的认识，这样可以帮助你更客观地了解自己的优势和改进的空间。

人格测验的他人评价可以为你提供一些宝贵的洞察信息，帮助你更全面地认识自己的行为和特点。同时，也可以为你提供一些改进的方向，帮助你更好地发展和成长。

（三）行为评估

行为评估是一种通过观察和记录个体在特定情境下的行为反应来了解其个性特点的方法。这种评估通常由专业人士进行，以确保评估结果的客观性和准确性。在进行人格测验的行为评估时，评估者通常会采取以下步骤：

（1）确定评估目标。评估者首先会明确评估的目的和范围，以便确定需要观察和记录的行为反应类型。

（2）观察和记录。评估者会在特定情境下观察被评估者的行为反应，如社交互动、压力情境或者团队合作，然后记录这些行为反应的特点和频率。

（3）数据分析。评估者会将观察到的行为反应数据进行分析，以便识别被评估者的个性特点和行为模式。

（4）结果解释。评估者会根据观察和记录的数据，向被评估者解释其在特定情境下的行为反应特点，并与相关的人格特征进行关联。

人格测验的行为评估可以帮助评估者更客观地了解被评估者的个性特点，为个体提供更具体的发展建议和指导。同时，这种评估也有助于个体更清晰地认识自己在不同情境下的行为模式，从而促进个人成长和发展。

虽然行为评估也会涉及要求被评估者定期记录并汇报自己的某些行为表现，但行为评估法关注的重点是外显的行为和维持行为的特定刺激，并不强调如何以被试的行为表现推测其行为的动机或内在的人格特质。但是因为人类的行为非常复杂，可能面对相同的环境刺激表现出不同的行为反应，或者以相同的行为反应面对不同的环境刺激。因此，在对人格的研究中，既要考察个体在特定刺激情境中的行为，同时也要考察内部的心理过程和心理特质，把两者紧密地结合起来。

（四）人格测验

人格测验是一种心理评估工具，旨在帮助个体了解自己的个性特点、倾向和行为模式。这些测验通常通过一系列问题或任务来测量个体在不同方面的特质，如社交互动、情绪管理、责任感等。通过参与人格测验，个体可以更清晰地认识自己，了解自己的优势、弱点和应对方式。人格测验的结果可以为个体提供一些有用的信息，如关于适合的职业类型、人际关系中可能出现的挑战、个人成长领域等。这些信息可以帮助个体更好地理解自己，并在生活和工作中作出更明智的决策。需要注意的是，人格测验可以帮助你更好地了解自己，但它们并不是对个体的全面评价。人格是复杂多维的，测验结果只是其中一部分。最终，理解自己的人格特质还需要结合其他的观察和反思。

二、常见人格测验

自陈测验和投射测验是常见的人格测验。

（一）自陈测验

自陈测验也称为自我报告测验，是指按照自己的感受、看法和行为回答问题，进而对自己的人格特质进行直接评价的一种方法。自陈测验通常由一系列问题组成，要求按照自己的真实情况来回答。自陈测验的作用原理在于对自己的认知和描述，一定程度上反映了自己的个性、情绪和行为。目前比较受欢迎的一种人格测验——MBTI就属于自陈测验，还有一些常见的人格自陈测验，如大五人格测验、艾森克人格问卷等。

自陈测验在心理学研究、心理咨询和心理治疗中得到广泛应用，以帮助自己和专业人士更好地了解个体的心理特征和问题。然而，需要注意的是，自陈测验结果需要在专业人士的指导下进行解释和应用，以确保正确理解和使用。

1. MBTI人格测验

MBTI人格测验是目前广受欢迎的人格测验，旨在帮助人们更好地了解自己的人格类型和偏好。该测验基于卡尔·荣格的心理类型理论，该理论按照人们的心理倾向，也就是人们的兴趣和关注点是更指向内部环境还是外部环境，将人格类型划分为内倾人格（introvert，I型）和外倾人格（extrovert，E型）。内倾人格类型的人更关注内部环境也就是更关注自我，他们更倾向于独处和深思熟虑。外倾人格类型的人更关注外部环境也就是更关注自我以外的世界，他们则更喜欢社交活动，喜欢与他人交往，乐于表达自己的想法和情感。内倾人格和外倾人格类型的人也就是我们通常所说的"I人"和"E人"。当然，这只是一般性的描述，每个人都有自己独特之处，而且内倾人格和外倾人格并不是非此即彼的。在实际生活中，很多人可能在这两种类型之间有一定的平衡，而不是绝对地属于其中一种。依据人们处理信息也就是感知信息占主导的方式不同，将个体分为感觉型（sensing，S型）和直觉型（intuition，N型）。感觉型个体更倾向于利用身体的五种感官从环境中直接获取信息来理解世界，他们更关注具体的、实际存在的事物，注重细节和具体的经验。直觉型个体更倾向于在无意识中对各种外部信息进行综合和联系，进而间接地对环境进行感知，他们更注重未来可能发生的事情和潜在的意义，更喜欢关注整体和未来的趋势，对抽象概念和新奇的想法更感兴趣。按照人们作出决策或判断时占主导的方式不同，将个体分为情感型（feeling，F型）和思维型（thinking，T型）。情感型个体更偏好依靠情感和价值观作出决策，他们更关注人们的情感反应和关系，更注重他人的感受。思维型个体更偏好基于理性的逻辑和客观事实作出决策，更注重分析问题和寻找客观的解决方案。感知信息的方式和作出判断的方式可以两两组合，将个体分为感觉思维型、感觉情感型、直觉思维型、直觉情感型。两种心理倾向（内倾、外倾）结合两种感知方式（感觉、直觉），再结合两种判断方式（思维、情感）将个体分为8种类型。在此基础上又依据个体是感知信息还是作出判断占主导，又将个体分为感知型（perceiving，P型）和判断型（judgment，J型）。比如，个体是感觉情感型，但是感觉占主导，情感起辅助作用，那么他就是感知型；相反，如果个体是情感占主导，那么他就是判断型。感知型个体认为应该尽可能地去体验和理解生活，他们更喜欢随机应变，而判断型个体则偏向于按照计划有条不紊地进行各项事情，他们更追求结果。8种类型再结合个体是感知型还是判断型，就可以将个体分为16种类型，如内倾感觉思维感知型。

MBTI人格测验主要由三种题型构成，分别是描述题、判断题和综辨题。描述题主要选择更适合自己的描述，如是"更关注自己的感受"还是"更关注他人对自己的看法"。判断题通常给你一个情境，让你判断是或者否，比如"看到别人哭很容易让你觉得自己也想哭"，让你判断是或者否。综辨题类似于描述题，让你在两种选项中选择更符合自己的情况，不过会有一个前提，比如"对你而言，较难适应的是（　　）"，设置了两个选项"循规蹈矩"和"不断地变化"。做完题之后会得到不同的测评结果，如外倾感觉思维判断型的人更喜欢刺激感官的新鲜事物而非抽象的理论，他们善于感知具体细节；他们思维缜密，习惯就事论事，注重实效；他们喜欢根据现实情况制订计划，通过以往的经验来解决问题。

2. 大五人格测验

大五人格测验是一种常用的人格测验，它建立在大五人格理论之上。大五人格理论又称为人格的海洋，因为大五人格理论包含的五个维度，开放性（openness）、尽责性（conscientiousness）、外向性（extraversion）、宜人性（agreeableness）和情绪稳定性（neuroticism）的首字母刚好组合成了海洋的英文"ocean"，所以大五人格测试也包含这五个维度。开放性指个体对新思想、新经验和变化的接受程度。尽责性反映个体的自律和责任感。外向性反映个体在社交互动中的活跃程度和情感表达。宜人性评估个体在人际关系中的合作性、亲和力和同情心。情绪稳定性衡量个体情绪管理的能力。

大五人格测验都是关于"我"的描述，让人们从完全不符合到完全符合进行等级评定，如"我很少觉得害怕或者焦虑""我对人多的聚会感到乏味""我是个勇于冒险，突破常规的人""别人认为我是个谨慎的人""我喜欢一开头就把事情计划好""我的想象力相当丰富""做事情讲究逻辑和条理是我的一个特点"等问题，从完全不符合、不符合、不确定、符合、完全符合5个等级中进行选择。最后会得到关于自己这五个维度的测评报告。如果某个维度比人群平均分高，那么这个维度就属于高分，如果比人群平均分低，那么就属于低分。每个维度的分数居中者，表示两边的性格特征达到相对平衡的状态。外向性得分高的人喜欢社交活动，善于交际，比较主动和热情；而低外向性的人则更喜欢独处或小团体交流，相对比较被动和安静。开放性得分高者通常具有创造力、好奇心和想象力，不拘泥于过去的经验，对新思想持开放态度；而低开放性的人可能更加保守和传统。宜人性得分高的人通常对人友善，乐于助人；而低宜人性的人可能更加喜欢竞争，相对比较冷漠，自我中心或对他人抱有敌意。责任心强者通常自律性很强，有组织，工作努力、认真、可靠；而缺乏责任心者可能更加随意和自由，往往办事马虎，不太可靠。情绪稳定性得分高者表示情绪比较稳定，波动性较小；而低情绪稳定性的人可能更容易受到情绪波动的影响。每个人在这五个维度上可能有不同的组合和优势，通过对这些维度的测量，大五人格测验可以帮助人们更好地了解自己的个性特点，对个人发展、职业选择和人际关系等方面有一定的指导作用。

3. 艾森克人格问卷

艾森克人格问卷是一种广泛使用的人格测量工具，它基于艾森克人格理论，用于评估个体在三个维度上的人格特质，即内外向性、神经质和精神质，该问卷主要用于测量个体的典型行为和情感反应。艾森克人格问卷通常包括一系列关于个体行为和偏好的问题，如"你的感情是否容易受到伤害""你是否有广泛的爱好""你的情绪时常波动吗""你经常无缘无故感到疲倦或者无精打采吗""若你犯错，你是否愿意承认""你是否对有些事情易性急生气"等问题，提供是或者不是的选项，受测者需要根据自己的实际情况选择答案。内外向量表分数高于15，表示人格外向，好交际，渴望刺激和冒险，情感易于冲动。分数低于8，表示人格内向、好静、富于内省、不喜欢刺激、喜欢有秩序的生活方式、情绪比较稳定。神经质量表表示情绪是否稳定，分数高于14，表示焦虑、忧心忡忡、常郁郁不乐，有强烈情绪反应，甚至出现不够理智的行为。分数低于9，表示情绪稳定。精神质表示偏负面的人格特征，精神质量表分数高于8，表示性格孤僻、不关心他人，难以适应外部环境，不近人情，与别人不友好，喜欢寻衅搅扰，喜欢干奇特的事情，并且不顾危险。掩饰量表分数高于18，显示受测者有掩饰倾向，测验结果可能失真。需要注意的是，艾森克人格问卷需要由专业的心理学家或心理医生进行解读和分析，以确保结果的准确性和客观性。

（二）投射测验

投射测验是指向受测者呈现一些模棱两可的刺激，然后让受测者根据自己的经验对呈现的刺激进行建构的方法。其作用原理是，人们是基于个人经验对刺激内容进行解释，是将自己的关注点、冲突、看待和适应周围环境的方法投射到刺激上，因此个体对刺激内容的解释可以反映出他的某些人格特质。常见的投射测验有罗夏墨迹测验、主题统觉测验、房树人测验等。投射测验用于临床治疗过程中，应用范围较广，但其结果解释主要依赖于临床心理学家的经验，主观性较强。

1. 罗夏墨迹测验

罗夏墨迹测验由瑞士精神科医生罗夏编制，这一测验包括10张墨迹卡片，彩色图形、黑白图形各5张。这些卡片图案通常是对称的、抽象的。通过展示一系列墨迹图案，要求受测者描述他们所看到的形状、图案或者场景，如回答"你看这像什么？""你想到什么？"等问题。施测时记录他们的语言反应，同时注意情绪表现和伴随的动作。通过分析受测者做反应时所使用的墨迹部位、反应依据、反应内容等，推断出受测者的情感状态、思维方式以及潜意识中的需求和冲突。

2. 主题统觉测验

主题统觉测验由莫瑞编制，这一测验包括30张模棱两可的图片，另有一张空白图片，图片内容多为人物。这个测验要求受测者根据一系列有不同场景的图片，讲述一个连贯的故事。比如，我将给你看一些图片，你要根据每张图片讲一个故事，告诉我图片说明了什么情况？此时发生了什么事情？主人公内心有什么感受？结局如何？假定受测者根据图片情境所编出的故事和其生活经验有联系，因而不自觉地把自己隐藏或压抑在内心的动机和欲望，以及潜意识中的冲突穿插在故事中，进而把这些内在的东西"投射"出来。因此，通过分析受测者自编的故事，可以了解他们对于图像的理解和情感反应，进而有可能推测受测者的需要和动机。

3. 房树人测验

房树人测验要求受测者画出一个房子、一棵树和一个人物，然后根据他们的绘画来进行解释和分析。分析者可以从整体进行解析，如画面整体印象如何？画面的感觉是温暖的还是冰冷的，是清晰还是混乱，是饱满还是单薄？也可以对元素进行解析，如房子象征着个体对家庭关系的态度、情感、看法以及个体在家庭中的自我形象等，门和窗可以反映人际沟通和情绪表达特点；树象征着个体的生活态度等；人物象征着心理和躯体自我。这种测试通常被用于了解个体的情感状态、自我形象、情感需求以及潜意识中的冲突和愿望。

第三节
实践应用

一、人格有好坏吗

"每个人都是独一无二的"，人与人之间有差异，但是大部分人都没有正确看待这些差异，而造成了很多误解、隔膜和障碍。人与人之间的差异主要体现为人格的不同。不同的人格没有好坏之分。很多先天或后天的影响使人们表现得更倾向于符合某一种人格特质，如不同的人采用感性或理性的方式来作出决定或反应。但是许多人往往坚持着一些固有观念，如认为外向比内向更好，认为钝感胜于敏感等，或者相反。这种坚持导致他们将这些观念内化为对自己的要求，内心充满着痛苦和纠结。

人格特质也没有好坏之分，我们应当避免过于给自己贴标签，故步自封，认为未来的生活一成不变，从而失去改变的动力，影响自我突破。

实际上，人格测试的结果是可以发生变化的。例如，一个人以前很内向，但经过训练之后，可能会变得外向。通过人格测试，我们能够更好地了解自己的优势和劣势，扬长避短，减少因不自知带来的无谓内耗。同时，也可以通过有针对性、有计划地突破自己不擅长的方面，完善自我。

因此，我们需要在认识这些人格特质的基础上，接纳自己，找到更适合自己的发展路径。

（一）内倾外倾各有优劣

在荣格的人格类型理论中，有两种基本的心理倾向：内倾（introversion）与外倾（extraversion），这是每个人适应生活的基本心理模式。1913年，荣格在慕尼黑国际精神分析会议上提出了内倾型和外倾型的性格。前者能量与兴趣朝向内在世界，后者则朝向外在世界。

内倾型的人具有向内心深处发展的驱动力，喜欢沉思，擅长内省，独立性强，创造力强，常常沉浸在自我欣赏的陶醉中。然而，他们也可能表现出孤僻、缺乏自信、易害羞、冷漠、寡言，较难适应环境的变化。研究指出，在警惕危险信号、在安静放松的环境中学习等方面，内倾型的人相较于外倾型的人表现更好。

外倾型的人则具有向外发展的主导性驱动力，热爱社交、活跃、开朗、自信、勇于进取，同时具备领导才能和较强的沟通技巧。他们对周围的事物充满兴趣，更容易适应环境的变化。研究发现，在完成任务的回应效果、适应环境、言语能力、在喧闹环境中学习、第二语言的习得等方面，外倾型的人相较于内倾型的人表现更为优越。

性格反映了人们全部生活经历的复杂性，特别是那些对生活有重大影响的现实。"类型"只是某种典型的表现形式，它是为内容服务的，形式是由内容决定的。例如，内倾型的性格通常存在于一部分人身上，其本身并没有好坏之分。其内容有积极的一面，也有消极的一面，这本来是正常的。然而，在重大生活变故中，这些变化在内涵上的消极一面可能多于积极一面，性格的矛盾可能多于性格的一致性，这时内倾型的性格类型对个人来说可能是相对消极的。实际上，调查研究发现，在外倾型和内倾型这两个极端类型之间，有一种可以单独存在的第三种类型，也可以称为"内外平衡型"。这种性格类型在本质上既不是典型的外倾型，也不是典型的内倾型。这些人的性格特点是心理活动由内部过渡到外部或由外部过渡到内部，都具有一定的平衡性和容易性。

（二）感性理性对立统一

人们可能偏向感性或理性的反应方式，感性的人多以同情的态度、和善的心境来观察事情，较易表露情感，重视人际关系的和谐；理性的人则更多采用逻辑加工的方式来获得客观结论，评估事实价值，重视逻辑是否合理。在日常生活中，人们可能对感性或理性的反应有所偏向，这种偏向是指人们根据过往的经验，在面对不同的情境都倾向于采用的习惯性反应。

人们在使用自己偏好或熟悉的反应方式时，内心不易有冲突感，处理事情也会更加高效。感性的人更重视感受，关注人际关系，作决定时，基于自己的感受，还有对自己和他人产生的影响，所以他们更关注感受而非事情本身。理性的人重视逻辑，他们喜欢收集信息、分析信息并以此作出决定，所以他们关注的是事情本身而非感受。因此，随着这种反应方式的不断重复，感知型的人在人际关系上会更加游刃有余，理智型的人在组织或统筹上会更加得心应手。此外，在生活中不难发现，一些人在组织统筹和人际关系上都有优异的表现。这说明在人格特质当中，每个人身上都有感性和理性的一面，只是个人的偏向使得某一方面更加明显。如果这种内在特质偏向不明显，就很难通过行为表现识别出来。

（三）钝感敏感各有千秋

钝感的人一般感知、接收信息迟缓，"反射弧"较长。敏感的人一般思维反应强烈、迅速，心思敏锐，情绪易波动。之前人们可能受渡边淳一《钝感力》一书的影响，觉得钝感的人会有更多的幸福感，而高敏感的人则会因为想太多而陷入精神内耗当中。但实际上，钝感的人也会内耗。当钝感的人觉察、接收到信息后开始对自己进行指责，就会陷入精神内耗；敏感的人则会在事情刚发生的时候就觉察到，并对内指责，那么也会陷入精神内耗。因此，两者相比较而言，只是感知信息的时间和强度上有差异。钝感的人接收的信息强度可能没有敏感的人那么大，那么就会在内耗方面起到保护作用；对于敏感的人来说，虽然信息强度非常大，但是他们更有可能在当下就采取行动，及时解决精神内耗的诱因，也就不会陷入对自己的指责当中。

由此可见，钝感的人不太容易受到周围环境的影响，做事情时能够更加专注；敏感的人则能够对事情进行深入思考，剖析事物本质。在生活中，钝感的人也会对某些事件特别敏感，敏感的人也会有钝感的时候。因此，虽然人格特质相对稳定，但不能因此就给他人"贴标签"，而要在具体的事件当中去观察、沟通、理解、解决，这样会更有利于人与人之间的友好相处。

（四）"讨好""回避"要防内耗

在现实生活中，有着这么一些人，他们总是迎合别人，不敢拒绝，害怕表达自己……这类人被称作"讨好型人格"。但其实，讨好并不是一种人格，而是一种行为模式，背后有行为的动机和渴望满足的需求。

讨好型人格表现为迎合他人、不敢拒绝、害怕表达自己的需求。这种行为模式源于对他人认可的渴望，他们敏感且擅长观察别人的需要，通过满足他人来获取认可。在亲密关系里，是贴心恋人；在群体里，是老好人，总为别人着想，很容易多做一些自己本职工作之外的事。因此，一开始他们很招人喜欢。然而，讨好型人格的人往往忽略自己的需求，不敢拒绝别人，在乎别人的评价，害怕冲突，渴望被认可，不敢表达自己的想法，甚至委曲求全。这种付出实质上是一种变相的索取，当无法得到认可时，可能带来消极的破坏力，而这也造成了讨好型人格的精神内耗。

回避型人格表现为自卑、逃避社交，对外界的排斥极为敏感。这类人往往内心脆弱，缺乏安全感，对于他人无意的伤害过于敏感，害怕受伤害，因此避免与他人交往或者建立较亲密的关系，也不敢轻易相信他人。他们可能过度自我保护，不愿主动克服困难，也不愿冒险尝试。回避型人格的人通常比较孤独，喜欢独处，难以建立良好的人际关系，导致长期的情绪苦恼，严重时甚至可能出现精神状态异常。

这两种人格类型都存在一定的心理内耗，讨好型人在追求他人认可的同时可能牺牲了自己的需求，而回避型人则因为逃避社交而错过了建立有益关系的机会。在心理咨询等专业资源的帮助下，这些人都有可能改变，重拾自信，形成更健康的人格。

总之，不同的人格特质各有优势，没有好坏之分。我们在了解这些人格特质的基础上，进一步思考人与人之间的差异及其原因，便能减少误解，消除人际交往中的障碍，更有包容心地看待人格特质的不同。

二、不同人格如何更好发展

虽然每个人的人格特质较为稳定，但也不是一成不变的。不同的人格特质也可以进行培养，使其有更好的发展，进而收获各自的精彩人生。

心灵小窗

由"竞选班委"引发的完善自己的故事

小明来自农村，是一名刚刚考入一线城市大学的大一新生。他从小到大一直都沉默寡言，性格内向，不爱说话，没有朋友，也没有特长。他一直觉得自己很多余。大学走进外省大城市，第一次坐上火车，见到地铁，来到一个相比以前变化很大的世界。他很想在大学里改变自己的性格，所以他想当班委。但除了室友，其他同学可能都不认识他。他陷入了苦恼，认为自己不善言辞，一定选不上。于是，他向别人求助。经过思考和分析别人的建议，他作出了以下改变。

1. 辩证地认识自己，认清自己的优势和劣势。他使用"成就故事法"来帮助自己找到优点，树立自信。他抽时间仔细回忆自己从小到大有成就感的事件，然后记在本子上。这些事情可大可小，大到比赛获奖，小到因为做了什么事情而得到夸奖，这些事情都属于他的成就故事。自己能从农村考到一线城市的大学，证明自己的学习能力还是很好的。这就是一个成就事件。在找到自己的优势之后，要辩证地看待自己的不足之处，不过分地去夸大它或者用一点点的不足以偏概全。清楚地认识自己之后，再对自己的不足之处进行调整和改进才是最好的时机，这叫自我完善。比如，自己沉默寡言，不爱说话，就可以提高社交技能，以便更好地与人沟通，增强人际关系。

2. 明确内向是一种性格而并非一种缺陷。谁说只有外向的人才能竞选班委，参加学生会？内向的人或许会更严谨，更专注，更加善于观察和思考。班委需要的不仅是学会表达，能够和同学们熟络，还有为班级服务，做事认真。内向本不需要改变，需要改变的是我们对内向的看法。在辩证地认识了自己之后，就可以大胆地去竞选班委，在竞选时展现出大方自信的状态。

3. 培养兴趣爱好什么时候开始都不晚。大学里社团很多，小白也很多，从什么时候开始学习都不晚。大学时间很短暂，学习压力不像高中那么紧张，可以在不影响学习的情况下，培养自己的兴趣爱好，甚至发展出特长。喜欢什么就去做什么，才艺、运动、读书等，没有限制什么样的人不能拥有某项爱好。我们也不是要成为这个领域的专业人士，所以轻松地去体验，去学习，去做自己喜欢的事！

经过一些调整和提升，小明自信大方地参加了班委竞选，并且竞选成功了！

（一）内倾外倾扬长避短

内倾型和外倾型性格各有优劣，可以在职业选择和生活方式上扬长避短。霍兰德职业兴趣测试将职业兴趣分为六个主题：现实型、研究型、艺术型、社会型、企业型和常规型。而内倾型和外倾型的人在这些兴趣类型中可能更倾向于某些职业。内倾型的人适合深思熟虑和独立工作，更适合做研究型（investigative）和艺术型（artistic）工作，如科研人员、程序员、数据分析师等，也可能在作家、艺术家、设计师等职业中找到满足感。而外倾型的人适合社交和合作，更适合做社会型（social）和企业型（enterprising）的工作，如社会工作者、销售人员，也可能在领导和组织方面更有天赋。

需要注意的是，这只是一种潜在的倾向，并不意味着内倾型或外倾型的人只能从事特定类型的职业，实际情况可能更为复杂。职业兴趣和性格是复杂的个体特征，还受到其他因素的影响，如个人价值观、技能、经验等。

以下是内倾型和外倾型个体扬长避短的方法。

1. 对于内倾型个体

（1）利用深思熟虑的能力，提供深入的分析和有条理的计划，帮助团队在决策和执行中更为稳妥。

（2）发挥专注力，提高独立工作效率，并学会在需要时切换注意力，适应多任务处理。

（3）适应团队合作，学会在团队中分享思考，通过有效的沟通表达自己的观点。

（4）拓宽兴趣领域，尝试参与一些外倾型的兴趣领域，平衡内倾型的特点。

（5）发展社交技能，有助于更好地与人沟通，增进人际关系。

2. 对于外倾型个体

（1）注重团队协作，积极参与团队活动，分享想法，帮助团队达成共识和目标。

（2）倾听他人观点，学会在表达自己观点的同时，倾听他人的意见，提高团队合作的效果。

（3）管理时间，确保能够有效地处理工作任务，避免在社交活动中花费过多时间。

（4）发展独立思考能力，以便更好地应对需要个体决策和解决问题的情境。

（5）培养专注力，训练提高注意力的能力，以便更好地应对需要长时间集中注意的工作。

总体而言，内倾型和外倾型个体都可以通过发展一些相对较弱的特质，充分发挥长处，提高职业适应性。我们要建立清晰的自我认知，主动学习新技能，促进个人成长。

（二）感性理性融合发展

在生活中，既需要感性特质，也需要理性特质。一方面，社会中每个人都承担着不同的职责和角色，因此社会分工也为劳动者的人格塑造提供了机会。每个人都有自己的特长和擅长的领域，通过专注于自己的专业领域，可以使个体发挥出优势。不同的社会分工所需人才的特质不同，有的分工更需要感同身受、感受力强的人，有的分工更需要客观理性、统筹组织能力强的人。只要能够充分发挥自己感性或理性的优势，就能够在各自的领域发光发热。不仅如此，由于我们使用的是自己偏好的反应方式，在日常生活中就不易感到痛苦。另一方面，感性和理性是可以培养的。感性的培养需要投入与感受，让自己处于有安全感的环境中，然后深度体验，尽力地感受、表达自己的情感和情绪。理性的培养需要专注于事件本身进行分析，了解事件的逻辑、本质和背后的原因，不将自己的情感、好恶放置其中。在日常生活中，感性能够赋予行动意义和动力，理性能够推动和执行，然后获得正能量的感性反馈，从而形成感性理性的正循环，最终达到两者融合发展。

因此，人格中感性理性特质的发展，既可以凸显优势领域，也可以融合发展形成正向的循环。

（三）钝感敏感相互制衡

敏感的人共情能力强，钝感的人更能专注自身。在日常生活中，钝感的人更容易屏蔽周围的声音，这可能使他们错失一些能使自身获得进步的信息，停滞不前；敏感的人能快速对周围环境变化做出反应，及时调整，但是信息太多也会让他们心理压力过重，陷入泥潭。

因此，兼备钝感、敏感是一件非常重要的事情。让这两种特质相互制衡，双管齐下，能够帮助我们更好地享受生活。敏感的人可以通过冥想专注自己，主动掌控自己的生活和情绪，忽略外界的噪音，听从自己内心的声音；不害怕别人的批评，提升自己的积极心态，锻炼心理韧性；认定目标，灵敏、积极地做出反应，及时调整自己。钝感的人可以跳出自己的世界，积极感受自己和他人表达的情绪、情感；接纳周围的声音，不断调整、发展自己；学习有效的沟通技巧，面对不同的问题情境能够机智灵活地应对。

心灵小窗

一个人的价值，既不在于他人的评价，也不在于自己的评价，而是你本身是一位什么样的人。

——罗翔

（四）"讨好""回避"皆可改变

讨好和回避是一种行为模式，通过对自我的认知和努力尝试，是可以改变的。

1. 改变讨好型行为模式的方法

（1）全面认识讨好对自己的意义，既承认讨好带来的益处，也看见一直讨好对自己的负面影响，权衡利弊，决定是否要有所改变。

（2）如果经利弊分析确定想改变，明确原因，建立"习惯了的行为模式需要逐步改变"的思想准备，尝试从小事情做起。

（3）尝试兼顾"自己、他人、情境"的一致性沟通模式，通过"认知观点—情绪感受—采取行为"自下而上地逐步调整，在原有的沟通模式基础上增加一些新的尝试，建立更适应当下的互动模式。认知上重视自己的内在需求，通过赞美自己，承认自己的优势，夯实自我价值感的基础；情感上敢于直面内心的恐惧，及时认可自己的勇敢，体验成功尝试带来的成就感，以帮助强化新模式；行为上先识别哪些行为是自己的讨好行为，敢于尝试内外一致地表达自己的想法。

（4）寻求专业人员的帮助，如通过心理咨询提供支持性环境，在专业咨询师的帮助下探索原因，挖掘资源，修复伤痕，建立自信。

2. 改变回避型行为模式的方法

（1）正确认识自我，接纳自己的不足，承认长处，建立对自我的清晰认识。

（2）实现意向单一化，通过寻找原始动机，保证需要的意向是单一的，解释并合理化自己的行为，将注意力从自我过渡到外界，从而解放天性，从根本上减少自我损耗。

（3）尝试深度社交，逐步克服人际交往的障碍，尝试通过网络与外界接触，然后尝试实际生活中的社交。同时多看书，增长见识、开阔眼界。

（4）自我提升，从小事做起，建立成功经验，夯实自己的价值感基础，提升对生活的掌控感，培养自信。

（5）寻求专业的资源帮助，如心理咨询，采用系统脱敏疗法，逐步克服内心的恐惧，适应社会环境。

这些方法需要时间和努力，但通过认知、情感和行为的调整，以及专业资源的支持，可以逐步改变讨好型和回避型行为模式，减轻对个人生活的负面影响。

正如诗人泰戈尔所言，"在人生的道路上，所有的人并不站在同一个场所——有的在山前，有的在海边，有的在平原，但是没有一个人能够站着不动，所有的人都得朝前走。"不同人格特质的人，有各自适合的路径，也有各自的精彩。

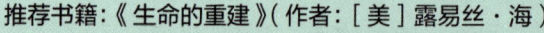

推荐书籍：《生命的重建》（作者：[美]露易丝·海）

作者在书中倡导"整体健康"的观念，揭示了疾病背后隐藏的心理模式，从而开辟了重建生命整体的完美道路。在这本书中，露易丝·海将深刻的人生哲理、科学精神与博大的爱，结合自己的坎坷经历，以浅显生动的语言，向读者娓娓道来，如一汪潺潺流动的清泉滋润着每一位读者的心田，沁入心脾，给人带来美好生活的希望和勇气。

推荐书籍：《探索你自己：自我分析的途径》（作者：俞林鑫）

本书以精神分析理论为指导，系统回顾了自我分析学说的起源与发展，提出自我分析的基本设置和要求，并分别阐述了梦、幻想、感受和记忆这四种心理材料的特点，以及通过这些材料进行自我分析的方法和注意事项。希望本书能为人们的内在探索提供科学的指导，让自我分析成为一种认识和疗愈自己的途径。

推荐电影:《国王的演讲》（导演：[美]汤姆·霍珀）

该片讲述了约克公爵阿尔伯特在治疗口吃过程中与语言治疗师莱纳尔·罗格结下深厚友情。在登基后，他在罗格的帮助下，克服心理障碍，在第二次世界大战爆发之际发表鼓舞人心的演讲的故事。

约克郡公爵因患口吃，无法在公众面前发表演讲，这令他接连在大型仪式上丢脸。贤惠的妻子伊丽莎白为了帮助丈夫，到处寻访名医，但是传统的方法总不奏效。一次偶然的机会，她慕名来到了语言治疗师莱纳尔·罗格的宅邸。据说他的方式与众不同。虽然公爵对罗格稀奇古怪的招法并不感兴趣，首次诊疗也不欢而散，但是，公爵发现在聆听音乐时，自己朗读莎翁的著作竟然十分流利。这让他开始信任罗格，配合治疗，慢慢克服着心理的障碍。乔治五世驾崩后，爱德华八世继承王位，却为了迎娶寡妇辛普森夫人不惜退位。阿尔伯特临危受命，成为乔治六世。他面临的最大挑战就是如何在第二次世界大战前发表鼓舞人心的演讲……

推荐电影:《无间道》（导演：刘伟强）

在影片中，刘德华饰演刘建民，梁朝伟饰演陈永仁，两个人在本我、自我、超我的三个人格层面中不停地挣扎。刘建民最经典的台词是"我只不过想做一个好人"，本我是想过舒服的生活，但现实他却是黑帮的卧底。自我是作为一名警察却要为黑帮提供消息。超我认为所做的一切都让他良心不安。而陈永仁与他恰恰相反，陈永仁走进心理咨询室给大家留下了深刻的印象。只有当陈永仁走进心理咨询室时，他才真正地平静下来，可以躺在长椅上和心理咨询师交流。

心灵保健操

我的人生

准备一张A4纸横放，在纸上画出一个尽可能大的九宫格。随后用15分钟在九宫格中以"我的人生"为主题创作9幅画，绘画的顺序是最右下格是第一幅，向上沿着外围到最下中间格，向上到中心格。在这个主题下画什么都可以，创作无好坏之分，不用担心绘画技巧或水平，重要的是你想表达什么。

当你画好了，试着想一想，根据在这章所学到的人格知识，回顾你的创作，你有哪些思考或发现？在人生的不同时刻里，哪种人格特征是最突出的？在不同的时刻里，它们有哪些不变和变化的地方吗？它们是你希望的，还是你期待成长的……

"青春由磨砺而出彩，人生因奋斗而升华。选择'佛系'，就无法攀登事业的高峰；选择'躺平'，就难以领略极致的风光。"

师小星："人格心理学视角帮助我们认识到健全的人格能让我们用正确的态度对待世间万物，人格能通过个体内在和环境来主动塑造。大学期间是个体人格塑造的关键时期，通过自我内省、他人评价、行为评估和人格测验，我们可以更全面地认识自己的人格。人格类型没有好坏之分，每个人都是独一无二的，只要我们充分正视自己的性格特征，扬长避短地培养自己的人格特质，就能更好地发展自己的人格，做一个自立、自信、自尊、自强和幸福的进取者。"

第六章

家庭成长：
家庭关系与成长历程

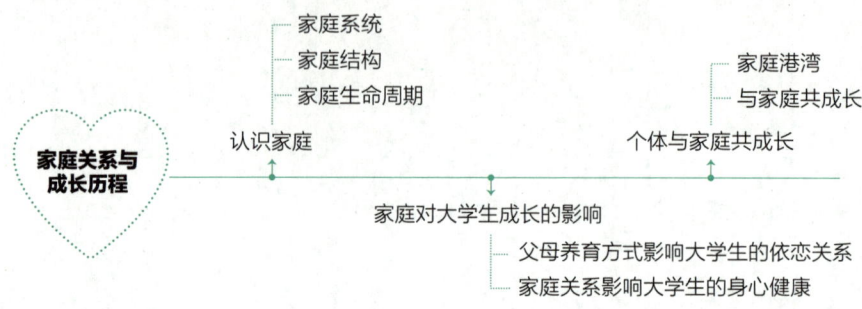

　　与其他人怀揣期待和好奇走进大学校园所不同的是，小嘉虽然如愿考上外省市的大学，但心情是矛盾和忐忑的。原来在小嘉小时候，父母就经常吵架，关门、捂耳朵、偷偷哭是她惯用的应对方式。小学三年级时，弟弟的出生使家庭氛围好像好了一些，能感觉到爷爷奶奶经常来家里帮忙了。但在初中二年级时，父亲的出轨让家变得更加破碎。但妈妈说家不能散，于是一边是经常不回家的爸爸让人怨恨，一边是天天抱怨抹泪的妈妈让人心疼，小嘉变得越来越懂事，不仅自己好好学习，还要时常照顾弟弟。终于熬到了高考，妈妈希望她留在身边，小嘉莫名想飞得更远，但其实又放心不下家里的妈妈和弟弟。

　　所以当其他同学在大学忙着学习、参加各种活动、结识同学、快速适应校园生活的时候，小嘉在忙着打电话，继续安抚家里的妈妈，教育顽皮淘气的弟弟，甚至还要很不情愿地当作"桥梁"向爸爸要钱。其实，她有时候也很心烦，不想管，但又没法说出口。学校需要她投入精力适应，家里需要她投入精力照顾，小嘉感到"好像两根绳子在用相反的力撕扯着自己"，很痛苦也很无力，甚至开始失眠。每次当室友谈起找男朋友时，小嘉就会产生恶心的感觉，她说"才不要找个像爸爸那样的男人呢"。

　　小嘉也不知道自己这是怎么了……

　　家庭是一个单独的社会实体，是社会运行的基本单位，是人们生活的场所，是人类在婚姻关系、血缘关系或收养关系基础上建立的一种以共同居住、共同生活为特征的群体形式或社会组织形式。家庭也是社会文化传承的重要载体，是建构一个稳定、积极向上的社会秩序的基石，是一个需要个体、家庭及社会共同尊重、维护和发展的团体。

　　家庭是孩子成长的第一课堂，是大学生成长成熟的摇篮，父母是孩子最重要的导师，对孩子影响深远。列夫·托尔斯泰在《安娜·卡列尼娜》中写道："幸福的家庭都是相似的，不幸的家庭各有各的不幸。"诚然，幸福的家庭常常是充满快乐和温馨、岁月静好的样子，但也有很多家庭可能就如"心灵故事"中小嘉家一样一地鸡毛，甚至千疮百孔。作为刚刚走出原生家庭迈入大学校园的大学生，更需要认识家庭，了解家庭对自己的影响，与家庭共成长，从而更有底气和力量开拓自己的人生之路。

一、家庭系统

（一）家庭的特征

　　家庭是一个人生活的起点和归宿。家庭的基本特征包括家庭成员、家庭关系、家庭职责、共同目标、社会功能等方面。

　　家庭成员是家庭的基本构成要素，通常由父母和子女组成，通过血缘、婚姻等关系彼此连接。家庭成员的角色和职责分工明确，父母是家庭全方位支柱和决策者，子女是家庭的未来和希望，配偶是夫妻彼此的支持和伙伴。

　　家庭关系是家庭的重要核心，是家庭成员之间的重要连接，也是彼此之间相互依存、相互影响的基础，既包括父母和子女之间的亲子关系，也包括兄弟姐妹之间的关系。和谐的家庭关系能够增强家庭的凝聚力和稳定性，提高家庭成员的幸福感和满意度，家庭关系对家庭的稳定和发展具有至关重要的作用。

　　家庭职责是家庭的基本职能，主要包括提供生活保障、教育培养子女、传承家庭文化等。家庭要为孩子提供生活保障和教育培养，帮助孩子形成正确的价值观和人生观。家庭还要传承家庭文化，弘扬家庭美德，为社会和谐作出贡献。

　　共同目标是家庭的共同努力方向。家庭作为一个团队，共同生活、相互交流、有着共同的愿望和期待，需要共同面对生活的挑战和困境，通过合作和协调来寻找解决方案，为了实现个人和家庭的成长与发展而努力奋斗。

社会功能是家庭的重要贡献。家庭是社会的细胞，是社会中最基本的单位，是培养人才、传承文化、促进社会和谐的重要场所。家庭能够为社会提供人力资源和人才支持，为社会的发展进步作出贡献。同时，家庭也是社会的稳定器，和谐的家庭关系能够降低社会的矛盾和冲突，提高社会的稳定性和安全性。

（二）家庭系统

家庭是一个系统，由每个家庭成员构成。作为一个系统，家庭并不是所有成员的简单相加，而是要大于相加之和。一个人的语言、行为和情绪是和家庭中另一个或几个人的语言、行为或情绪密切相关的。家庭作为一个整体的功能运行，常常取决于其结构的正常或健康与否。

家庭是一个相对稳定的系统，家庭成员的组成相对稳定，家庭成员交互作用时所产生的有形和无形规则构成了比较稳定的家庭结构，家庭成员之间的互动形成每个家庭特定的交往模式。

家庭又是一个动态开放的系统，它是联系个体与社会的纽带，对家庭成员提供心理保护，也将社会文化经验传递给家庭成员。家庭是依靠各成员互动而成，家庭成员之间相互影响，而每个成员的行为又会反作用于整个家庭系统。如果系统中的某个人发生变化，关系网络就变了，其他人自然也会因此受到影响而发生变化。家庭还受到外部环境、文化、社群和其他系统的影响，所有这些外部事件都有其调控的规则，并随时发生变化。家庭不断与家庭外系统发生交互作用，也可以主动脱离与家庭外系统的交互作用。家庭内成员之间和子系统之间也不断发生交互作用。

家庭系统是以个人和子系统为组成单元。家庭成员间的不同连接形成家庭系统中的子系统，家庭子系统通过人际界限得以区分，并调节着子系统之间的交流形式和联系的程度。当一个家庭的成员不适当地卷入或侵犯到另一个子系统时，可能会造成家庭结构的困扰。

家庭中的子系统根据性别、代际、兴趣、功能等来划分，可以有无限个子系统，这些子系统共存且独立。对一个家庭来说，最突出最重要的子系统包括：

1. 夫妻子系统

夫妻结婚，形成家庭，就会出现夫妻子系统，从个体独立的一元角色形成了二元组合。夫妻子系统是家庭最早的系统，是抵制外来压力的避难所，是与其他社会系统相接触的母体。夫妻子系统的主要任务是相互适应和双方互补，相互支持并提供安全和依赖，树立婚姻相处的榜样，教给孩子有关建立和经营亲密关系的能力和知识。夫妻子系统的健康运作对家庭的整体功能有着重要的影响。"心灵故事"中小嘉的父母一结婚就形成了两人之间的夫妻子系统，这个二人世界还比较简单，但同时这个夫妻子系统也成为他们双方原生家庭大系统中的一部分。目前，我们只就这个新家庭进行阐述而不展开讨论其原生家庭大系统。

2. 亲子子系统

随着家庭中第一个孩子的出生就出现了父母－亲子子系统，即亲子子系统，家庭从二元关系变成了更为稳定的三角关系。随着孩子的成长，亲子子系统会面临不同的发展任务和问题，如父母如何培养和教育孩子，提供爱与规则；孩子如何与父母交流互动，学会依赖与独立。亲子子系统必须适当调整以适应这些问题。小嘉的出生，使这个家庭除了夫妻子系统，还有了母女子系统和父女子系统，系统之间的互动和关系就变得更为丰富了。也就是说，小嘉父母的关系如何、小嘉和妈妈的关系、小嘉与爸爸的关系都会互相影响整个家庭的互动。

3. 同胞子系统

当第二个孩子出生时，孩子彼此之间有了兄弟姐妹，同胞系统就会出现。同胞子系统是儿童学习和实践同伴关系相处的第一个场所，他们可以在平等而复杂的互动中学会支持、合作、保护和竞争、反击以及协调。随着弟弟的出生，小嘉与弟弟之间就形成了同胞子系统，同胞子系统的增加让这个家庭系统更复杂起来。这个家庭每个个体及子系统的变化，都会扰动和影响整个家庭。如弟弟的出生是大家期待的吗？父母与这两个孩子关系如何？小嘉与弟弟关系如何？这些都会影响整个家庭的关系。

人一生有两个家

人一生有两个家：一个是自己出生、成长的家，也就是有父母照顾的家，叫原生家庭（family of origin）；另一个是长大成人以后重新建造的、自己"当家"的家，叫"再生家庭"（family of procreation）。

原生家庭对个体影响很多，如塑造人的个性，影响人格成长；影响管理情绪的能力；为个人成长后人际互动的模式定型；让我们不自觉地爱上某种特定类型的对象等。

二、家庭结构

家庭结构（family structure）是指家庭中成员的构成及其相互作用、相互影响的状态，以及由这种状态形成的相对稳定的互动模式。家庭结构包括两个基本方面：① 家庭人口要素：家庭由多少人组成，家庭规模大小。② 家庭模式要素：家庭成员之间如何相互联系，因联系方式不同而形成的不同的家庭模式。

结构式家庭治疗创始人米纽庆博士认为，一个家庭的结构是一整套无形的或隐蔽的功能性需求或代码，它们组织了家庭成员彼此相互作用的方式。家庭结构是一个比较抽象的概念，同时又是实际存在的。它对家庭成员的心理、生理以及行为有着巨大的影响，也随着宏观的社会、文化以及经济的发展而不断发展。家庭有不同的分类，按家庭的代际数量和亲属关系的特征分为以下五类。

（1）夫妻家庭。指只有夫妻两人组成的家庭。包括夫妻自愿不育的丁克家庭、子女不在身边的空巢家庭以及孩子过早离世的失独家庭。夫妻家庭的特点是只有一个夫妻子系统，人数最少、结构简单，沟通也相对简单，但也要磨合出适应彼此的相处之道。

（2）核心家庭。指由父母和未婚子女组成的家庭。核心家庭已经成为各国家庭的主要模式。核心家庭的特点是人数相对少、结构相对简单，家庭内只有一个权力和活动中心，家庭成员间容易沟通、相处，已有夫妻子系统、亲子子系统，如果家中有第二个孩子还有同胞子系统。小嘉的四口之家就是一个核心家庭。核心家庭出现了代际和层级，结构相对稳定，但也要各居其位、各司其职。比如父母是权力中心，孩子小的时候要提供足够的爱护和培养，也要建立一定的规则；随着孩子长大，父母要给予更多尊重和成长空间，帮助孩子学习独立。

（3）主干家庭。指由两代或者两代以上夫妻组成，每代最多不超过一对夫妻且中间无断代的家庭，如父母和已婚子女组成的家庭。在我国，因隔代养育的需要，主干家庭曾为主要家庭类型。但随着社会的发展，主干家庭不再占主导地位，或只在孩子较小时存在一段时间。主干家庭特点是家庭子系统变得更为复杂，增加了婆媳子系统、丈母娘－女婿子系统、爷孙子系统等，家庭成员之间的相处更需要多方调整和适应。家庭内不仅有一个主要的权力和活动中心，还有一个权力和活动的次中心存在。比如，本来核心家庭中的夫妻权力等级最高，如果祖父母要出来做主，尤其在孩子养育过程中，就容易出现本质是争夺权力的各种矛盾。如果祖父母知道在这个新家庭中有自己的规则，他们只是帮手、辅助的角色，可以提供参考意见但不是主要决策者，家庭就更容易朝着健康的方向发展。

（4）联合家庭。指家庭中有任何一代含有两对或两对以上夫妻的家庭，如父母和两对以上已婚子女组成的家庭或兄弟姐妹结婚后不分家的家庭，父母、已婚子女、未婚子女、孙子女、曾孙子女等几代居住在一起，多代同堂。联合家庭的特点是人数很多、结构非常复杂，家庭系统更为庞大，家庭内存在一个主要的权力和活动中心，几个权力和活动的次中心。这种家族式的生活方式在当代家庭模式中比较少见了，优势是家族亲缘关系比较紧密，如果其乐融融也是很宝贵的情感连接。但也因为人多、关系复杂、距离近、边界容易模糊不清等原因而可能产生很多分歧甚至冲突，如《红楼梦》中大观园的家庭生活模式。

（5）其他家庭。指由离异、丧偶或未婚的单身父亲或母亲及其子女或领养子女组成的家庭，包括单亲家庭、隔代家庭、同居家庭、同性恋家庭、重组家庭等。如单亲家庭的特点是人数少、结构简单，经济来源相对不足，家庭内只有一个权力和活动中心，但可能会受其他关系的影响。重组家庭指夫妇双方至少有一人已经历过一次婚姻，并可有一个或多个前次婚姻的子女及夫妇重组的共同子女，其特点是人数相对较多、结构相对复杂。随着社会的进步和多元化发展，家庭的多元化也越来越被接纳和尊重。

家庭结构本质上是家庭成员间的互动模式，这些模式是动态变化的，会随着家庭生命周期的发展做出调整和优化。每个家庭都有独特的结构，这些结构是在日常生活中随着家庭成员之间的互动慢慢形成的。如小嘉家的结构特点就是冲突而疏离的夫妻关系和紧密而纠缠的母女关系。本该相互爱护、彼此支持的夫妻时有冲突，丈夫出轨但离心不离婚，夫妻貌合神离。懂事的小嘉和妈妈结盟对抗背叛家庭的爸爸，成为妈妈的"战友、密友"并提供"丈夫般的支持"，甚至后来还要承担管教弟弟的"家长"职责。如此一来这个家庭结构动力发生变化，父母子女不能各居其位、各司其职，出现"亲职化"现象，即未成年的孩子承担了家庭中本该父母承担的任务。长此以往，就会影响小嘉的身心健康发展。

家 庭 边 界

家庭中子系统与子系统之间相互依赖、相互影响，但各自有自己的界限。每个子系统中家庭成员的互动都有独特的规则，个体、子系统和整个家庭借助人际界限来调节相互接触的看不见的屏障，这就是家庭的边界。家庭边界是系统内或各部分之间抽象的分界，规定着家庭中人与人的关系，保护着家庭与子系统的独立性。就好比"细胞膜"，既有保护作用，为细胞的生命活动提供相对稳定的内部环境，又有一定屏障作用，防止外部物质通过。

家庭边界包括僵化的边界、清晰的边界、模糊的边界。僵化的边界有限制性，个体几乎不能与外部子系统接触，进而导致关系疏离。疏离的子系统一方面促进了独立自主性，另一方面也限制了情感和支持。清晰的边界是互动规则能在不同子系统间做出适应性切换，家庭成员能够相互理解支持，可以亲密，也允许远离，有自己的空间。模糊的边界是互动过程中不同子系统间的规则松散、相互渗透和影响，导致关系纠缠。纠缠的子系统提供了亲密但损失了独立，过分的亲密削弱了主动性。

孩子与父母早年的互动模式，会慢慢发展为成年后与其他男性和女性的互动模式。家庭关系中遵守界限对于个体发展至关重要，决定着个体将来的分化程度。家庭内界限的清晰度是评估家庭功能的一个有效指标。父亲、母亲、孩子在家庭结构中有自己的角色，如果界限不清晰，家庭功能失调，就会导致序列混乱，影响个体的心理健康发展，易导致各种家庭问题。

三、家庭生命周期

（一）内涵

人有生老病死的发展过程，树有种子发芽、小苗成长、枝繁叶茂、开花结果、枯萎衰落归于尘土的过程。家庭也与世界上的事物一样，遵循一定的开始、发展、终结的周期性规律，按照一定的轨道形成、发展直至消亡，即家庭也有生命周期。家庭生命周期（family life cycle）是家庭依照一定的轨道形成、发展、分裂出新的家庭，直至母家庭消亡的全过程。在家庭生命周期过程中，母家庭孕育子家庭并消亡，家庭继续得以延续。

不同的社会状况、不同的民族与文化、不同的经济发展水平，对家庭生活周期都有一定的影响。家庭面临环境变化或发展挑战时，家庭必须适应成员的成长和改变，如果不能改变结构以顺应改变的环境就可能出问题。问题常常被视为一个标志，标志着整个家庭在生命周期的转折关头出现了调整适应方面的问题。当个人出现心理症状的时候，家庭生命周期概念让我们思考，也许是整个家庭卡在某个发展阶段的转折关头了。症状的出现源自家庭没能很好适应外部的改变或其自身的发展和转折期。

（二）阶段

家庭离不开个体，个体也离不开家庭这个系统。随着个体的发展，家庭也在变化。如果个体出现问题，就要从关系的角度、从系统角度看家庭中的人。20世纪40年代，社会学家伊芙琳·杜瓦尔和鲁本·希尔将发展框架运用于家庭，将家庭发展划分为清晰的几个阶段；后来家庭治疗师贝蒂·卡特和麦妮卡·麦卡德里克加入代际视角深化了一个框架，把"家庭生命周期"分成六个阶段，每个阶段都有自己的发展特点和家庭任务，对应着一个"情绪发展转变原则"和"发展过程带来的家庭变化"。

1. 独立成人阶段（0~20岁）

这个阶段的特点是年轻人背上行囊，离开家庭，开始自己的人生探索。面临的主要任务是：处理好与原生家庭的分离与连接；发展亲密的同伴关系；继续获得家庭的情感支持；为经济、生活、工作上的独立作准备。走进大学校园的大学生就处在这个发展阶段，这个阶段无论对独立成长的年轻人，还是对放手又牵挂的父母来说都是一个适应过程。

2. 结婚成家阶段（21~25岁）

这个阶段的特点是两个年轻人脱离原生家庭，结婚组成新家庭，开始适应二人世界的夫妇生活。面临的主要任务是：适应新增角色，形成夫妻角色分工，比如家务如何安排，经济大权如何分配；处理好共处与独处时光，如何安排才能做到又有共同的亲密时光，又有彼此的独立空间，达到彼此需求与平衡；适应新的姻亲关系，经过磨合找到处理夫妻差异的最佳办法，建立适合彼此的新规则，如南北方饮食差异怎么处理，如何过年，如何处理分歧，如何达到性和谐等；适应彼此的亲戚网络，首先要忠诚于对方，其次忠于原生家庭；准备小孩的来临，做好将成为父母的准备。这个阶段很重要，是进入下一个家庭生命周期重要的过渡，磨合好了以上这些任务，面对下一个阶段的挑战就更容易一些。

3. 养育子女阶段（26～30岁）

这是个很具有挑战性的家庭阶段，特点是新生命的降生，家庭结构变成了更稳定的三角关系，家庭有了抚养孩子的重任。面临的主要任务是：调整角色，建立父母角色适应子女的诞生、成长，在夫妻与父母两种角色之间的协调，保有夫妻间的亲密性也很重要；学习为人父母，增加养育孩子、财务规划以及家务的任务，需要合理安排，合理分工；这也是孩子早期依恋关系形成的重要阶段，对新手妈妈和爸爸的养育能力提出很多要求和挑战，共同参与和陪伴都很重要；重组家庭关系，接纳父母亲和祖父母的角色，大家庭参与养育关系会更复杂，需要很多磨合与调整；新手妈妈尤其还要注重自己身心状态、情绪等调整，婴儿也在用自己的方式适应家庭这个新世界。因为这个阶段任务重、情况复杂、挑战较大，也可能出现如产后抑郁、养育观念方法冲突甚至夫妻不和等问题，需要理性面对和调整，有时也可借助外力帮助。

4. 子女成长阶段（31～44岁）

这个阶段的特点是时间跨度较长，包括孩子从学龄前到学龄期到青少年时期的成长。面临的主要任务是从养育到教育，重心和任务有所变化。如学龄前期（从第一个孩子两岁半到六岁），父母的主要任务是养育，给予足够的爱，也建立一定规则，保持充沛的精力适应及满足子女需求；有学龄子女的家庭，教育成为家庭重任，以建设性的方法适应学校生活，父母要调整期待，结合孩子的特点适当鼓励子女教育上的成就；孩子进入青少年时期（13～20岁），父母要面临新的严峻挑战，要为子女独立生活作准备，接纳和促进子女的独立要求，青少年有其独特的身心发展特点——依赖与独立并存，要在自由与责任之间找到平衡。家庭需要根据青少年的生理、心理特点改变规则，设定限制，重新协商角色。这时父母也身处"上有老下有小"的中年压力阶段，可能出现职业、情感危机，还要为未来的养老作准备。这个阶段的挑战常常发生在"青春期撞上更年期"的阶段，处理不好则亲子之间斗智斗勇、鸡犬不宁，更需要父母的智慧或外力资源，帮助个体和家庭渡过难关。

5. 家庭空巢阶段（45～60岁）

这个阶段是指从第一个子女到最后一个子女离开家庭的时间，特点是孩子离家独立生活（上大学、工作、组建新家庭等）。现在随着晚婚晚育越来越多，这个阶段时间会延后。面临的主要任务是：夫妻二人重新调整角色，调适婚姻生活，适应新的、不以子女为中心的角色要求，可能进入两人世界的二次恋爱，也可能婚姻冲突增加而破裂；接受孩子独立和离家的成人角色，维护支持性家庭关系，保持联系又各有空间；重组和公公、婆婆、岳父、岳母以及孙子辈的关系，根据需要可能阶段性或部分性参与到隔代养育的任务中；可能要面对年迈父母生病甚至离世。如果有"啃老"的孩子，那么家庭就还停留在第四阶段。

6. 夕阳晚景阶段（61岁以后）

这个阶段的特点是离开工作岗位进入退休状态，步入晚年家庭生活。面临的任务是：接受退休和失去工作、地位和同事，适应老年退休生活；开始发展自己的兴趣、爱好，满足年轻时未实现的心愿，丰富老年退休生活；适应健康逐渐衰退或患病，保养身体、注重健康成为生活关注内容；可能因丧偶需要独处，需要心理调整应对新的家庭结构变化；对于归宿和死亡开始做心理准备。

家庭的生命周期如表6-1。

表6-1　家庭的生命周期

家庭生命周期	情绪发展转变原则	发展过程带来的家庭变化
独立成人阶段	接纳心理和经济上的责任	1. 区分原生家庭的自我 2. 发展亲密朋辈关系 3. 工作与经济上取得独立
结婚成家阶段	为新的系统投入情感	1. 建立婚姻系统 2. 重新组织家庭和朋友的关系，以接纳配偶
养育新人阶段	接纳新成员进入系统	1. 调整婚姻系统，给孩子留出空间 2. 增加养育孩子、财务规划以及家务的任务 3. 重组家庭关系，包括接纳父母亲和祖父母的角色
子女成长阶段	增加家庭界限的灵活性以便允许孩子的独立和祖父母的身体虚弱	1. 转变亲子关系，允许青少年在系统内自由出入 2. 重新关注中年人的婚姻和职业发展 3. 开始照顾老人
家庭空巢阶段	接受现存的现实并进入家庭系统	1. 重新认识作为二元的婚姻系统 2. 发展成年人之间的关系 3. 重组和公公、婆婆、岳父、岳母以及孙子辈的关系
夕阳晚景阶段	接受改变的辈分和角色	1. 面对心理失落保持自己、夫妻的功能和兴趣 2. 寻求新的家庭和社会角色的选择，支持中年代际 3. 给晚年的智能和经验留出空间，在力所能及的范围内支持更老的长辈 4. 处理失去配偶、兄弟姐妹和其他同辈人的伤痛，准备迎接死亡

随着社会变迁，不同的家庭也呈现出多种多样的家庭生命周期状态，不一定按次序走完这些过程。而且对整个家庭系统来说，会出现多种家庭阶段并存的状态，

如父母的家庭空巢阶段，可能同时也是子女新婚成家或养育新人阶段。同时，代际间彼此任务有时相容，有时也会需求对立甚至冲突导致不相容，如父母希望亲密，孩子希望独立；老人希望子孙绕膝，子女正在中年危机或者经营小家庭而自顾不暇。有可能出现这样或那样的矛盾或分歧，就需要家庭成员彼此了解、理解并相互调适。

因此，学习家庭生命周期意义重大，一是有助于我们理解自己的家庭，以更好的心态和方式适应家庭的阶段性变化。家庭生命周期的框架建立了有关家庭发展的模版，揭示了代际间的联系，强调了家庭的连续性，帮助个体理解家庭发展各阶段的特点、任务、压力及可能的冲突，理解某些情况发生的普遍化，利于缓解焦虑，重新调适。家庭对变化了的环境进行适应来保持其持续性，并促进其每位成员社会心理的成长，这就是家庭适应。二是理解家庭的发展变化，有助于更有效地开展家庭治疗工作。家庭生命周期为心理咨询师提供了理解家庭的系统性、整体性的新框架、新视角，有助于咨询师更好地理解家庭，科学而理性地看待家庭中的问题，更有效地帮助家庭去应对可能出现的阶段性挑战和困难，从而顺利走入下一个阶段。

第二节
家庭对大学生成长的影响

家庭是个体成长和生活的重要基地，家庭对个体健康成长与发展的影响非常重要而深远。不同的家庭有着不同的价值观、生活方式等，都会对家庭成员的行为和思想产生重大影响。

家庭对大学生成长的影响涉及方方面面，从宏观层面看，一个温暖、支持和鼓励的家庭环境有助于一个人成长为自信、有思想、富有同情心并有成就的人。如果家庭氛围是表达关爱和鼓励，孩子会感到被爱和肯定，会拥有安全感、自信心和面对生活中挑战时的勇气。从微观层面看，父母的兴趣、专长可能影响大学生的专业或职业选择；父母的性格特点、关系模式可能影响大学生的为人处世、择偶观念等，而且这些影响可能是积极影响，也可能是消极影响。本节就几种比较重要的影响展开详细阐述。

一、父母养育方式影响大学生的依恋关系

父母的首要功能是养育，养育过程中与孩子的互动是孩子依恋关系建立的根本，互动之后的心理和身体的接触是依恋关系建立的基本前提。

在读研究生的小莲依然单身，看着身边同学都有男友陪伴，甚至有的大学同学已步入婚姻的殿堂，自己还孑然一身，落寞不已。其实，小莲从大学至今也谈过几次恋爱，但每次都好景不长，以失败而告终。小莲其实也渴望有一场轰轰烈烈的爱情，很想找一个两情相悦的人托付终身，但当被追求时总担心对方靠不住，不确定是不是真心爱自己。哪怕经过多次考验开始交往，也常常患得患失，一会儿担心对方会不会变心，会不会不喜欢自己，在相处中不断验证对方的真心；一会儿又觉得自己是不是太作了，开始自责。男友也在反复被考验中感到相处很累、不被信任，最后不欢而散。小莲对此也很苦恼，觉得是自己太没安全感了，使得自己在恋爱关系中疑神疑鬼，缺乏自信。

（一）依恋理论

小莲说的"安全感"其实就是心理学上的"依恋"。依恋是指在儿童和特定重要他人（比如父母或其他养育者）之间形成的一种正向情绪联结。依恋是人类的基本动机，依恋的需求贯穿人的一生。依恋关系是安全感和基本信任的基础，婴儿时期的依恋关系模式会影响我们后半生如何与他人建立关系。

依恋理论是由英国心理学家约翰·鲍尔比在20世纪60—80年代率先提出的。该理论认为"孩子同其主要照料者间的最初关系构成了以后所有关系的起点"。依恋理论认为，早期亲子关系的经验形成了人的"内部工作模式"，这种模式是人的一种对他人的预期，决定了人的处世方式。内部工作模式会在以后的其他关系，特别是成年以后亲密关系和婚恋关系中发挥作用。大量的研究表明，早期亲子依恋的质量会对个体的人格和心理产生重要的影响。如果孩子在早期的关系中体验到爱和信任，他就会觉得自己是可爱的、值得信赖的。如果与重要他人长时间的分离或依恋关系的丧失可能会导致心理病理的形成。

后来，心理学家哈里·哈洛"恒河猴"的经典研究表明，仅仅食物并不是依恋的基础，养育者温暖的怀抱、对婴儿的抚摸、充满爱的注视和回应，都是婴儿不可或缺的依恋联结。

（二）依恋类型

在这些研究基础上，心理学家玛丽·爱因斯沃斯设计了陌生情景测验，以儿童在陌生情景中的反应为基础——儿童对陌生情景的反应取决于他们与母亲依恋的本质，把依恋关系分为安全依恋型、回避型不安全依恋和矛盾型不安全依恋。

第一类是安全依恋型。安全依恋型的婴儿单独与母亲在一起时会进行主动探索，并因分离而明显心烦意乱。这类婴儿在母亲返回时会热烈问候母亲，并喜欢与母亲的身体接触。当母亲在场时他们会友好地对待陌生人。

第二类是回避型不安全依恋。回避型婴儿当单独与母亲在一起时，似乎对探索行为不感兴趣。此外，当与母亲分离时他们少有苦恼表现，并且当母亲返回时经常会回避接触母亲。这类儿童不是特别警觉陌生人，但可能像回避母亲那样回避陌生人。

第三类是矛盾型不安全依恋。矛盾型的儿童在母亲在场时会显得焦虑、不从事探索活动。另外，母亲离开时他们会变得极为苦恼。而当母亲返回时，这类儿童的反应非常矛盾，他们试图待在母亲身边，但怨恨母亲的离去。这类儿童还可能抵抗母亲的主动接触。他们对陌生人相当警觉，即使母亲在场亦如此。"心灵小窗"中的小莲就属于矛盾型不安全依恋，一边渴望被爱，很依赖亲密关系，一边容易警觉而敏感难以信任，在反复验证中消耗着自己，也折磨着对方。对待亲密关系容易在两极跳跃，要么抓得很紧怕被抛弃，要么在不安全时先提出分手抛弃别人，其实内心是痛苦不安的。

鲍尔比把依恋解释为一个终身建构的过程，也就是说儿童会在整个童年期继续维持依恋联结，直至成人期发展起其他依恋关系（如配偶、恋人之间、朋友之间的依恋）。已经有大量的研究证实了这一影响的存在，也就是童年的依恋经历会在成长的过程中形成个体内部独有的心理工作模式或心理表征，影响成年后亲密关系的建立、人际社会功能的表达以及人格功能和人格特质的形成。

心理科学

依恋类型能否改变？

发展心理学认为，婴幼儿时期与其主要看护者建立起来的信任与被信任关系，可视作个体亲密关系发展的开始，同时也是亲密关系良好发展的基础。当人们进入一个安全、持久的人际关系时，他们的依恋类型会改变。爱和信任可以让人建立起有关人际关系的安全工作模式。

原生家庭对我们的影响不容忽视，同时这种影响也是可变的。人生之路的方向盘掌握在我们自己手里。在一项研究中，30%的年轻女性在两年的时间内改变了她们的依恋类型。

那么，如果自己已经是不安全依恋的类型，如何努力让自己变得更有安全感呢？第八章会详细教大家怎么做。

二、家庭关系影响大学生的身心健康

 心灵故事

　　小帅的妈妈是一位高管，能干、果断也很强势，她总是嫌弃"佛系"的老公太不思进取，所以把期待放在聪明的儿子身上。从经常吵架到无言以对，小帅见证着父母关系的变化。小帅更喜欢爸爸做事顺其自然的风格，但又不得不回应妈妈的高要求。所以就很拧巴地心里认同着爸爸，行为上不得不努力进取，以此平衡着三观不合的父母。直到他抑郁了，觉得活着没意思了，父母还在震惊中指责着对方。

（一）家庭关系

　　家庭关系是指随着家庭的形成而建立的、人与人之间的关系，是每个人成长过程中最基本的关系。每个家庭成员都有自己的性格特点、情绪情感、生活习惯和人际关系等，家庭关系包括了丈夫妻子、父母子女以及其他亲缘关系的成员之间的影响、交流和互动。它影响着每个人的成长与发展，关乎整个家庭的稳定和成员之间的和谐，对于家庭的健康和幸福具有至关重要的作用。一个温暖和谐的家庭关系可以让孩子充满自信、爱心和正能量，帮助孩子们建立积极的生活态度和人生价值观。而一个破碎或者矛盾的家庭关系，则可能会导致孩子在自我发展、人际关系等多方面的问题，使孩子们产生一定的压力和不良情绪。

　　夫妻关系是家庭关系的核心。夫妻之间要保持相互信任、相互尊重和相互支持的关系，妻子好好爱护丈夫，丈夫用心呵护妻子，就能拥有幸福生活，提高家庭的稳定性和幸福感。父母相爱，孩子就会感到安全和自由；当家庭中孩子是孩子，父母是父母时，爱的运作比较好。如果夫妻间长期存在着矛盾和争吵，对子女的成长和家庭的稳定都会带来负面影响。如果夫妻两个人的冲突，拉入第三个成员形成三人互动，常常企图通过三角关系来缓解冲突、解决问题，孩子卷入进来变成三个人的冲突，就是"家庭关系三角化"。如果第三方的卷入长期化，三角化就会变成关系固定的一部分，被三角化的孩子就很难真正长大，长大后更容易出现身心障碍，实际上是以病态的方式将关系冲突表达或转移出来。"心灵故事"中的小帅就是这个被三角化的孩子，虽然表现出的是小帅生病了，其实是他的家庭生病了，而他只是"替罪羊"，他在用自己的方式和努力缓解着父母的冲突，但是代价太大了。如果父母能意识到，孩子的生病可能与夫妻的关系有关，从而从家庭系统的角度调整夫妻关系，这才是真正的"治本而不是治标"。这也是很多家

庭治疗的思路和目标。所以家庭治疗师贝曼博士认为，和谐的婚姻是父母送给孩子最好的礼物。

家庭中比较重要的是父母和子女之间的关系。父母是子女的第一任教师，是子女的榜样，孩子在成长过程中会从父母身上潜移默化地学习和模仿，从中汲取一定的道德和行为准则，从而逐渐形成自己的价值观和人生观。亲子关系的亲疏也直接影响学习模仿的效率和效果。如果亲子关系是亲近、和谐、友爱的，即使亲子之间在某些观点或行为上有差异、有分歧，有良好的情感交流基础，也更容易沟通和解决。反之，更容易出现对抗，也就是常见的青春期"逆反心理"，明明初心是好的，目标是一致的，但沟通下来常常两败俱伤。根源还是缺乏良好亲子关系的基础，彼此理解、尊重、支持不足，或用不恰当的方式表达爱与关心，或只关注问题解决而忽视情感需求，导致亲子之间有时"爱却伤痛着"。所以良好的亲子关系是家庭和睦的重要基础。

心理科学

家庭关系对青少年心理健康的影响

研究表明，和谐的家庭关系对青少年的心理健康非常重要。亲子关系是家庭关系的重要构成部分，同时具备自然关系和社会关系的属性，其建立的过程亦是父母与子女在血缘和共同生活基础之上的相互影响。通常，与父母关系融洽的青少年有着更高的主观幸福感、较低的行为偏差发生率，比如吸烟、酗酒、手机成瘾等概率较低。而生活在低质量家庭关系中的青少年易因感知到冷漠、拒绝以及忽视而产生消极的心理暗示。亲子关系和谐的青少年通常表现出更高的社交胜任力，能将与父母形成的有效的关系处理模式延展至同伴关系和师生关系。即便是亲子间的冲突，也并非绝对的消极因素，适度的冲突不但能增强个体应对事件的能力，提高社会适应性，还有助于儿童在向成人转变过程中增强社会责任感、积极探索自我。

相较于亲子关系，家长之间的关系及其对青少年的影响受到的关注较少，但其也可能影响青少年的心理健康。频繁、高强度的家长冲突有可能破坏家庭稳定，导致置身其中的青少年缺乏安全感，引发苦闷自卑、孤独无助等消极感受，不利于身心健康发展。随着家长冲突的加剧，与其生活在一起的子女容易被卷入家长的冲突之中，诱发抑郁和焦虑等问题。除了在与父母构建关系的过程中直接体验，儿童还能从对家长关系的观察中进行学习，如父母对关系的维护、冲突的处理等。生活在家长激烈冲突家庭的子女在面对人际冲突时更可能采取消极策略，这将不利于子女进一步开拓自己的社会关系和积极地寻求、吸纳外部支持。

（二）如何改善家庭关系

　　家庭关系的改善需要家庭成员的共同努力。首先，每个家庭成员都应该以对家庭负责的心态去对待家庭，尊重家庭成员、倾听并理解对方，给予相应的关怀和爱，幸福的家庭需要用心经营。其次，家庭成员间可以通过一些互动活动加深彼此的交流和关系。例如，一起看电影、一起散步、一起旅游，这样可以增加家庭成员间的互动和感情。通过共同参与家庭中的活动，可以促进成员间的相互了解，增进情感互动，提升家庭凝聚力。最后，如果因各种原因家庭关系出现问题，家庭成员不要轻言失望或放弃，还是要积极有效地沟通，挖掘根本原因，共同寻找解决办法并加以尝试。假如因"不识庐山真面目，只缘身在此山中"，还可以寻求专业的家庭治疗师提供专业帮助，通过改善家庭关系而让家庭成为滋养夫妻、子女的沃土。

　　家庭关系在每个人的生活中扮演着至关重要的角色。积极和谐的家庭关系会使每个成员倍感安全与舒适，可以在成长过程中获得更多的支持和帮助，帮助他们在未来的人生中更加成功和幸福。

第三节
个体与家庭共成长

一、家庭港湾

　　家庭是大学生探索世界的安全基地和避风港。在探索世界的过程中，遇到挫折或者碰壁后，我们往往会有逃回原生家庭的冲动，依赖和独立的矛盾综合体是这个

阶段大学生的心理特点。也许父母无法帮助解决现实具体的困难或问题，但爱与关怀能滋养大学生，为其充电赋能，支持与鼓励更让大学生升起继续奋进的勇气和信心，有助于他们不畏失败，调整心情，向目标继续前进。

安 全 基 地

依恋理论认为，我们心理的稳定和健康发展取决于我们的心理结构中心是否有一个安全基地。人们都有依附的需要，这个可以依附的对象必须是可以信任的并且能够提供给我们支持和保护的重要他人。在我们很小的时候，这个安全基地更多是由妈妈来承担的。如果妈妈是个"足够好的妈妈"（good-enough mother），这个妈妈所担任的安全基地就会内化为孩子心中的安全基地，孩子长大后就有了内在的安全感。

每年的夏末秋初，金色九月，意气风发的大学生将迈入自己的大学校园，开启人生新的旅程。大一新生大多是怀揣着梦想与期待，兴奋与好奇，可能还有少许的忐忑和失落的心情走进校园；而学生家长们可能除了喜悦与期待，还有说不出的不舍与担忧。

坦率地说，从心理学角度来说，家有儿女上大学，对父母与孩子都是一次别样的分离。尽管，孩子从离开母亲的子宫呱呱坠地，到哺乳断奶，到独自上学，到青春期叛逆，到离家求学，到成家立业，到为人父母，这一孩子的成长过程本就是一个与父母渐行渐远的分离的过程，但进入大学的确是一个更具有仪式意义和心理意义的分离。

大学生如何顺利完成分化，真正做到"心理断乳"？家庭如何做孩子的安全港湾？无论对孩子还是父母都是一个课题，都需要适应并合理应对。

（一）大学生需要适应的方面

对于大学生来说，当他与父母挥手告别的同时，更有崭新的大学生活的各方面需要适应：

（1）在情感连接方面。无论当初是多么依赖父母不舍离开，还是逃也似的要远离父母，背着行囊独自面对大学生活的人和事，对大学生都是一个必经之路。与父母亲人的情感连接犹如放飞风筝的那根线，是不能断的。所以不能见面时的电话、微信等联系就传递着这份温暖和连接，对大学生是很大的情感支持和慰藉。

（2）在人际关系方面。离开了恩师好友，要在新的环境中建立新的人际关系网络，尤其要与来自全国各地的同学们结识共处，要与性格各异的寝室同学朝夕相处，能否求同存异？能否和睦共处？是大学生需要面对的，也可能是父母担心的。

（3）在学业适应方面。终于摆脱了高中时完成任务性的、刷题式的被动学习，开始了大学时需要更多自律和思考的主动学习，大学生准备好了吗？能准确认识差异、及时调整期待、转被动为主动，顺利完成学业呢？还是让高考后的放松成为一种不知所措的状态、耽误学业的结果呢？

（4）在未来发展方面。如今的大学已经不再是人生路上的独木桥，而仅仅是人生旅途中的重要一环。度过了入学后的新鲜和好奇，大学生是否已经开始思考未来的职业发展和人生规划，并为此而逐步努力，越走越远？还是沉湎于新奇与放松、彷徨与茫然、恍然与毕业？

（5）在亲密关系方面。既然爱情是人类永恒的主题，大学里要不要谈一场轰轰烈烈的恋爱？还是对情感萌动于心、避而不谈？家长的态度也许直接或间接影响着大学生的态度和选择，可能是爱情的助力或阻力，从而带来相应的喜乐与苦恼。

（二）家长可以协助的方面

大学生需要适应的各个方面，可能也是家长的牵挂和担忧。如何让家长的爱与牵挂成为助力，帮助孩子度过大学生适应阶段，陪伴孩子面对困难，协助孩子解决问题呢？身为父母可能无法帮助孩子解决每一个具体的适应问题，但以下应对态度可以参考：

（1）与孩子保持爱与连接，但不是爱的枷锁。"慈母手中线，游子身上衣"。面对孩子的分离，家长可能有千般不舍、万般不安，但都需要认识并处理好自己的不舍和焦虑等情绪，如重新建立自己生活的支点和朋友圈等，给孩子更多鼓励和信任，帮其适应新的生活。而过度放养型的父母，则需要给孩子更多精神和心理上的关心和关注，倾听孩子的心声，而不仅仅是生活物质上的满足。让孩子感受到，自己身在外，但父母的爱相随，就更有力量适应大学生活、开辟新天地。

（2）给孩子更多空间时间，助其独立成长。孩子在新环境中成长需要很多尝试，可能顺利也可能碰壁。父母需要给予孩子足够的空间，对孩子希望与父母讨论的话题、价值观等，给予关心和引导。对孩子希望尝试的兴趣爱好等给予支持、鼓励，对孩子的职业选择、未来发展等方面更应共同商量。在确保基本安全的情况下，允许孩子在试错中成长，不用打着"我都是为你好"的旗号，或担心孩子走弯路做错事等，替代孩子作决定。如果仅仅是命令式、决定式应对，容易扼杀孩子的想法，无形中剥夺孩子成长中的体验，以及因体验而带来的经验或教训或成就感等。当孩子遇到那些适应性问题或者真的受挫时，给予的应是理解、关心和总结经验的探讨、下次再试的鼓励，而不是解气式的打压"看，我早就说……"。孩子感受到的是父母足够的信任和尊重，更能帮助他克服困难、解决难题，甚至突破自我潜能，成长得更绽放。

（3）让家成为温暖的港湾，让他自由翱翔。当父母心心念念牵挂着孩子的时候，觉得自己为了孩子吃再多苦也不怕的时候，殊不知会更让孩子对家牵肠挂肚，无法释然。如有的父母会把孩子当作无话不谈、知己懂己的密友，以至于即使孩子远走他乡求学在外，依然把自己的苦与乐向孩子倾诉或分享，有的可能是夫妻矛盾、家庭纠纷甚至家族纷扰，让孩子虽然身在外但心牵家。亲子之间保有一份温暖的情感连接很重要，但如果界限不清或角色不对，往往无形中捆绑了孩子飞翔的翅膀，使孩子牵挂家中的人和事，从而影响孩子向更高更远的天空探索的愿望和精力。

有了这些应对态度，家长可以努力尝试这么做：

第一，关爱，但不要替代。请继续关心孩子的生活和学习，父母的关注和爱是孩子度过这一适应期非常重要的资源。但在表达方式和程度上可能需要一定的把控，比如将每天微信视频一小时的关心，改为在晚上打一通10分钟的电话；比如在孩子需要的时候给孩子提供一些建议参考，但请一定不要代替他作决定或解决一切问题。

第二，倾听，但不要说教。远距离的沟通有时候会带来烦躁、误解和情绪，也许确实有时候孩子的问题在父母看来微不足道或者无足轻重，可这都是他需经历的人生阶段，请保持好奇心，多一点聆听，用足够的耐心、理解来陪伴他走过这段艰难的成长期，可能比用大道理来教育他更有用有效。

第三，信任，请允许受挫。信任其实代表了肯定，这样孩子会明白父母相信他"可以"。这种肯定对于面对分离、渴望建立自信自强的孩子尤为重要。自己努力的过程难免会有失败，可是自信也是在由失败到成功中逐渐建立的，父母应该也在自己的奋斗历程中体验过这种受挫的宝贵，所以一定不要剥夺孩子在试错中成长的机会。

第四，鼓励，请加强优势。父母可能会担心受挫是否会让孩子消极低沉。其实比起遇到挫折，更令孩子受打击的可能是家长的态度。家长如果可以保持包容、接纳、鼓励，让孩子看到自己不足，但也肯定他的优点或努力，帮助孩子不断扩大自己的优势，这才是最有效的支持。

第五，放手，但不是撒手。以上几条说的其实都是两个字——"边界"。作为家长既要跟孩子保持联系，又要给他空间，尊重孩子的自主性。但边界并不意味着撒手不管，放任自流。初入大学这个小社会，孩子难免被许多"虚假的自由"所迷惑，误入歧途，或是确实陷入低谷，无法照顾自己，那就需要家长及时来到身边，帮助他一起寻找资源求助。哪怕有些孩子嘴里说着拒绝，但那其实是孩子的体谅和愧疚，在他们心里，父母的陪伴胜过了无数的言语，请家长千万别在这样的时候对孩子弃之不顾。

自 我 分 化

自我分化（differentiation of self）是系统家庭治疗创始人莫雷·鲍恩提出的核心概念之一。自我分化反应的是一种思考和反省的能力，而不是对内在和外在情感压力自发的反应。它是一种即使是在面对焦虑的时候，也能够灵活、明智地行动的能力。

未自我分化的人：没有独立的自我，容易将自己的感受与他人融合；容易情绪化，失去自我控制，生活完全受周围人的反应所驱使，对他人不是顺从、就是逆反。

自我分化的人：可以平衡自己的想法和感受；能够在遇到问题时选择自己的立场。因为他们可以全面地思考问题，决定自己的信念，并做出行动。

希望大学生在了解了自己与家庭的关系之后，在从家庭走向社会的大学过渡阶段，在父母的帮助下做好分化，与家庭保持距离又保持连接。带着家庭的鼓励和祝福遨游天际，也能在家庭中休养生息、充电赋能。父母也能在孩子需要时送出爱与支持，在不需要时照顾好自己，潇洒人生，让家成为真正的安全港湾。

二、与家庭共成长

当我们谈论家庭时，我们往往会想到家是温暖、稳定、支持、有力的安全港湾。诚然，很多孩子都是在这样的家庭滋养中健康成长的。然而，现实中有的家庭可能既不安全、也不温馨，有时也可能成为我们生活中的压力源，甚至导致各种问题的出现。

（一）原生家庭之伤

原生家庭是指个人出生后被抚养的家庭，是个体情感经验学习的场所，在这个环境中，个体开始生理、心理、情绪情感层面的学习。一个人的行为方式、心理特点、个性特征、自我效能感、人际关系交往等都与原生家庭有割舍不开的关系。家庭不完整、父母关系恶劣、教养方式不合理、父母思想落后、沟通表达不和谐等原生家庭可能存在的问题都容易引起子女的心理或行为问题。任何父母对子女并非出于滋养或爱护的言行举止，或者任何父母让子女为自己的天性而感到羞耻的做法，都可以称为"原生家庭之伤"。

原生家庭之伤可以简单分为身体之伤、言语之伤、性之伤和情感之伤。身体之伤指体罚、身体虐待等痛在身上、伤在心里的伤害，会极大地破坏孩子的信任感和安全感；言语之伤是父母带有贬损的语言伤害，最具杀伤力的是，父母对孩子的评价会内化为孩子对自己的信念，而影响长久；性之伤是如乱伦这样的家庭终极背叛，具有损害孩子所有宝贵天性的毁灭性，玷污了亲子间最重要的信任，也触碰了人类道德的底线；父母的情感忽视、过度控制、情感敲诈和被迫卷入父母的婚姻都属于情感之伤，父母可能不是有意，但往往已经造成伤害。这些伤害都在个体的成长之路上造成了很大的负面影响。

许多父母在不知不觉中给孩子带来伤害，而他们也曾经是家庭中的孩子，甚至曾经也是受伤的孩子，很多不妥的做法，只是本能地、无意识地代代相传。世上有很多职业都需要培训上岗，而唯独"父母"这个职业不需要培训就自动上岗。我们的父母只是本能地跟着他们的父母"照葫芦画瓢"学习做父母，也许他们父母的养育方式就是错的，或者那种养育方式在当时是可以的，但不适用于今天的孩子，而父母又不会新的恰当的养育方法，所以造成很多"不以为是的伤害"还不自知。比如有大学生哭诉："我父母从来都不肯定或表扬我，总说我还不够努力，可以更好，以至于我一直很自卑，觉得不如别人，我一直在努力，但一直觉得不够好，我好累呀！"父母的理由则是："我当然不能表扬你了，一夸你翘尾巴怎么办？我那是在鞭策你。"如果能进行真正的沟通和对话，也许交流的平行线就能够交集，从而碰撞出能看到彼此需要的有效互动模式。

家庭是生命轮回和文化传承的载体，我们的核心家庭是孩子的原生家庭。家庭中世代传递的不仅有美貌、健康、财富等优质的身心特征和社会特征，而且有痛苦、疾病、人际关系冲突等一些不良的身心特征和社会特征。假如真的出现了负面影响甚至伤害，该怎么办呢？

（二）与家庭和解

家庭治疗体验取向的创始人萨提亚说："我们无法改变过去，但我们可以改变过去对我们的影响。"在看清整个家庭系统的来龙去脉、直面家庭的问题之后，我们可以全面而理性看待家庭对自己的正面和负面影响，可以尝试反观父母，省思自己，修复伤痛，重塑自己，用爱滋养自己，做一个不一样的自己或父母，为下一代营造健康的成长环境。

（1）选择最合适方式与原生家庭相处。建立边界是成年子女与原生家庭和平相处的关键。边界是自我分化的产物，它规定了我们与他人相处的准则和界限。我们需要明确自己的边界，并且向父母清晰地表达它的存在。当父母在一定程度上能够接纳和理解亲子边界，并且有能力和意愿回应子女的感受和需求时，我们可以通过表达对父母的理解，以平衡双方需求的方式，达到与父母有效沟通的目的。这也许是个不容易的过程，也许需要多次尝试和探索，也许需要一些耐心韧性，但就家庭对每个人的重大意义和重要性来说，值得用心试试。因为维系家庭成员亲情的不仅有血缘，还有责任，亲情赋予了责任以温度，责任又让亲情更紧密。

（2）寻找原生家庭之外的支持与肯定。原生家庭没有提供给我们的支持和肯定，可以在原生家庭之外寻找，认识志同道合的伙伴并与之相处，结识欣赏你的人成为朋友，从他们身上收获信任、尊重、支持，潜移默化地学习他们身上的闪光之处，也为自我疗愈创造契机。同时，我们也可以通过自我肯定、关爱自己让内心变得更强大，做自己喜欢和享受的事，如读书、健身、冥想、旅游等兴趣爱好，从中慢慢汲取能量充实自己、丰盈自己。最重要的是找到最适合自己的活动，能长年累月坚持下来的能量都不容小觑。

（3）离开原生家庭是愈合创伤的前提。如果当下还在忍受原生家庭之痛，我们可以适当地找父母沟通，让他们了解我们的痛苦。互相了解和理解才能解决问题，再寻找合适的方法进行调适，让彼此都舒服和适然。倘若父母相当固执难以有效沟通，我们可以选择适当地离开这个环境，和父母保持一些距离感。常言说"远了亲"，适当地给彼此留一些空间和距离，减少密切接触，不再斤斤计较于日常生活中的一切，反而可能促进彼此之间的连接，珍惜还能拥有的当下。不要把所有的注意力放在体会痛苦和试图去改变父母的道路上，而是放在思考如何减少痛苦和压力之上。改变不了父母，但我们可以疗愈自己，通过对自身的调节，远离原生之苦，走出原生之痛。

（4）放下期待过好自己的人生。原生家庭的不美好已经是事实，那时的我们没有能力改变，现在的我们也无法改变过去，无法改变父母，但现在的我们已经长大，有了独立生活和独立思考的能力以及为自己负责的担当，我们可以有所选择：是背着这些伤痛继续影响我们的未来人生？还是选择放下期待，放下怨恨，冲破原生家庭的困扰，爱自己，过好自己不同于父母的人生？假如几经尝试而无果，无法做到真正与家庭和解，那么选择"放下"不失为一个艰难而明智的选择。

每个人都来自原生家庭、成长于原生家庭，原生家庭是一个人走向未来的重要支撑和力量源泉。每个人又都有着相对的独立性，其毕生的努力和付出在个人发展以及推动自己新生家庭的发展中发挥着不可替代的重要作用。

认识原生家庭的伤痛，不是为了批判父母，也并不是为了让我们把今后的不如意都归结在原生家庭之上，来"讨伐"原生家庭之罪，而是为了不断地、更深刻地了解自己，认识自己，审视自己，通过自己的力量冲破原生家庭的束缚，迈过未来道路上各种各样的困境，走出自己不用重复的、不一样的人生。通过传承、赓续和弘扬、创新家庭文化，进而影响下一代的发展。

心理科学

萨提亚家庭治疗模式中关于家庭的信念

信念一：我们的父母是从他们的父母身上学习如何做父母的；

信念二：大多数人在任何时候都是尽他们所能而为的；

信念三：我们无法改变过去，但可以改变过去事件对现在的影响；

信念四：我们无法改变父母，但可以改变自己成为更好的父母。

心灵补给站

推荐书籍：《新家庭如何塑造人》（作者：[美]维吉尼亚·萨提亚）

这是美国最具影响力的首席治疗大师维吉尼亚·萨提亚的经典著作。1972年本书在美国出版，即引起广泛的重视。读者纷纷致函提及许多联想、疑问和建议，为此萨提亚又增列青春期、晚年、退休和人生转折点等章节，使内容更趋完善。增订版的《新家庭塑造人》清楚地分析人在家庭所经历的成长和蜕变，从中探讨人如何建立自我价值、人际沟通及生活模式，同时透过作者匠心独运的举例和说明，倡导如何沟通思想、如何做好家庭工作与组织关系，以及如何发展更健全的人格。全书所揭示的基本观念和中心思想，已经为一般人士与家庭治疗师们广泛运用。

推荐书籍：《为什么家庭会生病》（作者：陈发展）

《为什么家庭会生病》这本书以独特的视角深入剖析了家庭内部可能存在的问题，以及这些问题如何影响每个家庭成员的心理和行为。作者通过丰富的案例和专业的分析，揭示了家庭疾病的根源，并提供了实用的解决方法和建议。

它不仅能帮助你认识到家庭问题的本质，还能提供有效的解决方案，让你和你的家人重新找回家庭的温暖和幸福。通过阅读这本书，你将对家庭有更深入的理解，并找到改善家庭关系的方法，让你的家庭更加和谐、幸福。

推荐电影：《东京家族》（导演：[日]山田洋次）

　　这部电影是向小津安二郎的《东京物语》致敬的作品，讲述了年近七旬的平山周吉和老伴富子到东京看望三个子女的故事。这部电影通过细腻的刻画，展现了东京的一个家庭，并对家庭结构进行了微调。电影中的出场人物虽然显得有些威严不足，但通过老夫妇的视角，让子女能清楚看到以往因自我中心所看不到的父母心情。同时，电影也不忘提醒父母，要换个角度看待既定印象中的子女。

推荐电影：《喜福会》（导演：[美]王颖）

　　有四对旅美的母女经常一起开办"喜福会"，她们分别是来自中国的吴苏圆、龚琳达、盈盈、许安美和在美国土生土长的女儿们：吴精美、维奥莉、丽娜、露丝。其中，四个母亲都是"美国母亲"，都是从中国到美国的"移民妈妈"，在中国都有"传奇式"经历。

　　女儿们由于自身、母亲、社会环境等主客观因素的影响，她们自觉不自觉地认同着美国文化，但是她们也各有各的痛苦。最后吴精美代替自己逝去的母亲来到中国寻找同母异父的两个姐姐，丽娜在母亲的鼓励下，最终和丈夫离了婚并重新组织了家庭，露丝奋起反抗反而解救了自己的婚姻。

影　响　轮

　　影响轮可以向我们展示每个个体童年和青少年时期给予其智力、情感或是物理方面影响的人。这些人可以给予他许多学习经验，而个体也会以某种方式对他们作出响应或反抗。

　　这些人通常包括：祖孙三代的家庭成员；其他生活在家庭里的人；特殊的老师及朋友；其他影响因子，包括想象中的玩伴、宠物、珍惜的玩具、特殊事件和物品。

　　步骤：

　　（1）请将自己的名字写在中间，周围一圈圈列出其他对自己有影响的人名——像一个装有辐条的车轮。辐条的粗细可以变化，线条越粗代表关系越亲密；

　　（2）在每一个名字旁边，列出三个形容词来描述这个人；

　　（3）将每一个形容词用正号或负号标记为积极的或是消极的；

　　（4）画好后认真观察这幅图，看哪些人和事对自己产生了哪些影响。也可以与信任的伙伴分享，听听他的反馈和发现。

师小星："家庭，是每个人生命中最绚烂的彩虹，最动人的旋律。它以爱为笔，以时光为墨，绘制出我们成长的足迹，书写着我们生命的篇章。家庭关系的和谐，如同阳光般温暖，让我们心中充满希望和力量。在这个温馨的港湾里，我们学会了如何与他人共鸣，如何倾诉内心的喜怒哀乐。每一次家庭的团聚，都是一次心灵的洗礼，让我们感受到无尽的温暖和安慰。家人的关怀和鼓励，如同明灯一般，照亮我们前行的道路，让我们勇往直前。让我们心怀感激，珍惜这份来之不易的家庭缘分。让我们用爱去呵护每一位家庭成员，让家庭成为我们永远的避风港。在未来的岁月里，愿我们的家庭永远充满欢声笑语，成为我们生命中最美丽的风景。"

第七章

解密人际：
沟通合作与人际交往

 文化润心

时公沙穆来游太学，无资粮，乃变服客佣，为祐凭春。祐与语大
惊，遂共定交于杵臼之间。

——《后汉书·吴祐传》

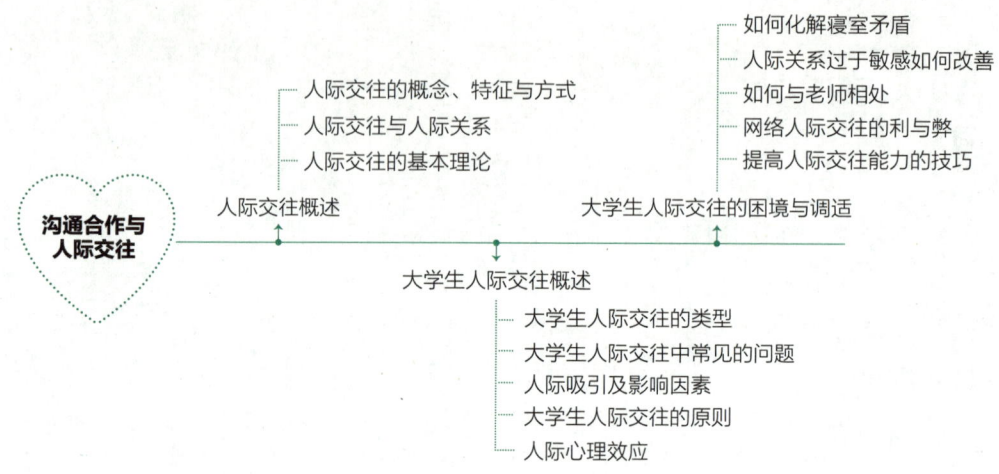

人际交往的概念、特征与方式
人际交往与人际关系
人际交往的基本理论

人际交往概述

沟通合作与人际交往

如何化解寝室矛盾
人际关系过于敏感如何改善
如何与老师相处
网络人际交往的利与弊
提高人际交往能力的技巧

大学生人际交往的困境与调适

大学生人际交往概述

大学生人际交往的类型
大学生人际交往中常见的问题
人际吸引及影响因素
大学生人际交往的原则
人际心理效应

　　入校快一个月时，新生小刘因为室友的作息问题倍感苦恼。

　　原来室友小李每天晚上在寝室玩游戏，经常玩到凌晨两三点。小刘不爱玩游戏，习惯早睡早起。可是，这样日复一日，他的睡眠质量越来越差，不知该怎么办了。小刘尝试过戴耳塞、戴耳机听着音乐睡，但还是不行，也尝试和室友沟通。虽然小李会压低声音继续玩，但不会停，玩到兴奋时，还会不由自主地大喊大叫，把大家从睡梦中惊醒。

　　室友小李平时为人还是挺好的。小刘自己有些社恐，还记得入校后第一次进宿舍时既期待又害怕，不知另外三位室友是否好相处。刚进门，就是小李第一个迎上来热情地打招呼，帮忙拿行李，并且主动向小刘介绍自己和另两位室友。小李开朗活泼，幽默风趣，很健谈，让小刘安心不少。

　　可是现在小刘的睡眠受到很大影响，晚上睡不着，半夜睡着了会被惊醒，醒后再次入睡又非常困难，白天的学习也受到了影响。他也想过是不是找辅导员申请换寝室，但又觉得寝室关系没有差到那个地步。也试过跟室友讲不要休息得太晚，小李却说已经习惯，每天晚上队友都约着一起上线玩游戏，自己不能失约，所以改不了。于是大家见面也没了好脸色，寝室气氛变得紧张。小刘也不知道该怎么办了，怀疑是自己的问题，还是自己的沟通出了问题……

一、人际交往的概念、特征与方式

（一）人际交往的概念

人际交往指人们运用语言或非语言符号交换意见、传达思想、表达感情和需要，在行为和心理上相互影响的交流过程，包括物质交往和精神交往。诸多学科将人际交往作为研究的对象之一，心理学研究人际交往的心理条件、动机、相互交往的吸引与排斥心理作用等。人际交往可谓人类社会生活的一个重要现象。

（二）人际交往的特征

人际交往有两个重要特征：一是信息交流，交往必须有人们之间的信息交流，如知识、经验的交流，需要、欲望、态度、情绪的交流；二是交往要有双方在心理上的接触和相互作用，交往双方都是主体。人际交往主体通过与他人协作，获得物质和精神上的满足，通过语言情感的交流，彼此影响。"心灵故事"中，小刘向室友提出不要打游戏到太晚，影响大家休息，表达了自己的情绪感受和对其打游戏的态度，希望室友能够作出调整，但是这次沟通效果不佳。换位思考是大学生人际交往过程中重要的学习内容，同理对方的感受和需要，在冲突中作出调整才能使得人际关系质量提高。

（三）人际交往的方式

人际交往的方式有直接和间接的交往、正式与非正式的交往、单向与双向的交往等。交往的工具有语言符号系统和非语言符号系统。语言符号系统又包括口头语言和书面语言；非语言符号系统有视－动符号系统、视－空符号系统、目光接触系统和辅助语言系统。

大学生正处在学习和成长过程中，具备良好的人际交往能力不但是日常生活的需要，更是走向社会的需要，人际交往是大学生社会化的重要内容。

二、人际交往与人际关系

（一）人际交往与人际关系的联系与区别

人际关系是人际交往过程中形成的人和人之间相对稳定的情感。人际交往是人际关系实现的基础，更是人际关系形成的途径，人际关系是人际交往的结果。

人际交往重在人与人之间的联系与接触的过程，交往行为方式的程度，而人际关系重在心理状态和结果。人际交往为动态变化的过程，人际关系具有相对的稳定性。学习并不断提高人际交往的能力，构建良好的人际关系是大学生的人生必修课程。

（二）人际关系的发展

战国时期，我国思想家荀子提出："人之生不能无群。"清代王先谦所著《荀子集解》中提道："力不若牛，走不若马，而牛马为用，何也？曰：人能群，彼不能群也。"意思是：人的力气不如牛大，走路不如马快，而牛马却为人所用。为什么？因为人们能团结，动物不能团结。"群"是人的本质特质之一，人与人之间可以建立各种各样的关系，形成一个分工协作、配合默契的强大群体，组成人类社会。

人际关系的建立与发展分为四个阶段。

（1）定向阶段。进入一个交往场合时，人们往往会选择性地注意某些人，而对另外一些人视而不见，或者只是礼貌性地打个招呼，最初会进行表浅的沟通。

（2）情感探索阶段。如果在定向阶段双方有好感，产生了继续交往的兴趣，那么就可能有进一步的自我表露，如工作中的体验、感受等，并开始探索在哪些方面双方可以进行更深的交往。但不会涉及隐私，双方的交往也相对正式。

（3）情感交流阶段。若双方都有好感，就会进一步交流，探索更多共同兴趣，双方关系相对放松。

（4）稳定交往阶段。交流如果持续一段时间都比较顺利，能够更加密切地分享，相互关心更多，达到这种境界的关系就很紧密了。

（三）人际关系减弱的原因

人际关系减弱的主要原因有以下十个方面。

（1）空间上的分离。交往的一方离开去往别的地方，即便分离的双方可以通过各类形式如视频、电话等方式保持联系，但替代不了面对面交往。

（2）新朋友代替了老朋友。

（3）不喜欢对方行为上或人格上的某些特点。一方面，个人的喜好标准变化，另一方面，交往深入后发现对方身上有自己不喜欢的特点。

（4）交换回报水平的变化，即一方没有按照另一方所期望的水平给予回报。

（5）妒忌或批评。

（6）关系排他性。在亲密关系中，这一点比较突出。

（7）泄密，即将两人之间的秘密透露给其他的人。

（8）在对方需要时不主动帮忙。

（9）没有表现出信任、积极肯定、情感支持等行为。

（10）一方的"喜好标准"发生了改变。

以上十个方面或许不能穷尽人际关系减弱的原因，但如果大学生能够在这些方面多多思考并加以调整，相信能够使人际关系更稳固。

三、人际交往的基本理论

（一）自我表露理论

自我表露（Self-disclosure）是指个人对他人表达自己的情感、想法与观点。自我表露概念最初是由朱拉德（Jourard）提出、界定并开展相关的研究。自我表露是告诉他人关于自己的信息，真诚地与他人分享个人的、秘密的想法和感受的过程。社会交换过程中的情感交流与自我表露密不可分。

1. 自我表露的益处

（1）互相知道彼此的异同。

（2）准确地向他人表露自我，是健康人格的体现。

（3）自我表露增强了自我觉察的能力。

（4）分享感受，建立普同感。

（5）自我表露可以从他人获得反馈，获取经验。

2. 自我表露的注意事项

（1）自我表露需要注意分寸，过分的表露会让人尴尬。

（2）随着人际关系的发展，表露的范围和深度增加。对于不同的关系对象，在不同的发展阶段，表露的范围和深度会有所不同。在非常亲密的朋友中，自我表露会十分深入。

（3）自我表露注意隐私。亲密关系本身也要求人们坦诚相待。但是无论关系多么亲密，人们都可能存在不愿意暴露的领域。在人际交往中，个人往往将部分隐私袒露给自己信任的家人。当隐私需求和沟通需求之间保持适度的平衡，亲密关系才能正常发展。

（二）萨提亚人际沟通理论

美国家庭治疗大师维吉尼亚·萨提亚（Virginia Satir，1916—1988）提出人们在处理压力带来的负面结果时，为了保护自己，一般会以防御方式表现出来，表现出指责、讨好、超理智、打岔的沟通姿态，这种对他人、环境和自己所采用的生存模式称为沟通姿态。比较理想的沟通方式是表里一致型的沟通，兼顾自我、他人与情境三个部分。了解彼此的沟通模式，不但可以提升个人的沟通技巧，也可以协助建立良好的家庭关系或人际关系。萨提亚提出以下五种沟通姿态，并用夸张的身体姿态更形象地外化呈现（图7-1）。

| 超理智 | 打岔 | 一致型 | 指责 | 讨好 |

图7-1 沟通姿态

（选自：香港城市大学正向教育培训研究室）

1. 讨好型姿态

讨好型的人一般倾向于让步、取悦他人，却常常忽略自己的感受，对所有事情顺从。讨好者会表现出关怀他人，并察言观色。但因为隐藏了很多被压抑的愤怒（因为他们觉得愤怒不对、不应该），所以当发现自己愤怒时，他们经常会把愤怒压抑下去。

2. 指责型姿态

指责型的人会忽略他人，以攻击、批判和愤怒为主要表现，推诿责任给他人或环境。指责型的人表面看起来强势，内在却隐藏了很多的受伤，可是他觉得自己应该是强势的，不应该受伤，不能表现出自己的软弱。指责型的人把焦点放在对他人的期待上。言语中经常流露出"都是你的错""你到底怎么搞的"之类的话。

3. 超理智型姿态

超理智型的人喜欢说道理、顽固、刻板，更关心事情是否正确，回避与个人或情绪相关的话题。超理智型的人一般是有知识的、善于解决问题的人，但他们不善于把情绪表露出来，害怕触碰情绪，害怕失去控制。

4. 打岔型姿态

打岔型的人爱插嘴、打扰当前的情况，不直接回答问题或岔开话题、文不对题。打岔型的人经常会觉得找不到属于自己的位置，抓不着重点，因此会常被人误解。

　　上述四种典型的"不一致"沟通都是在回避、歪曲自己的情感，不愿袒露自己的感受。其实，人们的沟通姿态并不是绝对的，在不同的情境中会采取不同的姿态。例如，当在陌生人面前习惯讨好的人碰到亲近的人做了让自己愤怒的事时，他有可能会转变成一个指责者说："你怎么什么事都做不好。"重要的是很多人已经非常习惯于不一致的沟通，觉察不出任何问题。

　　表里一致是有效的沟通模式，即情感和言语一致，表达自己的情感也能顾及他人的感受，且考虑到情境。

　　举个例子便于大家理解，如果你不小心踩了同学的脚，处于不同沟通姿态时候的应对方式如下：

　　讨好型：请原谅我吧，都是我的错，都是我不好，我真的很笨！

　　指责型：天哪，你干吗不把脚收好，你放好我就不会踩到你了呀，下不为例啊！

　　超理智：这是时间、地点、情境几个方面巧合所发生的情况，具体解释一下，我从这里经过的时候在想事情，无意中踩了你的脚，一抬头才发现，如果你的脚受伤了，那我们去医院检查诊断……

　　打岔型：快看呀，外面有飞机飞过。

　　一致型：我不小心踩到了你，非常抱歉，你的脚很痛吧？

　　怎样才能做到表里一致型沟通呢？

　　（1）感受自己的情绪，尊重他人的情绪，客观地表达自己的所听、所看，表达自己的期待和希望。

　　（2）不指责，可以不同意对方的观点，但不批判对方；不讨好，可以表达自己的关怀，但不需要为了关怀而关怀；不超理智，带着感情、感受去和对方沟通，而不是一味地讲道理；不打岔，不害怕，勇敢地表达自己。

　　（3）认识到自己的有限：时间有限、精力有限、能力有限；认识到他人的有限，接纳他人的有限性。

（三）交互分析理论

　　交互分析（transactional analysis，TA），又叫PAC理论，由加拿大心理学家艾瑞克·伯恩于19世纪50年代在美国加州创立。它是一种人格理论，是一种围绕个人的成长和改变的系统理论。伯恩认为，每个人的人格中都包括三种成分。把个人的"自我"划分为"父母""成人""儿童"三种状态，这三种状态在每个人身上都交互存在，就好像一个人身上的三个小我：父母、成人与孩童（表7-1）。

表7-1　交互分析理论

模式	来源与特性	表现
父母态（parent，P）	学自父母与其他权威人物，特性：盲目性、被动性与两面性	统治人、训斥人等权威式的作风，凭主观印象办事，独断专行，滥用权威。这种人讲起话来总是："应该……""不能……""必须……"
成人态（adult，A）	来自个人成长，特性：自觉性、客观性与探索性	待人接物冷静、慎思明断、对自己负责、对他人尊重。其语言特征："我个人认为……""我的想法是……"
儿童态（child，C）	特性：盲目性、被动性与两面性	表现为服从和任人摆布，喜怒无常，感情用事，一会儿天真可爱，一会儿乱发脾气，让人讨厌。一般表现都是即兴的、不负责任、追求享乐、玩世不恭、遇事无主见，逃避退缩，自我中心，不管他人。这种人讲起话来总是"我是……""我想……""我不知道……""我不管……"等

根据PAC理论，不同的心态可以构成不同的交往组合。当交往双方的相互作用构成一种平行关系时，交往就是可持续的，对话可无限制地继续下去。这种交往有6种具体形式：P-P、A-A、C-C、C-P、A-P、C-A。

P-P双方都自以为是，这不顺眼，那也不好，双方谈得投机，但都在指责别人。这样的两个人，一直交往，久而久之，会互相助长偏激苛求的性格。C-C交往则两人一拍即合，但都不负责任。C-P、A-P、C-A均属于互补型的交往，我期望对方的，刚好是对方回应的。这些交往因为互补，所以能够持续，但潜藏着不平等与依赖，长此以往，也不利于交往双方的发展。A-A状态双方都本着负责与尊重的原则，力图合情合理地解决问题。因此，A-A交往模式是成功的。

第二节
大学生人际交往概述

一、大学生人际交往的类型

按交往对象划分，大学生人际交往的类型可分为师生关系、同学关系、朋友关系、亲子关系。师生关系指与教师、辅导员、导师等教育工作者之间建立的关系，

这种关系涉及教学指导、学业咨询和专业发展方面的交流与互动；同学关系指与同班同学、宿舍室友的关系，通常基于共同的学习和生活经历；朋友关系指人际关系已经发展到没有血缘关系，但又十分友好的人，可以互相帮助，互相信任、支持和合作；亲子关系指与父母、家人之间的关系，这种关系对大学生的情感支持、生活支持和价值观形成具有重要影响。

按照人际交往的联结纽带，大学生人际交往的类型可分为血缘关系、地缘关系、业缘关系和趣缘关系。血缘关系主要指家庭成员之间的亲属关系，良好的家庭关系对大学生心理健康具有积极影响；地缘关系主要是基于共同居住地区产生的人际关系，如老乡关系、邻里和其他社区关系等，在大学新生初次离家求学，这种关系因有共同的乡土观念、相同的语言文化、相似的生活方式带来更多的心理相容性，在一定程度上发挥着心理稳定剂的作用；业缘关系主要指涉及共同的职业兴趣或者专业领域的合作关系；趣缘关系主要指因兴趣、志趣相同而结成的一种人际关系，它是为了满足人们的精神需要而结成的社会关系，如大学里各类社团伙伴关系。

按照人际交往的需求性质，大学生人际交往的类型可分为情感性关系和工具性关系。情感性关系是大学生为满足相互间情感交流而形成的具有良好心理气氛、融洽的关系；工具性关系是大学生为了相互协调达到某一目的而建立起来的相互依托关系。

在实际生活中，大学生的人际交往不仅仅限于上述几种类型，根据交往的喜欢程度，还可分为吸引性关系和排斥性关系等。随着大学生活的深入，学生们还会发展出更为复杂的社交网络，以适应学习和生活的要求。

二、大学生人际交往中常见的问题

大学生获得精神支持、满足心理需要的重要源泉是良好的人际关系，从中可以获得友谊和归属感，但是在人际交往中出现的问题常常会影响部分大学生顺利度过大学生活，常见的问题主要表现在以下三个方面。

（一）不敢交往

有的大学生在人际交往中会存在担忧、紧张不安，交往前常常会在内心预设"别人不喜欢我怎么办？""别人如果不想跟我说话怎么办？""别人如果不愿和我交往怎么办？"，甚至产生退缩和回避行为。也有大学生因为在人际交往方面曾经有过失败或创伤经历，因此对人际交往充满恐惧，害怕受到伤害，从而不愿信任他人，经常容易误解他人或对他人有强烈的防御心理，不敢交往。也有大学生因为自卑，对自己产生怀疑，在人际交往中，常常只看到自己在外貌、知识、能力、家境等方面的不足，而忽略自己的长处，表现为缺乏自信而回避交往。

（二）不愿交往

有的大学生在人际交往中表现得非常自负，认为自己各方面都比他人强，刚愎自用，常常因为不能接受别人的意见和建议，而不愿主动与人交往。也有大学生声称他们很少和他人建立联系或没有合群需要，不愿与他人交往。但是研究表明，所有人类个体对归属都有强烈的需求，都希望与他人建立联系。即使用一种看似冷漠的假面具来掩盖这种需求，这种对归属的需求依然会存在。

（三）不善交往

有的大学生有交往的意愿，渴望得到他人的理解、认同，希望获得友谊和爱情，但因未能很好地把握人际交往的原则，缺乏交往的技能，以致建立良好的人际关系并不顺利。其中，有的同学待人处事常以自我为中心，忽略他人的感受和需求，将自己的观点强加给他人；也有的同学在人际交往中压抑自己的情感和需求，一贯以取悦他人的方式获得他人的接纳和认可，委曲求全，长此以往很难与他人建立起真正的亲密感；有的同学在遇到问题和困难时常指责、抱怨他人，推卸责任，不注意沟通方式，影响与同学之间的交往。

社交焦虑障碍（social anxiety disorder, SAD），又称社交恐惧症（social phobia），是指在一种或多种社交或公共场合中表现出与环境实际威胁不相称的强烈恐惧和（或）焦虑及回避行为。典型场合包括公开演讲、会见陌生人、在他人注视下操作或使用公共卫生间等。社交焦虑障碍患者往往在公共场合中承受极大痛苦，精神和躯体上的焦虑症状极易使患者竭尽全力避免社交场合，严重影响社交关系、生活质量和职业前景。

社交焦虑障碍的主要临床特征为患者因在社交或表演场合过度害怕被他人审视和感到尴尬，导致明显的痛苦或功能损害。成人主要表现为对社交场合的回避以及脸红、出汗、心跳加速等身体反应。儿童及青少年主要表现为回避社交活动或情境，包括在他人面前说话或表演、结识新儿童、与教师等权威人物交谈或以任何方式成为关注焦点等。社交焦虑障碍儿童的社交技能并不一定差，但由于焦虑症状，患者可能会在社交方面表现得很笨拙，如说话较少、声音小或者犹豫不定。

社交焦虑障碍的诊断要点包括：

① 面对可能被审视的社交情境时产生显著的害怕或焦虑。

② 害怕自己的言行或焦虑症状引起别人的负面评价。

③ 主动回避恐惧的社交情境，或者带着强烈的害怕或焦虑去忍受。

④ 症状持续数月（DSM-5要求6个月以上），十分痛苦，或导致社交、职业、教育等其他重要功能的损害。

对于这种疾病的治疗，成人以药物联合心理治疗、全病程治疗为主。国外焦虑障碍防治指南推荐儿童及青少年治疗首选个体认知行为治疗或团体认知行为治疗，次选短程精神动力学治疗。我国焦虑障碍防治指南认为对患者父母及本人的健康教育尤其重要，父母、学校教育方式的调整或阳性强化其社交行为等心理治疗方法效果更好。如果合并严重的抑郁障碍或物质依赖，则需要使用药物治疗。

三、人际吸引及影响因素

人际吸引是个体与他人之间情感上相互亲密的状态，是人际关系中的一种肯定形式，它是人们建立友谊、爱情等人际关系的重要基础。大学生人际交往的开端即人际吸引，其既受到外在因素的影响，也受到自身内在因素的制约。

（一）接近性和熟悉性

接近性指人们生活空间上的距离越小，双方越容易接近，彼此越容易相互吸引，这一规律也称为时空接近原则。接近性的发生不是无条件的，接近性发挥作用有两个条件：一是交往频繁。距离越近，交往的频率可能就越高，越容易产生良好的人际关系。在大学生人际交往对象中，交往机会最多的往往是自己的同学、朋友等，所以更有可能与他们建立良好的人际关系。二是产生积极的交往体验。接近性常常在人际关系建立之初所起作用较大，随着交往的深入和彼此了解的加深，接近性对人际吸引的作用将逐渐减弱。

接近效应之所以能够发挥作用，是因为熟悉度或曝光效应，重复接触他人通常会增加我们对他人的喜欢程度。熟悉能诱发喜欢，增加喜欢的程度。在一个有趣的实验中，研究者给大学女生试拍了照片，随后给她们呈现一张真实的照片和将其做了镜像变换后的照片，询问她们更喜欢哪个形象，结果发现她们更喜欢那张镜像版的。但当给这些女生呈现她们最要好的朋友的照片时，她们则更喜欢那张真实的照片，而不是镜像版的。

重复曝光效应

为了检验大学教室里的重复曝光效应，莫兰（Moreland）和比奇（Beach）（1992）雇用了4位女研究助手进入大学课堂假装课堂成员，其中一位女助手在一学期中参加了15次课，第二位女助手参加了10次，第三位女助手是5次，第四位女助手根本没有参加这个课程。这些助手都没有和课堂中的学生有过接触。在学期结束时，实验者给学生看四位助教的照片，并要求他们标记出自己对这些助教的喜欢程度，结果发现助教参与课程的次数越多就越受欢迎。这一实验和其他许多实验都证明了重复曝光对吸引有着积极影响。

但是次数也有一定界限，超过一定界限会产生厌烦的感觉。另外次数的作用只表现在积极的或者中性刺激物上，而对于反面的刺激物，即使增加见到的次数，也不会产生喜欢之情。

在快速发展的网络时代，物理距离不再像过去那样阻碍交往，吸引力的基本预测源如接近性、相似性和熟悉度，以不同的方式显示着自己的作用。

（二）相似性与互补性

相似性是人际吸引的一个重要基础，"物以类聚，人以群分"，在兴趣、态度、价值观、背景或人格特质上相似或相同的人比较容易找到共同语言，缩短相互的距离而相互吸引，进而形成亲密的人际关系。罗伊斯·李和彭迈克研究发现，若同居一室的学生有共同的价值观和个人特质，那么舍友间的友谊在6个月内便可形成。

互补性是指在交往过程中，当双方的需要和满足途径正好成为互补关系时，会产生强烈的人际吸引。交往的双方因为拥有不同的优点或者缺点，彼此可以取长补短。互补性与相似性并不矛盾，只不过它们在不同的场合和领域发挥作用，互补性发挥积极作用的前提是双方有相似的态度或者共同的目标。一般来说，在人际关系建立的最初阶段和较低水平时，人们更注重相似性因素，但在人际关系发展的高级阶段，则是互补性占优势。

（三）外表吸引力

外表吸引力是影响人际吸引程度的重要因素。大量研究表明，外在形象会引发明显的"辐射效应"（radiating effect），使人们对高魅力者的判断具有明显的倾向性。好的外在形象容易给人带来良好的第一印象，但随着交往的深入以及相互之间认识和理解不断加深，外在形象的作用会越来越少，人格品质、能力等内在因素的作用会更加凸显。有观点认为人们对有外表吸引力的人群有积极的刻板印象，这种认知框架会强烈影响我们对他人的知觉和思维。另外，勒梅（Lemay）等研究表明，我们倾向于认为"人美人就好"的一个原因是我们渴望与他人建立某种关系，这种渴望导致我们投射给他人相似的感觉。我们想要接近他人，所以我们把这些感情在他人身上投射出来，对他人的评价更高。

（四）人格品质

人格的吸引在人际交往中是长久的吸引，人的性格、气质、能力、品德等是重要的人际交往吸引因素。1968年，心理学家安德逊（N. Anderson）的研究指出，在人际关系中最受欢迎的六项人格特质分别是真诚、诚实、理解、忠诚、真实和可信。而排在序列最后最不受欢迎的几个消极品质是说谎、装假、邪恶、冷酷和不老实等。

在其他条件相等的情况下，一个人能力越强，越有才华，他就越可能受他人的喜欢，也就越具有人际吸引力。但是，当一个人的能力太强与周围的人差异太大，差距就会变成压力，令人敬而远之，从而降低吸引力。美国心理学家阿伦森在做了一系列关于人际吸引的实验后指出，能力使一个人富有吸引力，但是会犯错误且能力非凡的人是最有吸引力的人。这就是"犯错误效应"（pratfall effect），即小小的错误反而会使有才能的人的吸引力提升。当然，这里所说的错误不是原则性差错，不有损于人格。

四、大学生人际交往的原则

（一）平等尊重原则

平等是建立良好人际关系的前提。只有在平等原则的基础上尊重他人，才能得到他人发自内心的尊重。每个人在人格上都是平等的。尊重包括自尊和尊重他人两个方面。自尊具体表现在个体对自己的尊重，如自强、自信、自主等，维护自己的人格；尊重他人主要表现在尊重他人的人格，重视他人的权利和尊严，设身处地为他人着想，理解他人的情感和感受，与人为善，真诚、平等地对待他人。当朋友分享心情的时候，我们能够倾听并且理解他的情感，给予相应的安慰和鼓励，这也是尊重他人情感的基本要求。

（二）真诚原则

真诚是人类重要的美德，是人际交往中非常重要且有价值的原则，是人与人交流沟通的基础、关键。古人云："以诚感人者，人亦诚而应；以诈御人者，人亦以诈应。"意思是真诚待人的人，他人也会以真诚相待；欺骗别人的人，别人也会以欺骗回应他。大学生在人际交往中，常常可以容忍他人的失误和缺点，但无法忍受虚伪和欺骗。如果一个人常常失信于他人，会引起他人的反感、厌恶和疏远，阻碍正常的交往。只有彼此诚心相待，才能相互理解、接纳、信任，建立安全的氛围，产生情感共鸣，使人际交往关系得以巩固和发展。

（三）交互原则

古人云："爱人者，人恒爱之；敬人者，人恒敬之。"一个人以什么样的方式对待别人，别人便会以什么样的方式回报你。在生活中，人们之间的喜欢和厌恶、接近与疏远是相互的。阿伦森的研究表明，人际关系的基础是人与人之间的相互重视、相互支持，对于真心接纳我们，喜欢我们的人，我们也更愿意接纳对方，愿意同他们交往并建立和维持关系。社会交换理论认为，个体在人际交往过程中要考虑双方的共同利益，不仅仅是物质利益，还包括精神和情感层面，互相理解、互相支持，获得心理上的满足与平衡。如今社会网络发达，虚拟网络世界使人际交往以符号的形式呈现，熟悉的朋友抑或陌生网友之间的交往主要以情感或志趣为主。情感定向和功利定向这两种交往目的互相交错，使得人与人之间的交往总体上呈现出平衡互利的状态。

（四）自我价值保护原则

自我价值保护指个体对自身价值的意识与评价。自我价值保护是一种自我支持的心理倾向，其目的是防止自我价值受到贬低和否定。对肯定自我价值的他人，个体对其认同和接纳，并反过来予以肯定和支持；而对否定自我价值的他人，个体会予以疏离，与其交往时，就可能激活个体的自我价值保护动机。个体会更倾向于靠近赞美，远离否定和批评。但过度使用这种原则会造成个体不能接受他人的意见和建议，也无从知晓自己的缺点和不足。

五、人际心理效应

社会心理学的研究表明，在人际交往中会有一些有趣的心理现象。科学地使用人际交往中的心理效应对于大学生来说很有意义。人际交往中的常见心理效应有以下6种。

（一）首因效应

首因效应又称第一印象，指初次对人产生的知觉印象往往最为鲜明和深刻，并对以后的认识产生较大的影响，即我们常说的"先入为主"。心理学研究发现，与一个人的初次会面，45秒内就能产生第一印象，主要是获得对方的性别、年龄、衣着、姿势、面部表情等"外部特征"，来判断对方的内在素养和个性特征。当不同的信息结合在一起的时候，人们总是倾向于重视前面的信息。在人际交往中，首因效应发挥着重要作用。当与新同学初次交往时，可以采用社会心理学家艾根（G. EGAN）提出的"SOLER"模式来展现自己，包括坐或站立时要面对别人（S），姿势要自然开放（O），身体微微前倾（L），目光接触（E），保持放松（R）。按照这种模式与同学相处，会让同学产生"我很尊重你，我对你说的话很感兴趣，与你相处很舒服"的正面良好的第一印象。同时，衣着整洁得体、面带微笑、礼貌待人，保持自信和良好的精神面貌也可以有效地增加同学对自己的好感。新生入校后组建班委时，同学们更倾向于推选那些给自己第一印象良好而且深刻的同学加入班委。

（二）近因效应

近因效应指最近的信息对人的认识具有强烈的影响，最后留下的印象比较深刻，这就是心理学上的"后摄"作用。首因效应和近因效应不是对立的，而是一个问题的两个方面。通常来说，近因效应一般不如首因效应明显和普遍，在对陌生人的认知中，首因效应比较明显，而对朋友、同学等比较熟悉的人的认知中，近因效应更起显著作用。在与朋友、同学之间的负性近因效应，常是因在最近交往过程中因某件事产生了矛盾或误会，感到被误解、受到委屈时产生负面情绪，甚至造成关系破裂，而忽视了长期以来彼此要好的关系。近因效应常会使我们将注意力集中倾向于最近的或最强烈的事件上，这种注意力偏向会影响我们感知和判断他人的行为，同样也会影响他人对我们的评价。如"心灵故事"中的小李，在入校时给室友留下了不错的第一印象，但是在相处一段时间后，我行我素，打游戏时间太晚且声音过大，未能很好地顾及室友的感受，室友会将注意力集中不满他近期的表现上，破坏了第一印象。因此在大学生交往中要结合以往的交往过程，体验对朋友、同学或者事件进行相对客观的认识评价，避免因近因效应的负面效果带来不良影响。

（三）光环效应

光环效应又称晕轮效应，是指人们仅仅依据某人身上一种或几种特征来概况他在其他方面一些未曾被了解的人格特征的心理倾向，是一种认知偏差。"情人眼里出西施""爱屋及乌""一俊遮百丑""一好百好"就是典型的光环效应，是在人际知觉中所形成的以点带面或以偏概全的主观印象。人们对于他人的认知判断首先是根据个人的好恶得出的，然后从这个判断推论出认知对象的其他品质。如果认知对象是"好"的，他（她）就会被"好"的光环所笼罩，并被赋予一切好的品质，这种强烈知觉的品质或特点，就像月亮形成的光晕一样，向周围弥漫、扩散，从而掩盖了其他品质或特点。大学生在人际交往中，要有意识地从多角度、多方面去观察和评价他人，注意克服由光环效应引发的消极作用。

（四）登门槛效应

登门槛效应又称得寸进尺效应，是指一个人一旦接受了他人的一个微不足道的要求，为了避免认知上的不协调，或想给他人产生前后一致的印象，就有可能接受更高的要求。这种现象，犹如登门槛时要逐级台阶地登，这样能更容易更顺利地登上高处。例如，在人际交往中，当我们向他人提出一个比较高的要求时，可能对方无法接受。那么，最好的方法是先提出一个小要求，然后再提出更高的要求。当这些要求是逐步被提出的时候，对方往往比较容易接受。

（五）投射效应

投射效应是在人际认知过程中，人们常常假设他人与自己具有相同的属性、爱好或倾向等，常常认为别人理所当然地知道自己心中的想法。"以小人之心度君子之腹"就是一种典型的投射效应。比如，自己好胜心强，就猜测他人也争强好胜；心地善良的人会认为他人都和自己一样善良；对他人有敌意，就认为他人对自己怀有恨意。大学生在人际交往中克服投射效应的关键在于需要分清认知主体和认知对象，看到自己和他人之间的差异，客观地看待他人。

（六）刻板效应

刻板效应实际是一种心理定势，是指我们对某些社会群体及其成员的概括而固定的看法。主要表现在人际交往过程中，会主观、机械地将交往对象归于某一类人，不管他是否呈现出该类人的相应特征，都认为其是该类人的代表，进而把对该类人的评价强加于他。刻板印象作为一种固定化的认识，虽然能够帮助我们更加简单、有效地认识他人，但也容易产生偏差，常常会忽视同一群体中人与人之间存在的个体差异。

美国社会心理学家舒茨（W. Schutz）在1958年提出人际需要的三维理论。三维理论认为，每一个个体在人际互动过程中，都有三种基本的需要，即包容需要、支配需要和情感需要。三种基本需要的形成与个体的早期成长经验密切相关。这三种基本的人际需要决定了个体在人际交往中所采用的行为，以及如何描述、解释和预测他人行为。

一、如何化解寝室矛盾

（一）造成矛盾的原因

大学寝室空间范围有限，但却要包容较多的差异性，如不同的地域文化、不同的生活习惯和个性差异。寝室是有情感取向的场域，也是一个竞争场域，有很多的集体行为。大学时期，造成同学寝室矛盾的原因主要有以下几种：

第一，生活习惯不同，如作息时间矛盾，开不开空调，什么时候关灯，谁打扫卫生等。

第二，性格差异问题，如话痨与内敛，拉帮结派，孤立问题。

第三，学习习惯不同，如讨论式学习与安静式学习问题，有的同学又玩又学，劳逸结合，而有的同学两耳不闻窗外事，一心只读圣贤书。

第四，利益问题，如公共设施、水、电的分摊问题；请同学帮忙带饭忘记给钱；借别人的钱没有及时归还等。

（二）化解矛盾的方法

化解寝室矛盾有以下几种方法。

1. 转变想法

寝室矛盾发生时，有的同学情绪会无意识地爆发，易激动，有的同学则采取冷战的方式。请同学冷静思考在这件事情中自己和对方各自坚持的是什么？坚持的背后有什么想法？态度与行为有没有不妥之处？想法是否陷入认知偏差？如果回到事情发生之前，可以怎么做避免产生矛盾？

2. 换位思考式沟通

站在对方的视角和出发点思考，进行共情训练，多倾听，采用温和的态度反馈感受，理解对方，共同提出解决方案，尊重并宽容他人。

3. 寝室长发挥催化作用，促进同伴沟通

（1）生活习惯问题。可请寝室同学自己先与习惯不同的室友聊一聊，和他/她讲一讲最近受到的影响、感受及双方都作出的改变。如果沟通受阻，也可以请其他受到影响的室友和该室友沟通。若多次沟通没有效果，可考虑开个寝室会议，大家坐下来一起沟通。寝室长可以引导室友先反思自己存在的问题，开诚布公地说出来，再分析其他人存在的问题，这样能够提高每个人对自身错误的接受度。在沟通过程中，寝室长可以调节氛围，使沟通畅快。随后大家一起制定或修订寝室规则，采取行动且互相监督遵守。如"心灵故事"中的小刘尝试沟通，也作出了一定改变，说明初步沟通达到了一些效果。那么，可以进一步尝试换位思考，室友一起沟通，不带评判地陈述事实，表达各自的内心感受，清晰地表达自己的期待，倾听对方的反馈，有可能期待不能马上达成或者一次性达成，但是通过进一步沟通，通常可达到双方都可接受的结果。

（2）协助同学建立寝室公约。同学的生活作息不一致，可以由寝室长带领寝室同学统一协商，通过制定同学们一致认可的规则来管理寝室成员，提高寝室内务管理水平。注意卫生，个人区域保持干净，寝室公共空间明确责任。这样，就会减少矛盾，保障基本的生活节奏。

二、人际关系过于敏感如何改善

人际敏感是从非言语的线索中准确评估他人的状态和特质的能力，主要分为情绪敏感和社会敏感。情绪敏感是一种评估与情感相关的非言语线索的能力，而社会敏感则更多地关注总体的社交信息，如人格、社会角色等。

成功的社会交往需要个体对他人的感觉和行为线索保持适当的敏感性，并能及时传达信息让对方作出期望的回应。但是如果个体持续不断地感知这种体验，这种有意向的倾向将会降低人的幸福感。

人际关系过于敏感的同学，该怎样改善呢？

第一，主动参加学校开展的心理健康教育课程及讲座。通过学习相关的课程，提升对自己的理解，对社会关系的认知，以健康积极的心态面对学习、大学生活。充分运用校内或校外、线上或线下资源，积极参加团体心理辅导课程。社交焦虑障碍属于疾病，需要药物治疗和学习心理疗法中的应对技巧来帮助个人获得自信，提高与他人互动的能力。

第二，以积极主动心态面对压力。消极应对方式与人际关系敏感呈高度正相关，而积极应对方式与人际关系敏感呈高度负相关。

第三，丰富生活内容和方式。大学生日常学习压力较大，随着脑力工作量的增大，人际敏感度水平会随之提高。在休息日或假期，去影剧院、户外等放松身心，从繁重的学习任务中抽离出来，让大脑得到充分休息。

三、如何与老师相处

大学是大学生走向社会的过渡阶段，大学生不仅需要学习专业知识与能力，提升自己的综合素养，还要处理好与老师、同学的人际关系，积累自己的人脉，提高自我经营能力。在大学，除了同学，接触最多的是学校的老师。那么，面对校园的师生关系，应该如何与老师相处呢？

（一）相互尊重

在课堂上，一定要认真听讲，积极发言，多与教师互动，不要扰乱课堂纪律。课下多与老师交流学业问题，虚心请教老师。在课堂上，玩手机、呼呼大睡、看闲书、点名后悄悄溜走等现象是不尊重老师的行为。而教师面对这样的现象时，也要思考如何提高教学的实用性和教学技巧。

（二）同频共振

李白的著名诗句"语来江色暮，独自下寒烟"。道出他与尊师高谈阔论的景象，从中可感受到他们感情融洽。大学生要积极与老师沟通交流，带着问题思考，同时，师生共同探讨会让双方都受益。

（三）换位思考

在人际交往中学会换位思考非常重要，尤其是在大学生和老师的相处中显得更加重要。

四、网络人际交往的利与弊

（一）网络人际交往的优点

1. 扩大人际交往圈子，便于建立新型人际关系
没有网络时，大学生的生活圈子相对狭小，活动范围也有限，往往仅限于学校

和家庭，而这些空间又受现实物理条件的限制。网络空间的出现突破了血缘、地域和年龄等局限，扩大了人们的交往圈。在网络发达的社会，可以在短时间内建立起人际关系网。

2. 提高人际交往能力

网络人际交往中交流形式多种多样，如文字、图片、表情符号、音频视频。这些形式能够使人们的交流更加丰富、生动和形象。同时，网络人际交往中的交流内容也十分丰富，如时事新闻、科技知识、娱乐八卦。这些内容能够使人们的交流更加深入、广泛。在网络人际交往中，人们的表达方式则更加多样化，新的表达方式不仅能够使人们的交流更加便捷、生动和形象，还能够更好地满足人们在交往中的需求和期望。

3. 促进个人成长和社会进步

网络人际交往能够使人的交往更加开放，扩大交流和学习的范围，能够让人们更加自由地表达自己的观点和想法，获得他人的理解和支持。同时网络中各种优秀的资源也能够为人们提供更加丰富的学习资料，促进人的自主学习，拓宽人的视野，从而促进人的成长和社会进步。

（二）网络人际交往的弊端

1. 人际关系表面化

现实生活中人际交往是在情感的基础上，网络人际交往则往往缺乏这种情感基础。由于网络空间的虚拟性特点，人们在网络人际交往看到的是表面化、浅薄化的人际关系，往往难以持久并深入发展。同时，由于网络人际交往的匿名性特点，人们往往在网络中表现出与自己真实情况不一样的一面。这些因素都使得网络人际关系变得表面化、浅薄化。

2. 人际关系疏离化

网络人际交往中，人们往往通过电子产品进行交流。这种间接的交流方式容易使人们产生孤独感和疏离感。人们在网络人际交往中往往难以获得全面而准确的信息。这种信息的不对称性也容易导致误解和矛盾的产生，从而对人际关系造成负面影响。

3. 人际关系不平等化

网络人际交往中，人们往往处于不平等的地位，这很容易造成矛盾与不和谐。这种不平等的关系往往是技术原因造成的。例如，一些人拥有技术优势，可以对他人进行控制和支配，而另一些人则处于被控制和支配的地位。这种不平等的关系往往会对人的心理健康造成负面影响，对人际关系造成负面影响，甚至危害社会，如网络诈骗。

五、提高人际交往能力的技巧

霍桑实验表明，具有良好的人际关系可以增加幸福感。具有良好人际关系的人，善于与人交流与合作，自信心强，容易得到他人的帮助，学习、工作动力大，心理负担轻，愉悦感强。大学生阶段提高人际交往能力，不但能减少心理困扰，还能提高身心健康水平。

（一）学会积极倾听，善用肢体语言

改善人际关系需要良好的沟通，倾听是第一步。很多大学生在和他人交流的时候急于表达自己的观点，并未认真听对方表达的内容、意义和感受，也未给予回应就立刻表达自己的看法，造成很多误解与矛盾，降低了沟通质量。包容接纳式倾听有以下六个维度：① 能包容他人与我不同的观点；② 以接纳的态度倾听对方话语；③ 认真理解他人的话语含义；④ 不插话、不抢话，轮流说；⑤ 创造间歇式眼神接触；⑥ 面向对方，适当以动作回应，如点头、微笑等。

（二）学会共情式回应，学会欣赏他人

共情不仅是技术，也是一种能力，是一个人对他人的一种体验，是一种特质性沟通能力。共情能帮助我们更好地处理与他人的关系，较好地接纳身边人的负面情绪，体现出亲和力，提高人际交往能力。

要做到共情式回应注意两点，即认知性共情表达和情感性共情表达。认知性共情是对他人情感的认知性理解，能够从不同角度看问题，也叫作观点采择。理解他人的心理状态，包括对他人的信念、意图、行为、道德和情感等方面的理解并告知给对方。情感性共情表达是对他人情绪感受的分享包括消极情绪和积极情绪。

学习别人的优点同时不贬低自己，在不断提高自己的同时也允许百花齐放，开放包容地接纳这个多元的世界。

霍佛大学的史诗级心理学研究"The Harvard Study of Adult Development"持续了86年。2023年，罗伯特·瓦尔丁格博士与项目副主任、美国布林莫尔学院心理学教授马克·舒尔茨博士推出了"哈佛幸福研究"85年来最全面的研究成果——《美好生活：哈佛大学跨越85年幸福研究启示》。该书讲述了哈佛大学于1938年开始，从最

人际关系综合
诊断表

初的724人扩展至他们的配偶以及1 300多名后代进行终身深度追踪的一项研究成果，发现了颠覆人们关于金钱、声望等幸福因子的认知，揭开人类生活幸福感的关键秘密。

研究结果发现：使人幸福、健康、长寿的核心，不是经济状况、家庭背景、受教育程度，而是和谐亲密的关系。书中详细讨论了亲密关系、家庭关系、工作关系和友谊关系这四种最主要的人际关系，如果能维护好这四种关系，基本可以解决生活中99.99%的不愉快。

在书中研究者提出："美好生活是一种复杂的生活；它是快乐的，且极富挑战性；它充满爱，但也伴有痛苦；它永远不会有严格意义上的'发生'，相反，它是一个过程，它包括动荡与平静、轻松与负担、挣扎与成就、挫折与跃进，以及重创。"归根结底，"美好生活是在一个赋予我们生命意义和美好的关系网中得以维持的。"

在本书的最后，研究者提出："如何在通往美好生活的道路上走得更远？首先，要认识到美好生活并不是目的地。重要的是道路本身，以及与你同行的人。在你行走的过程中，日复一日、年复一年，你可以决定你的注意力放在什么人身上，放在什么事上；你可以考虑你的人际关系优先级，选择与重要的人在一起；你可以在丰富生活和培养人际关系的过程中找到目标和意义。通过培养好奇心和接触他人——家人、爱人、同事、朋友、熟人甚至陌生人——每次都问那个深思熟虑过的问题，每次都有片刻的投入与真诚的关注，你就会为美好生活夯实基础。"

 心灵补给站

推荐书籍：《非暴力沟通》（作者：[美]马歇尔·卢森堡）

马歇尔·卢森堡博士发现了一种沟通方式，依照它来谈话和聆听，能使人们情意相通，和谐相处，这就是"非暴力沟通"。作为遵纪守法的好人，也许我们从来没有把谈话和"暴力"扯上关系。不过如果稍微留意一下现实生活中的谈话方式，并且用心体会各种谈话方式给我们的不同感受，我们一定会发现，有些话确实伤人！言语上的指责、嘲讽、否定、说教以及任意打断、拒不回应、随意出口的评价和结论给我们带来的情感和精神上的创伤甚至比肉体的伤害更加痛苦。这些无心或有意的语言暴力让人与人变得冷漠、隔膜、敌视。作者相信，人天生热爱生命、乐于互助，但是语言及表达方式却使得日常生活中充满了痛苦，他提出了"非暴力沟通"这种沟通方式，来明确自己和他人的观察、感受、需求和请求，进而达成双方之间的情意相通、乐于互助。

推荐书籍：《边界意识》（作者：赖宇凡）

为什么替他人着想是一种越界？如何有效对抗家人的情绪勒索？怎么样对骚扰和霸凌说不？如何能保有亲密关系，又能坚守自己的界线不被侵犯呢？人的情绪和压力会影响身体，因为人的身心从来没有分离过。而你的情绪，就是你的边界。只有树立边界意识，你的是你的，我的是我的，才能拒绝情绪绑架与勒索，消除人际关系所带来的困扰和身体疾病。

推荐电影：《玛丽和马克思》（导演：[澳]亚当·艾略特）

两个原本没有任何交集的两个人，一个生活在墨尔本，一个生活在美国，却因为一个偶然的机会开始了通信。他们很相似，爱吃巧克力，喜欢动画，都住在城市孤独的角落，极度缺爱，都没有什么朋友，鲜有笑容，在旁人眼里他们古怪难以接触。玛丽因额头的胎记而生性自卑，马克思患有精神病终日与虚构的朋友和金鱼相伴。跨越了地域局限在虚拟世界的相遇，让他们找到了最了解自己的人，他们不停地通过信件倾诉着自己对于社会、爱情、友情、性和精神世界的看法和理解，一段真挚的友谊就这样升温。

推荐电影：《中国合伙人》（导演：陈可辛）

20世纪80年代，三个怀有热情和梦想的年轻人在高等学府燕京大学的校园内相遇，从此展开了他们长达三十年的友谊和梦想征途。出生于留学世家的孟晓骏渴望站在美国的土地上改变世界，浪漫自由的王阳尽情享受改革开放初期那蓬勃激昂的青春气息，曾两次高考落榜的农村青年成冬青以晓骏为目标努力求学，并收获了美好的爱情。然而三个好友最终只有晓骏获得美国签证，现实和梦想的巨大差距让冬青和王阳倍受打击。偶然机缘，被开除公职的冬青在王阳的帮助下办起了英语培训学校，开始品尝到成功的喜悦。在美国发展不顺的晓骏回国，并加入学校，无疑推动三个好友朝着梦想迈进了一大步。

只是随着成功的降临，他们的友情也开始承受严峻的考验……

我 说 你 画

找个小伙伴一起来玩这个活动，每人先在纸上各自画好一幅画，接着由一名成员描述自己所画内容，另一名成员根据听到的信息按照自己的理解作画，作画完成后，对照一下两幅画，随后交换角色再来一次。

a：完成后，交流在沟通和作画过程中遇到的困难和感受。
b：想想有什么可以改进沟通的办法让两幅画创作得更相近些，并尝试尝试。

也许你会发现自以为清晰的表达别人未必明白，别人觉得明白的内容未必是你想表达的，又或者接纳表达的有限性是个不错的选择。希望这个活动能给你带来一些乐趣，如果你还愿意认真思考，那也许就能发现沟通的秘密。

"'己欲立而立人，己欲达而达人'，概括一句话：想要成就自己，先要成就他人，只有这样你才能走得更远！"

师小星："关于人际交往的解密让我认识到人际交往的诸多理论和特点，如萨提亚人际沟通理论提出的比较理想的沟通模式。大学生获得精神支持、满足心理需要的重要源泉是建立良好的人际关系，从而获得友谊和归属感。同时在大学生人际交往中存在很多影响因素以及联结纽带。随着大学生活的深入，大学生也会发展出更为复杂的社交网络。我将会从中学习，在人际交往中更加注重相互尊重、同频共振和换位思考，学习并不断提高人际交往的能力，构建良好的人际关系。"

第八章

解析恋爱：
亲密关系与性心理

两情若是久长时，又岂在朝朝暮暮。

——秦观《鹊桥仙》

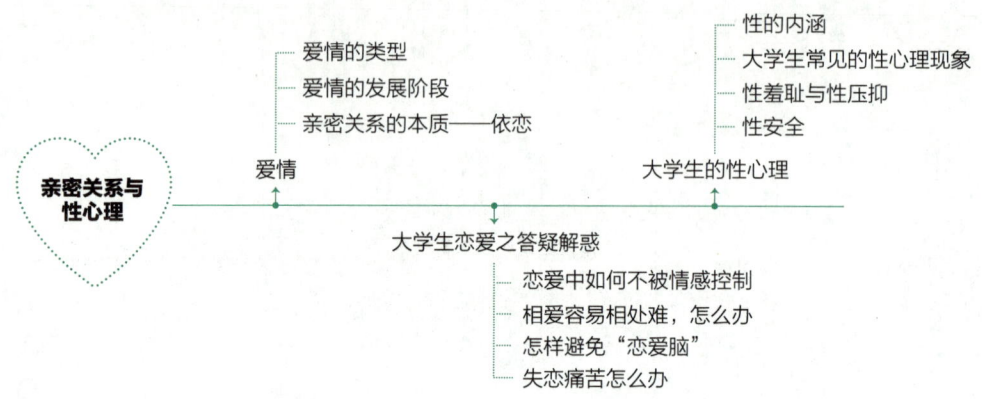

　　小沛和阿川的大学都坐落在海边，他们在大一美好的四月相识并相爱。恋爱的时候，他们会在周末一起去海边散步，在海风中依偎在一起，就像王小波在《爱你就像爱生命》里写的那样——"真希望下个星期日早来，并且那一天春光明媚。"

　　他们确定恋爱关系的那一天，在微信朋友圈"官宣"了自己的爱情，也收获了同学朋友的祝福。

　　两个人在相处中也有矛盾。阿川是一个在感情中很容易感到不安的人，对小沛的一言一行都很在意。比如，当他在小沛的朋友圈看到她和社团朋友一起出去玩的照片，而小沛又没有提前和他说明，他会感到被忽略，很受伤。他提出要求，希望小沛可以减少陪伴朋友的时间，并且在每次出去前都要和自己说明情况。阿川认为这是情侣之间彼此重视的表现。阿川的不安全感来自他的童年经历，他的家庭关系动荡，很少给予他情感上的呵护。在这样的环境下长大的他，没有从家人身边获得充足的安全感，便想从恋人身上获得弥补，从而表现出在关系中的敏感和不安。小沛十分反感阿川的要求。与阿川不同的是，小沛成长于一个过度保护的家庭。她的父母总是出于担心而干涉她的行为。因此，小沛特别反感被阿川"控制"，甚至直言感到窒息。

　　不同成长经历的两人，在关系中有着不同的"敏感点"，因此也常常发生矛盾，他们的感情能否顺利发展呢？

　　爱情是两个个体之间基于生理和心理的需要，在一定的时空条件下形成的激烈、真挚、持久的互相吸引和倾慕之情。爱情是人类基本、深刻的情感之一，是人类社会中重要的力量之一。爱情并不仅仅是一种浪漫的情感，它更是一种持久的感情和无私的奉献。它是一种纯粹的情感，超越了自我，关注着对方的幸福和利益。爱情关系是一种互相支持、互相尊重和互相理解的关系，它需要双方的努力和共同的承诺。正处于青春年华的大学生们，渴望寻求心仪的人谈一场恋爱，是一种普遍的心理状态。

一、爱情的类型

　　加拿大社会学家约翰·李将男女之间的爱情分成六种形态：情欲之爱（eros）、游戏之爱（ludus）、友谊之爱（storge）、依附之爱（mania）、现实之爱（pragama）及利他之爱（agape）。

　　（1）情欲之爱建立在理想化的外在美的基础上，是罗曼蒂克、激情的爱情。其特点是一见钟情、以貌取人、缺少心灵沟通、热烈而专一、靠激情维持。

　　（2）游戏之爱视爱情为一场让他人青睐的游戏，并不会投入真实的情感，常更换对象，且重视的是过程而非结果；不承担爱的责任，寻求刺激与新鲜感。

　　（3）友谊之爱是指如青梅竹马般的感情，是一种细水长流型、稳定的爱。这种爱情以友谊为基础，在长久了解的基础上发展着，能够协调一致、解决分歧，是宁静、融洽、温馨和共同成长的爱情。

　　（4）依附之爱者对于情感的需求非常大，依附、占有、妒忌、猜疑、狂热、在恋爱中情绪不稳定。这种爱控制对方情感的欲望强烈，将两人牢牢地捆在爱情这条绳索上。

　　（5）现实之爱者则是会考虑对方的现实条件，以期让自己的酬赏增加且减少付出成本的爱情。这类爱情理性高于情感，是市场调节的现实主义态度。

　　（6）利他之爱带着一种牺牲、奉献的态度，追求爱情且不求对方回报。

二、爱情的发展阶段

恋爱并不是一个静态的状态，而是一个动态的过程，涉及不同的阶段和关系动态，通常包括五个阶段。

（一）朦胧期

朦胧期是明确恋爱关系前的一个阶段，在这个阶段，双方彼此吸引，莫名喜欢或暧昧不清或爱心萌动。在这个阶段，往往对某个人产生特殊的好感，心里想着对方，却不敢大胆表达。喜欢、暗恋是这个阶段的关键词。

"心动"的真谛是什么
——爱情中的"吊桥效应"

作家陈果在《好的爱情》中指出："我们在激情状态下，活得不真切，看得不真切，处在半醉半醒之间。"如何区分自己爱上的是他/她，还是心跳的感觉呢？也许吊桥实验可以给我们一些启示。

吊桥实验是美国心理学家唐纳德·达顿（Donald Dutton）和阿瑟·阿伦（Arthur Aron）在1974年进行的一项实验研究。在实验中，实验者请来一位漂亮的女助手，并邀请了一批大学男生作为被试。一组男生在摇晃的吊桥上接受实验，女助手要求他们填写问卷表并编写有趣的故事；另一组男生在安全的石桥上接受同样的实验。实验结束时，女助手告诉男生们她的名字和电话号码，如果有关于实验的任何问题可以联系她。结果发现，在危险吊桥组的男生编写的故事包含更多浪漫元素，且更有可能主动联系女助手。实验者认为，在危险吊桥上的男生被引发了生理唤醒如心跳加快、呼吸急促等反应，而他们可能将这种唤醒解释为"被漂亮女助手所吸引"，从而对她产生了更多兴趣和浪漫感觉。

（二）蜜月期

双方明确了恋爱关系后，两个人的恋爱由青涩走向浓烈，进入充满热情、兴奋和活力的蜜月期，彼此全身心投入到感情中，享受爱情的快乐。这时候恋爱走向顶峰，两个人的爱情到达最浓烈的时刻，是一种非常炙热和狂热的状态，对方眼中的自己都是完美的人。

从自我发展的角度来看，蜜月期意味着恋人们突破自我界限，我们的"自我"与恋人的"自我"合二为一。在个体成长过程中，我们的自我界限会越来越清晰，并伴随着孤独感的增加。热恋中的我们，体验了自我界限的破溃。似乎又回到了婴儿状态，感受到那种无所不能的快感，又开始感觉到自己强大而有力，似乎没人能阻止我们。我们变得盲目又孤勇，对对方身上所有的缺点都视而不见。我们变得不再像自己，会做自己从来不敢做的事，生活的中心似乎只为恋人而存在。

（三）分化冲突期

时间从来不以任何人的意志为转移，它总是坚定地向前行走。古人云"分久必合，合久必分"。自我界限的破溃只是短暂的，随着时间的推移，生活的琐碎向我们涌来，新鲜感褪去，我们的自我界限又会慢慢重建。想想看，你和恋人是不是这样子的，你身边的那些情侣是不是这样子的。最初爱的时候，那么勇敢，脸红心跳，整天腻在一起，羡煞旁人。蜜月期一过，就慢慢回归冷静，真实的彼此开始慢慢暴露在对方的眼前，曾经被忽略的彼此的不同——开始浮现，恋爱中的分歧和矛盾也逐渐显现出来。恋人之间的第一次争吵，可能就预示着分化冲突期的开始。恋爱进入到这个阶段未必是坏事，反而是情感走向深入的表现，经历了磨合就会更稳定地发展。

（四）磨合期

感情最具挑战的阶段，往往聚集在"磨合期"。这是情侣争吵集中爆发的一个阶段。磨合期的到来让两个人之间的矛盾越来越多，而你也感觉自己一点都不了解对方，对方也会觉得你和之前相差太大。双方在这个过程中探索着彼此的差异和底线，摸索着解决差异的有效方法。磨合期也是两人情感走向的分水岭，经过磨合感情朝着平稳的方向继续发展，经不住磨合发现两人三观不合、差异太大，可能就分道扬镳。

磨合期是调整和建设亲密关系的关键阶段，是一个真正了解自己需要和对方需要的契机，是亲密关系和个人同时成长的阶段。情侣能否顺利度过磨合期，对于爱情能否稳定长期地发展至关重要。处于磨合期的恋人，首先，需要理性客观地看待彼此的变化，意识到对方出现的缺点并不代表对方在欺骗，而是感情已经发展到新阶段出现的正常情况。其次，恋人需要重视倾听和沟通，尊重彼此的个人空间和自由，接纳和包容对方的不完美，以及学会宽容和原谅，这样就能够处理好爱情中的矛盾。通过克服困难，恋人可以让爱情更加成熟和稳定，共同创造属于彼此的幸福。

（五）稳定发展期

经过朦胧期的浪漫、蜜月期的热烈、冲突期的挑战、磨合期的调整，爱情关系进入稳定发展阶段。恋人之间找到了舒适的相处状态，会用恰当的方式用心经营关系。和蜜月期相比，这个阶段少了痴迷，多了一份成熟和理性。真正的爱是热恋之后仍然一心一意地付出，勇敢地承担自己应有的责任，尊重包容彼此的独立性格，努力为彼此的爱加上更多深刻的记忆。两个人不断磨合，一起走向心智的成熟。与初始阶段不同的是，这次我们与所爱的对象真正地结合在一起。也许没有坠入爱河时那么狂热与激动，但是却更加稳定和持久，也更满足和幸福。

以上爱情的5个阶段代表了从相识到深爱的心路历程。在这个过程中，我们会经历各种情感和心理的变化，学会相互了解、接受、承诺和维持关系。爱情是一次美妙的旅程，它需要双方共同努力创造和经营。希望通过学习和成长，大家在自己的爱情之路上能够更加明智和成熟。

爱情的三种成分
——来自神经人类学的研究

神经人类学家海伦·费舍尔（2016）认为，恋爱有三种成分，分别由不同的大脑化学物质起作用。这三种成分分别是欲望、吸引和依恋。

1. 欲望

当你处于"欲望"状态时，你喜欢的对象对你有着强烈的神秘感和吸引力，他（她）唤起你的情欲让你兴奋不已。情欲主要由男性体内的睾丸激素和女性体内的雌激素驱动，可能是寻找伴侣传播基因的基本驱动力的一部分。但情欲不同于爱情，给男性注射睾丸激素会让他们更加渴望潜在的爱人，但不一定会持久地坠入爱河。

2. 吸引

你开始迷恋你的爱人，渴望他（她）的出现。你会心跳加速，寝食难安，甚至会手心出汗。当你幻想你们在一起时，会感到精力充沛和兴奋。这些感觉是由三种化学物质产生的：去甲肾上腺素、多巴胺和血清素。

多巴胺：多巴胺的增加与动机、奖励和目标导向行为有关。如果你不能和爱人在一起，就会产生追求爱人的动力。多巴胺还能产生新奇感。你所爱的人对你来说似乎是令人兴奋的、特别的和独一无二的，你想把他（她）的特殊品质告诉全世界。

去甲肾上腺素：去甲肾上腺素会让你感到精力充沛、心跳加速，有时还会让你食欲不振、睡意全无。它使身体进入更加警觉的状态，随时准备行动。

血清素：强迫症患者的血清素水平较低，被认为会导致强迫性思维。热恋中的人被发现血液中的血清素转运蛋白含量低于不处于恋爱状态中的人。因此，血清素的降低可能与陷入爱情中时我们总是强迫性地想到恋人有关。

3. 依恋

依恋指想要对爱人作出更持久的承诺。这时你们可能会想要和对方建立正式长久的恋爱关系。如果进展顺利，多巴胺会被荷尔蒙催产素和血管升压素所取代，这两种激素会产生与伴侣建立情感依恋的愿望。你想与伴侣拥抱、亲近，并与他（她）分享秘密，你们一起计划和梦想未来。

催产素：催产素是性高潮时（以及分娩和哺乳期间）释放的一种激素。这可能就是人们认为性爱能拉近夫妻关系并成为维系夫妻关系的"黏合剂"的原因。

血管升压素：科学家通过动物实验发现了血管升压素在依恋关系中的作用，当雄性动物服用抑制血管升压素的药物后，它们开始忽视自己的伴侣，不再与其他雄性"情敌"对抗。

三、亲密关系的本质——依恋

（一）成人伴侣之间的依恋

早期的依恋研究主要针对儿童，随着研究的深入，心理学家将眼光投向了成人世界，并且发现婴儿、照料者和成人恋爱伴侣之间的依恋具有很多共同特征。

（1）对方在身边能响应自己时，感到安全。

（2）双方之间表现出一定程度的亲密的身体接触。

（3）不能亲近对方时会感到不安，并渴望亲近对方。

（4）双方之间表现出互相迷恋和高度关注。

（5）会进行"婴儿般的交流"。

（二）成人的依恋类型

拥有不同依恋类型的儿童长大后会在亲密关系中表现出不同又有一定稳定性的心理行为模式。这些模式构成了成人依恋的类型，它既受童年经验的影响（很多人保持了和儿童时期同样的依恋类型），也受伴侣的依恋类型的影响。

心理学家认为不同依恋类型的人，有着不同的关于自我和他人的认知结构，即"内部工作模式"。不同的依恋内部工作模式决定了人们属于哪种依恋类型。

1. 安全型

安全型依恋风格的人能够自如地公开表达情感，他们可以依赖伴侣，伴侣也可以依赖他们。与安全型依恋风格的人的关系建立在诚实、宽容和情感亲密的基础上。虽然这种依恋类型的人享受亲密关系，但他们也不害怕独处。安全型依恋者往往对自己和他人有积极的看法，因此他们不会过分寻求外界的认可或肯定，他们可以成功地识别和调节自己的情绪，甚至帮助伴侣识别和调节自己。

2. 回避疏远型

回避疏远型依恋风格的人倾向于积极地看待自我，消极地看待他人。因此，他们更喜欢培养高度的独立感和自足感，尤其是在情感层面。回避疏远型依恋风格的人倾向于认为，他们不一定要在一段关系中才能感到完整，他们不想依赖他人，不想让他人依赖自己，也不想在关系中寻求支持和认可。具有这种依恋风格的成年人一般会避免亲密接触或情感上的亲近，如果觉得对方正在以这种方式依赖他们，就可能会退出一段关系。当他们面对潜在的情感冲突等情况时，他们也倾向于隐藏或压抑自己的情感。

3. 恐惧矛盾型

恐惧矛盾型依恋风格的人往往会根据自己的情绪和环境在焦虑痴迷型依恋和回避疏远型依恋之间徘徊。因此，具有这种依恋风格的人往往会在他们的社会关系中表现出混乱和模糊的行为。对于这类成年人来说，伴侣和关系本身往往是欲望和恐惧的来源。一方面，他们确实渴望亲密和亲近，另一方面，他们在信任和依赖他人时又会遇到困难。具有这种依恋风格的人往往很难识别和调节自己的情绪，而且由于他们害怕受到伤害，往往会避免强烈的情感依恋。

4. 焦虑痴迷型

焦虑痴迷型依恋风格的人对自我的看法是消极的，但对他人的看法却是积极的。这意味着他们可能会把自己的伴侣看作自己真正的"另一半"。由于这种依恋风格的人认为自己与其他人相比更不值得被爱，因此一想到没有伴侣或孤独一人的生活，他们就会高度焦虑。换句话说，他们非常害怕被抛弃。为了缓解这种被抛弃的恐惧，焦虑痴迷型依恋风格的人强烈渴望在人际关系中获得安全感，伴侣的关注、关心和回应往往是他们缓解焦虑感的"良药"。但如果缺乏支持和亲密感会导致他们变得更加粘人和苛求，对人际关系斤斤计较，并急于得到被爱的保证。

简而言之，焦虑痴迷型的人非常重视伴侣之间的关系，但往往对威胁他们安全的因素过度警惕，并且焦虑不安，担心他们所爱的人没有像他们一样投入这段关系中。

当个体了解自己的依恋风格后，就能够对亲密关系中的感受、想法和行为模式有更多的觉察和了解，而人一旦能够意识到自己的特点，就有使情形向好的方向改变的可能。此时，依恋似乎是自身的一种选择，不再是一个僵化的、无意识的模式，而是有意识的、相对灵活的自我风格。大学生在了解和接纳自己、接纳父母的基础上，就可以避免出现不良行为模式，努力修复和发展安全的亲密关系。

亲密关系经历量表

（三）重塑安全依恋

虽然依恋类型源于早期亲子养育的过程，有着相对的稳定性，但通过后期新的经验，个体也可以改变自己的不安全依恋，获得"后天获得的安全感（earned security）"。也就是说，假如在亲子养育过程自己已经形成了不安全依恋，但在后期，依然可以通过努力让自己获得"安全感"。可以尝试以下方法重塑安全依恋。

1. 了解你的依恋风格

了解4种主要依恋类型以及相关的想法和行为，这能让你发现自己关系史中的趋势，并制订计划打破无益的关系模式。

2. 检查你对人际关系的看法

对人际关系的看法往往在生命的早期就已经形成。如果你的照顾者本身是不安全依恋或疏于照顾，那么你很可能会不信任自己成年后的人际关系。因此，调查你当前人际关系的真实情况并放弃过往形成的负面信念非常重要。下一次，当你犹豫是否要信任你的伴侣时，试着找出证据来证明你的怀疑和担忧是否真的有道理。自我觉察一下你是否将过去关系中的经历投射到了当前关系中。

3. 采取与焦虑或回避风格相反的行为

依恋关系不安全的人往往会紧紧抓住他们的关系（焦虑痴迷型）或将自己置身于关系之外（回避疏远型）。如果属于焦虑痴迷型，可以尝试采取一些措施，让自己变得更加独立；如果属于回避疏远型，可以试着放下戒备，主动与人亲密接触。目标是找到一个平衡点，让亲密和独立都达到健康水平。要打破一种模式很难，但要提醒自己，改善人际关系模式会让你受益良多。

4. 增强情感意识

如果无法管理和处理自己的情绪，那么你很可能会在人际关系中更加被动，从而降低依恋的安全感。学会表达和耐受自己的情绪能让自己更好地理解伴侣的情绪。

5. 坦诚交流，倾听共鸣

要努力建立安全的依恋关系，就必须以尊重、敞开心扉的方式与对方沟通自己的希望、恐惧和担忧。非言语沟通同样重要，如眼神交流、点头和身体接触都有助于化解紧张。当冲突发生时，要以同理心倾听伴侣的心声，并确定对方感受到理解和联结，即使双方意见不同。

6. 寻找人际关系和谐的人

了解安全依恋型人是如何思考和行为的，是如何改善人际关系的。注意或询问他们如何在伴侣关系中设置适当的界限。在遇到关系冲突时，学会思考，如果是安全依恋型人会怎么想、怎么做。

7. 尽量减少压力

压力会加重依恋问题，尤其是与感情有关的变化。我们要积极主动进行自我保健，在冲突升级之前解决它。在努力实现安全依恋的过程中，请牢记这一原则：人际关系的和谐围绕着巧妙地表达自己的依恋需求和辨别伴侣的依恋需求展开。定期留出时间，思考你和伴侣如何才能让对方感受到尊重、理解和爱。坚持不懈地努力，这种做法能带来更亲密、更美满的关系。

依恋安全与压力应对

自主神经系统（autonomic nervous system，ANS）是人体压力反应的主要系统，它的功能是支配那些不受意识控制的组织和器官，如心肌。

危险和压力在激活自主神经系统的同时也激活了依恋系统，而依恋系统的核心功能是安全基地和缓解痛苦。因而依恋关系对个体在压力条件下的情感和生理反应有调节作用。心率和血压都可以反映自主神经系统的活动，在依恋生理测量中多用心率作为主要生理指标。科克帕特里克（1996）考察了大学女生在两种不同的实验室压力情境下的生理反应，一种是恋人在场，一种是恋人不在场，不同的依恋类型表现出了不同的生理反应。当恋人不在场的时候，回避型个体显示了强烈的压力反应。安全依恋型个体不管恋人是否在场，对压力的反应没有不同表现，说明安全依恋型个体可以将来自依恋对象的压力缓冲功能进行成功地内化。而回避型个体无法内化依恋对象，需要恋人在场给自己心理支持。总体而言，依恋安全型个体在生活中有着更好的压力调节能力。

第二节
大学生恋爱之答疑解惑

爱情有关两人的幸福，也是我们个人成长的课题。它让人好奇、渴望，但也让人不安。学习了爱情的知识，不代表我们就能够在亲密关系中游刃有余。接下来我们将从案例出发，讨论大学生恋爱中的常见困惑。

一、恋爱中如何不被情感控制

小林和恋人已经交往一年多了，对方是个无论在外表、学习还是社交能力上都很出色的人，但是最近一段时间以来，小林越来越感到不开心。对方经常以高高在上的语气批评、贬低小林，说小林不注意形象，学习不上进，对未来没有规划等。小林现在都不想在恋人面前表达自己的想法了，感觉无论自己说什么做什么都是不好的，也越来越不自信，觉得自己真的很糟糕。小林不明白，虽然对方确实比自己优秀，但就可以随意贬低自己吗？

从小林描述的关系互动来看，目前他所处的关系已呈现出不健康的状态。良好的亲密关系应该感受到接纳与爱，增加自信，而不是剥夺自尊心，甚至对自己产生怀疑。互相尊重是健康关系的基础。恋人对小林贬低体现了她自己缺乏同理心，更缺乏对小林的关怀和尊重。伴侣虐待不只是身体虐待也包括情感控制，情感控制包括羞辱、辱骂、控制伴侣做什么以及与谁交往、拒绝交流、无理由地扣钱和质疑伴侣等。长期遭受伴侣情感控制会导致自尊心降低、心理健康严重受损，甚至发展出抑郁和焦虑等心理问题。小林首先要做的是自我修复，重塑自尊自信。其次需要决定是否还继续待在这样的关系里。如果小林还想给对方一次机会，应该警惕对方做出伤害小林的行为，一旦对方再次出现这样的言行，要及时制止。如果两个人的互动模式无法改变，不如勇敢结束这段不健康的关系。出现上述状况时，小林可以寻求心理咨询师的帮助。

二、相爱容易相处难，怎么办

小童的恋情从高中一直持续到大学。他们的感情有甜蜜的时候，但频繁的争吵让小童感到疲倦。有时因为生活习惯争吵，有时会从一件小事上升到指责对方对感情的不重视。小童不知道别的情侣是不是也这样经常争吵，还是说明他们俩并不合适呢？

"心灵小窗"中，小童的恋情并不顺利，充满了冲突。心理学家弗洛伊德曾经说过，当我们在爱的时候是最脆弱的时候。恋人对彼此的一言一行特别敏感，如容易因对方的一言一行而感到愤怒和受伤，并引发矛盾。分歧、挑战和冲突是亲密关系不可避免的部分。常见的引发冲突的因素是感情和相处方式（包括情感表达不充分或太夸张、太独立或太依赖，是否能够相互倾听理解等）、伴侣双方生活规划（包括是否为此作准备、规划是否一致等）以及与其他家庭成员之间的矛盾。

心理学家尝试对关系中的冲突进行研究。从依恋角度出发，我们对伴侣的愤怒和攻击一大部分是个体的心理安全感受到威胁时表现出的依恋行为，就像婴儿感到妈妈要离开而不安地哭闹一样，目的是吸引伴侣的注意，重建情感联系与安全感。

对于如何处理和解决这些冲突，有以下建议：

（1）倾听时，不要总是听到那些攻击性内容，而是可以去理解、接受情绪背后的信息。当认为自己被攻击，你就会从对方的话语中听到攻击性。

（2）改变对话的方式，传递真正想说的信息，如"我觉得很累，不想洗碗了"，不使用攻击表达，如"你真懒"。

（3）倾听时，不要急着提出建议，先听完对方在说什么，他也许会从不同的角度提出意见。

（4）当意识到自己在将事情变得更糟时，停止争吵，阻止事情向更坏的方向发展，并推动积极的结局。

（5）考虑未来可能的冲突。对于已经发生过的冲突，要多交谈、倾听、探究，这对于未来解决类似的冲突会有明确的方向、一致的意见。

对于冲突，尽量用积极的视角看待，这能增进了解、解决问题。

三、怎样避免"恋爱脑"

晓文每次一谈恋爱就很上头，恋爱成为生活的重心，满心满眼的都是恋人。一方面她会不自觉地疏远朋友，另一方面对恋人有很强的情感依赖，恋人的一言一行都能拨动她的情绪。她变得有些失去自我，朋友圈也全是恋爱日常。朋友都说她是恋爱脑，她这样的状况正常吗？

通常将那些一旦恋爱就将所有精力放在爱情上，所有情绪都和恋人关联的人称作"恋爱脑"。从上述晓文的情况来看，她确实是典型的"恋爱脑"。科学研究表明，人陷入恋爱时，大脑会释放出多种化学物质，如多巴胺、催产素和儿茶酚胺等，从而导致情感上的高度兴奋和强烈的追求欲望。这种化学反应使人们变得极其兴奋和专注于自己所爱的对象，经常会产生恋爱幻觉、无法自拔的情感依赖和极度渴望与对方在一起的强烈欲望。

容易陷入"恋爱脑"与很多因素有关，如缺乏情感经历、孤独感强烈等。从依恋角度而言，"恋爱脑"的人很可能拥有焦虑痴迷型依恋。这种依恋类型的人会对伴侣产生极度的依赖和崇拜，以至于在一段恋爱关系中失去了自我。他们常常忽略了自己的需求和利益，而只关注伴侣的情感和需求。这种依恋对恋爱关系的健康发展会带来很大的困扰，可能导致不稳定的情感波动和相互依赖的不平衡。

恋爱中应该彼此平等、相互增进和共享快乐，而不是束缚自由和幸福感。"恋爱脑"容易让人在爱情中失去自我，同时让关系变得不平等、不健康。

那么，如何避免"恋爱脑"呢？首先，要保持理性和独立的思考能力。在追求爱情的同时，不要忘记自己的需求和目标，保持自己的独立性和个人空间。其次，建立稳定的人际关系和支持系统是避免"恋爱脑"的关键。如与家人和朋友保持良好的关系，有助于平衡个体情感的需求，减少对恋爱关系的极端依赖。

如果已经陷入"恋爱脑"，又该如何改变呢？认识到情感依赖问题是改变的第一步。通过寻求专业心理咨询等方面的帮助，有助于了解情感需求和依赖模式，减少对恋爱关系的过度依赖。

四、失恋痛苦怎么办

小鑫最近失恋了，分手以后，他的状态很糟糕，晚上睡不着觉，忍不住持续浏览对方的社交平台动态，脑中控制不住回想以前两人在一起的画面，越想越难过。他一直回想恋爱的经过，尤其是临近分手的那段时间，反复琢磨是不是自己的某句话、某个行为惹恼了对方。小鑫的情绪一直不好，感觉自己都快要抑郁了。

失恋总是伴随着痛苦和难以释怀。失恋后的每一天，我们都会被那些过往爱情里的美好回忆所折磨。分手之后，人的心理感受处于一个持续变化的过程。心理学家提出了"伤痛的五个阶段"，包括否认、愤怒、矛盾、抑郁和接受。第一个阶段，感觉很难接受分手这个现实，忍不住逃避和否认自己。到了第二个阶段，逐渐意识到分手这个事实，同时容易"因爱生恨"，产生愤怒情绪。第三个阶段，自我可能在内心产生挣扎与对抗，可能内心中一个声音在说"要看开一些"，另一个声音却拉住自己继续沉浸在悲伤中。到了抑郁阶段，失恋的人才彻底认清现实，逐渐接受现实，但失恋的阵痛和带来的情感创伤依旧萦绕心头，让人很难振作。在最后一个阶段，失恋的人基本上能够以平常心看待失恋，尽管很多时候还是会想起过往，但事已至此，人应该往前看。

失恋后，强烈的悲伤或愤怒会对身心造成极大的影响。因此，失恋后需要适当的情绪宣泄，可以选择大哭一场，找信赖的朋友倾诉，或者寻求专业的心理援助，也可以尝试做一些事转移注意力，如慢跑半小时，去做可以及时带来正向反馈的事情，促进多巴胺等"快乐激素"的分泌。

在情绪痛苦的同时，有的人会在挫折面前陷入反刍性的思维，即不断回忆事件，注意力无法从事件中摆脱，但这会放大事件的负面影响。如果很痛苦，可以尝试主动思考，最近还有没有别的事情要处理，有意识地调节自己的注意力，使自己尽快走出痛苦情绪。

第三节
大学生的性心理

一、性的内涵

性是人的生理属性和心理社会属性的统一。生理层面的性，强调的是男女两性在生物学上的差异，包括染色体、性腺、生殖器官和性激素的不同，也包括与生俱来的性的欲望、本能及性活动方式的不同。性的心理社会属性，指在社会文化影响下与性有关的认知、感受与表达，包括性别表达、性别角色、性价值观、择偶的选择、性爱偏好等。随着身体的发育和成熟，大学生更需要了解自己的性心理特征。

性别这一概念有着生物、社会和心理等多重维度。性别（sex）是植根于生物学的，一个人的性别可以通过观察生物学标准来确定，如性染色体、性腺、内部生殖器官和外部生殖器。大多数人被划分为生理上的男性或女性。性别（gender）也是一种社会建构。社会性别指的是在某种文化中的人们如何看待性别，如何感受性别，以及如何表现出符合性别规范的行为。性别认同指自我认知的性别，可以是男性、女性或其他性别。

二、大学生常见的性心理现象

大学生正处于生理发育成熟、性机能完善的阶段。性的成熟作为身心健康的内在动力，有力推动着一个人的心理发展。性欲、性念头和性兴趣伴随着性成熟而出现。以下是大学生常见的性心理现象。

（一）性好奇

从青春期开始，个体就对与性有关的知识和现象产生兴趣，会关注与性有关的内容。

（二）性幻想

从心理学视角看，性幻想是人在觉醒状态时，通过幻想的方式获得性快感的性心理现象。性幻想是一种正常的性生理和性心理现象。

（三）性梦

与性幻想不同的是，性梦发生在睡梦中。性梦是一种无意识或潜意识的性心理活动，是性自慰的一种形式，也是机体自身调整紧张性张力的一种心理防御机能，是正常的生理和心理现象，而且是自发的生理和心理现象，是不由人控制的，并不代表人的真正意愿。性梦不等于现实，所以性梦不存在道德评价意义。

（四）自慰

从现代医学和心理学观点来看，自慰是在性冲动时自我发泄性欲的举动。自慰是个体从出生后就存在的行为。

什么时候可以进行第一次性行为

这可能是我们一生中会遇到的最困惑的问题之一。当处于一段情侣关系中，开始觉得对方对自己有所期待时，这个问题就会变得格外复杂。但请记住，在性方面，我们永远不欠别人的。

我们可以通过思考以下问题来评估自己的情感准备情况：

（1）失去"第一次"对我意味着什么？

（2）我对与伴侣的性生活有什么期待？

（3）我对性行为有关的知识了解多少？

（4）我对自己的性需求了解多少？

（5）我是否能自如地向伴侣表达我的顾虑？

（6）性行为可能带来哪些结果，包括什么想要的和不想要的？

（7）我如何定义性行为在亲密关系中的位置？

（8）如果发生性行为后关系破裂，对我有什么影响？

除了情感，我们还要考虑性行为后意外怀孕和性传播疾病感染的可能性。因此，我们要了解性行为相关的知识，做好自我保护。

三、性羞耻与性压抑

性羞耻是一种普遍的心理，性羞耻有多种表现形式：

（1）对身体和生殖器官的羞耻。如看到学校生理课上的生殖器官图片会感到羞耻，当自己生殖器官感到不适的时候，羞于去看专科医生。

（2）对性行为的羞耻。如认为性行为是肮脏的，或者只有与生育相关的性行为才是正常的。

（3）对性欲望的羞耻。如对性幻想、性梦、性兴奋感到罪恶。

性羞耻还与性压抑密不可分，是性本能与性社会文化相互作用的结果。当性欲望受阻时，会出现压抑的状态，可能会导致心理失衡。严重者还会出现对性的厌恶和排斥。性羞耻和性压抑还会导致人在受到性伤害时，不敢发声求助。

破除过度的性羞耻和性压抑，需要我们接受正确的性教育，让"性"成为一个积极、正面的话题，对性保持科学、人性、开放的态度，才能塑造健康的性心理状态。

四、性安全

在此主要介绍不安全性行为与性骚扰：

（一）不安全性行为

安全性行为是指有保护措施，在安全环境下由双方自愿，没有强迫的情况下发生的性行为。不安全性行为包括过程不安全和选择的性伴侣不安全。过程不安全，指性行为前饮酒吸毒、不使用或不正确使用安全套等；选择的性伴侣不安全，如陌生性伴侣、临时性伴侣、商业性伴侣、不固定及多性伴侣等。不安全性行为会导致伤害身心等不良后果。

1. 意外怀孕

研究表明，有过性行为的大学生中，意外妊娠率超过10%。意外怀孕后的人工流产不仅会造成子宫内膜炎、输卵管炎、盆腔炎等疾病，多次人工流产还会对子宫造成不可逆的伤害，继而导致不孕不育。此外，意外怀孕和人工流产还会造成严重的心理伤害。经历了意外妊娠的大学生往往会产生抑郁、焦虑、恐惧、偏执等情感障碍，甚至不能正常完成学业。

2. 性病

性行为中没有保护措施，相当于使身体对各种性病病原体敞开大门。性病有多种，其中梅毒、尖锐湿疣、淋病、生殖器疱疹、沙眼衣原体感染等患病率排名靠前。致病微生物在无保护的性行为中，易通过精液、阴道分泌物、皮肤黏膜之间的接触进行传播。同时拥有多名性伴侣会使感染风险明显增加。

3. 艾滋病

艾滋病被认为是不安全性行为对人体产生的最大危害之一。目前，我国艾滋病的输血传播基本阻断，注射吸毒和母婴传播也得到了有效控制，性传播成为艾滋病的主要传播途径。研究显示，青少年群体中报告HIV感染者人数有持续增加的趋势。不安全性行为造成的艾滋病不仅威胁生命，也会带来心理阴影，导致患者处于焦虑抑郁和情绪痛苦中。

（二）性骚扰

性骚扰行为的外在表现形式多种多样，大致有三种类型，即语言性骚扰、身体性骚扰和环境性骚扰。语言性骚扰主要指带有性含义的挑逗、侮辱、威胁等冒犯性言论。身体性骚扰包括搂抱，触碰他人隐私敏感部位，向他人做下流的手势、动作等。环境性骚扰指行为人在某一场所创造的胁迫、敌意、羞辱或冒犯性的环境。

一旦性骚扰行为发生在自己身上，受害人要勇于维护自身权利。

性 同 意

性同意是一种进行性活动的协议，参与性活动的人必须都明确地表示同意，否则性活动将被视为性侵犯。

性同意的六大原则是：

1. 年龄小于法定性同意年龄的人不能给予性同意。
2. 意识不清的人不能给予性同意。
3. 性同意可以随时撤回。
4. 如果一个人受到胁迫、威胁或操纵，他/她就无法给予真正的性同意。
5. 现在的同意并不代表将来的同意。
6. "不"绝不是"是"。

预防和应对性骚扰，大学生可以做些什么呢？

首先，要主动学习应对性骚扰的相关知识，能够识别性骚扰和安全事件，了解性骚扰发生规律和求助程序。其次，关注不同场所的安全状况，特别是对安全状况较低的场所有所了解，增强风险防范意识。再次，积极参与平安校园和性别平等校园的建设。旁观者干预是减少校园性骚扰和欺凌事件的有效方法。还可以通过朋辈教育等方式，使更多的同学成为积极校园文化的建设者和违法行为的制止者。如果发生性骚扰，在保证自身安全的情况下适当取证。性骚扰发生后，受害者要第一时间去医院检查，视情况接受相关的心理咨询或心理治疗，同时用法律法规的手段保护自己。

心灵补给站

推荐书籍：《亲密关系》（作者：[美]罗兰·米勒）

亲密关系与泛泛之交有什么区别？吸引力的秘密是什么？男人与女人真的是不同的动物吗？同性恋真的是由基因决定的吗？单亲家庭的孩子长大后更容易离婚吗？什么是爱情？两性在发生一夜情及选择终身伴侣上有什么差异？爱情和性欲是由不同的脑区控制吗？亲密关系美满的秘诀是什么？米勒教授在本书中回答了这些问题，尤其澄清了通俗心理学所宣扬的经验之谈，甚至某些错误观点。

推荐书籍：《分手心理学》（作者：曹雪敏）

这是一本助人走出伤痛的理性疗愈书，从心理学和脑科学的角度，手把手教读者在关系破裂后认清自己、对方和关系。避免错误解读和处理，活出真正的自己，拥有持久的爱与亲密。当亲密关系出现波折时，也正是人们看见自我、重建自我的契机。这时你可能急切地想知道：为什么感情会出现问题？如何解读这段经历，走出伤痛？如何不再受原生家庭的影响？怎么做才能真正获得爱的能力？如何拥有持久的爱与亲密？经历本身并不能让人获得经验和成长，对经历的思考和理解才是最有用的。这本书会引导读者了解自我、强大自我。这本书提供了相关的心理学知识、理论和在实践中被证明有效的方法。在这些工具的引导下，思考会更有效，也会更容易找到真相，解决问题，重新认识亲密关系。学会爱自己、爱他人，蜕变后再从容出发。

亲密关系的破裂是人生中的一次丧失，这种丧失虽然不同于死亡，但也同样让人感到痛苦和绝望。而从存在主义心理学的角度来说，每一次丧失都是自我觉醒最好的时机，觉醒之后，人们将迎来更有能量、更自在的生命体验。

推荐电影:《丹麦女孩》（导演：[英]汤姆·霍伯）

1926年，哥本哈根风景画家艾纳和擅长人物画的格尔达结为夫妇。因为模特失约，格尔达为顺利完成画作说服了艾纳穿上女装救场。这次意外令艾纳多出一个女性人格"莉莉"，而后者亦成为妻子的灵感女神，让格尔达声名鹊起。只是随着沉睡女性人格的被唤醒，艾纳开始厌恶自己作为男性的身体，他渐渐发现"莉莉"不仅是艺术存在，更是真正的自己。格尔达也没有想到只是临时起意的游戏，竟为自己人生投下了一颗震撼弹，她该如何继续爱她的伴侣？她们在各种社会非议和误解中不离不弃，最后格尔达鼓励艾纳彻底变成"莉莉"。

推荐电影:《温柔壳》（导演：王沐）

片子讲述的是两位精神受困者间的爱情。双相情感障碍患者戴春和抑郁症患者觉晓相识于精神病院。两人都在由不幸的童年遭遇编织的囚笼里，浮在不见底也不见边际的海面。直到两人互相发现了对方，温柔成为各自灰白世界里唯一的颜色。戴春会为了哄觉晓开心做出捣乱的幼稚行径，会逃出精神病院，成为第一个为觉晓"找家"的人，帮觉晓释放被困的"囚鸟"。觉晓坚定地拉起戴春的手，两个"非正常"的人回到"正常的世界"，找力所能及的工作，过艰难而普通的生活。

这是一场双向救赎，它平铺开"边缘人"在社会生活中会面临的种种困难，以温柔的方式度过发病、歧视、撕裂的痛苦，孕育出或许只能得到两个人祝福的新生命。这段亲密关系极度理想化，美好到会让人笑着难过。

心灵保健操

金星火星大碰撞

有人说女性和男性来自不同的星球，不妨找到一位异性共同完成下面的表格！

	女性	男性
在感情上的需要		
情绪低落时的需要		
寻找自己价值的途径		

	女性	男性
对陪伴的期待		
面对矛盾时的习惯		
沟通时的方式		
……		

在共同填写前，自己先完成这份表格，再看看对方的答案和自己是不是一致，也可以看看别的搭档完成的这份表格。

"爱情不是 1＋1＝2，而是 0.5＋0.5＝1，各削去一半自己的个性和缺点，相互忍让和包容，然后凑在一起才完整。"

师小星："本章的学习让我认识到什么是爱情以及爱情的三个阶段，让我对爱情有了更深的理解。通过 ECR 测试，我检测到了我的依恋类型，这让我可以更好地预防爱情交往过程中出现的问题，同时以更好的心态面对问题。通过学习性心理，我探索了自己的性价值观，我们也要注意性活动中会出现的一系列问题。我将以一个轻松的心态面对爱情和性关系，不自卑、不歧视、不委屈、不强迫自己，爱情是平等的。"

第九章

情绪管理：
情绪识别表达与调适

怒不过夺，喜不过予。

——《荀子·修身》

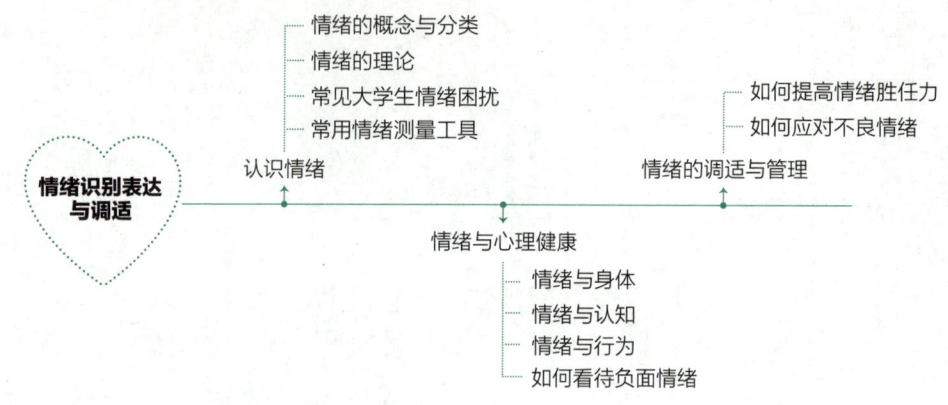

情绪识别表达与调适 → 认识情绪
　　情绪的概念与分类
　　情绪的理论
　　常见大学生情绪困扰
　　常用情绪测量工具

情绪与心理健康
　　情绪与身体
　　情绪与认知
　　情绪与行为
　　如何看待负面情绪

情绪的调适与管理
　　如何提高情绪胜任力
　　如何应对不良情绪

　　小江最近有点烦，情绪很不好。上学期期末的成绩让他很不满意，可是这学期的课更多了，他觉得自己学习效率不高，也不懂得如何管理时间，总是担心赶不上课程进度，这学期的成绩也会受影响。他发现自己学习的时候很难集中注意力，记忆力也不如以前，偶尔还会失眠，感觉心跳加快甚至头晕，这让他更担心了。

　　小江的父母一直对他期望很高，希望他在大学里能取得好成绩，将来有出色的职业发展。所以小江对自己的要求也很高，追求完美，害怕失败和被批评，担心达不到父母的期望。因为上学期的成绩不如室友，他发现自己变得不自信了，不敢在课上主动发言，课后也很少和同学交流，尽量避免参加集体活动。他感到压力很大，无法放松和缓解，导致情绪状态越来越差。

　　小江意识到这样下去不行，决定去找心理中心的咨询师聊一聊。通过咨询，小江知道自己出现了焦虑情绪，也学到了一些情绪管理以及应对压力和焦虑的技巧。他学会了用深呼吸和肌肉放松的练习来缓解身体上的不适，还学会了通过积极的自我对话和改变思维方式来调整自己的心态。他还试着制订详细的时间表，学会优先处理重要任务，避免拖延，逐步提高了学习效率，恢复了自信。经过一段时间的调整，小江感到焦虑减轻了。他发现这些方法可以帮助他更好地管理情绪，提高自我调节能力和情绪健康水平。

一、情绪的概念与分类

（一）情绪的概念

情绪充斥着人们的日常生活，每个人都有属于自己的情绪。情绪是人们对客观事物是否符合自己需求的体验，通常伴随着认知、感受、生理反应和行为等多方面的变化。情绪是一个复杂的过程，包括生理唤醒、内在体验、外显表现等多个方面。

1. 生理唤醒

情绪反应常常伴随着生理变化，包括心率、血压、呼吸等生理状态的改变，如紧张时心跳加快、害羞时满脸通红等。这些改变主要源于自主神经系统和内分泌系统的作用。我们也可以通过测量体温、心率、肌肉收缩、皮肤传导等生理信号的变化来了解情绪的变化和激活程度。

2. 内在体验

在情绪产生的过程中，我们通过自我觉察，产生了主观感受和体验。这种主观感受和体验使我们能够更好地理解和认识自己的情绪，并对其产生的原因和影响进行思考和分析。即使在同样的情境下，不同的人也可能会产生不同的内在体验。

3. 外显表现

情绪反应通常伴随着外部表现，包括面部表情、身体姿态和声音的变化，如激动时手舞足蹈、悲伤时痛哭流涕等。表情在人际交流中扮演重要角色，帮助我们有效地进行沟通。通过外显表情，我们既能传达自己的情绪，也能理解他人的内心世界，增进互动和共鸣。

（二）情绪的分类

情绪的种类丰富，可以根据不同的标准进行划分。通过了解不同的情绪，可以更好地理解情绪的本质和表现形式。

1. 基本情绪和复杂情绪

基本情绪是指原始的、与生俱来的情绪，而复杂情绪则是在基本情绪的基础上发展而来。基本情绪被认为是具有普遍性的情绪反应，呈现出特定的生理模式和相对一致的外显表情，主要指快乐、悲伤、愤怒、恐惧、厌恶、惊奇等情绪。在基本情绪的基础上派生组合，便形成了复杂情绪，如悔恨、羞耻、委屈等。

2. 情绪的维度

情绪的维度代表着情绪在特定方面的变化，如强度、愉悦度、紧张度等。根据情绪的愉悦度，可以区分积极情绪（如喜悦、幸福）和消极情绪（如悲伤、愤怒）。根据情绪的紧张度，可以区分情绪的生理唤醒水平，如平静和困倦。不同的情绪体现为在多个维度上的不同状态，如情绪的三维模型将情绪划分为三个维度：愉悦度（愉快—不愉快）、注意度（关注—拒绝）、唤醒水平（激活程度）。

3. 情绪的状态

情绪的状态是指在一定情境下的情绪体验。根据情绪的强度、持续时间和紧张度等指标，可以将情绪分为三种状态：心境、激情和应激。

心境是一种微弱持久且具有弥散性的情绪状态，能使所有的心理活动都带上一层情绪色彩，如伤心时感到闷闷不乐，所有事情都变得黯然失色。心境的持续时间因人而异，可能几小时、几周甚至更久。有些人能够迅速改变心境，而有些人则较长时间保持在同一心境中。心境的变化受外界环境和个人性格的影响，身处逆境的人往往会陷入低谷，性格豁达的人则更容易适应变化。

激情是一种短暂且强烈的情绪，通常在重大事件或对立冲突的刺激下突然爆发，如怒发冲冠、欣喜若狂等情绪表现。处于激情状态的人有时会失去对行为的控制，出现"情不自禁"的感受。激情可以激发强大的动力，但也可能带来破坏性和危害性，甚至导致严重后果。

应激是一种高度紧张且超负荷的情绪状态，通常是对压力、挑战或威胁的反应。应激会引发一系列的生理和心理反应，调动体内资源来应对紧急状况，如体能增加、警戒性提高、急中生智等。但强度过高或持续时间过长的应激反应可能会对身心产生负面影响，如意识狭窄、动作僵硬等。

二、情绪的理论

（一）早期理论

1. 外周理论

詹姆斯－兰格（James-Lange）提出了情绪的外周理论。该理论认为，情绪产生的原因是外周性的变化，即内脏活动的变化。刺激先引发了生理性的唤醒，包括肌肉变化或行为，之后再产生情绪体验，即事件—生理变化和行为—情绪感受。比如，过马路时突然从身旁驶过一辆车，你会立刻避让，并且心跳加速、四肢紧张、流汗等，之后你才会意识到刚才太危险了。这意味着情绪是由身体的变化和行为所引发的。外周理论强调了生理变化和行为在情绪产生中的重要性，为许多类似的情绪现象提供了合理的解释。

2. 中枢理论

坎农－巴德（Cannon-Bard）提出了情绪的中枢理论。该理论认为在不同的情绪状态下，人体的生理变化非常类似，这意味着即使具有相同的生理反应，人们很可能有不同的情绪体验。中枢理论认为情绪是通过中枢（丘脑）控制产生的。来自丘脑的信号传输到大脑皮质，产生情绪感受；同时传输到交感神经系统，产生生理唤醒，即事件—同步产生情绪感受、生理变化和行为。比如，当晚上独自走路回家时听到后面有脚步声，你会既感到紧张害怕，同时也加快了步伐。中枢理论重视中枢（丘脑）在情绪产生中的关键作用，促进了对情绪中枢机制的研究。后续研究揭示了下丘脑和边缘系统等多个脑区在情绪产生和调节中的重要作用，有助于更好地理解情绪的机制。

（二）情绪的认知理论

随着认知心理学的发展，心理学家们逐渐意识到，情绪的产生不只是由于外周变化和中枢控制的反应，认知才是情绪产生的关键因素。

沙赫特－辛格（Schachter-Singer）提出了情绪的认知归因理论。该理论认为，情绪的产生是在对生理唤醒进行认知解释后的反应。刺激引起生理唤醒，认知对生理唤醒进行标记，而标记依赖于对事件原因的解释，即归因。归因不仅基于当前情境的评估，还结合了过去的经验。情绪产生是认知过程、生理反应、环境因素在大脑皮质中整合的结果，即事件—生理变化—认知归因—情绪感受。阿诺德和拉扎鲁斯（Arnold, Lazarus）也分别强调了认知评价在情绪产生过程中的重要作用。他们认为，认知评价是从刺激情境出现到情绪产生的中间环节，即刺激—认知评价—情绪。通过认知评价来确定刺激情境对人的意义，不同的认知评价导致不同的情绪体验和反应。例如，同样是考了85分，同学A因为觉得成绩不错而感到开心，而同学B因为和上学期相比退步了则感到失落。

情绪产生实验

沙赫特和辛格设计了情绪产生实验来验证生理、认知和环境因素对情绪产生的影响。

首先，他们给三组大学生注射肾上腺素，使他们处于相同的生理唤醒状态。

其次，他们告诉第一组被试注射药物后将产生心悸、手抖、脸发热等反应（真实效果）；告诉第二组被试注射药物后将产生双脚麻木、头痛等反应（相反效果）；告诉第三组被试，药物是温和无害的，没有任何副作用（无效果）。这样一来，三组被试对自身的生理状态产生了不同的认知解释。

最后，每组被试被分别安排进入两个实验情境中：一个是看滑稽表演的愉快情境，另一个是被迫回答烦琐问题并受到责备的激怒情境。实验者通过观察被试在实验情境中的情绪反应来验证不同因素对情绪产生的影响。

结果显示，第二、三组被试的情绪反应与实验情境一致，而第一组被试在两种情境中都比较平静。这是因为第一组的被试能正确估计和解释生理反应的影响，因此能平静地对待环境作用。而第二、三组被试由于对生理唤醒存在错误的认知解释，导致情绪反应随环境的变化而变化。

据此，沙赫特和辛格提出，情绪是生理状态、认知过程和环境因素共同作用的结果。其中，认知因素对情绪的产生起关键作用，对生理反应的认知解释决定了个体在不同环境下的情绪反应。

三、常见大学生情绪困扰

大学阶段是学生从学校踏入社会的过渡阶段，大学生的情绪既保留了青春期的情绪特点，同时也逐渐变得成熟起来。首先，在大学不同的年级阶段，学生的情绪状态会呈现出不同的特点。刚入学的大一新生可能会感到兴奋、紧张和不安，面临着适应新环境、结交新朋友和学习新知识的挑战。随着时间的推移，大二、大三的学生逐渐适应了大学生活，对自己的未来和职业规划可能会产生焦虑和压力。到了大四，学生面临毕业和就业的压力，情绪更加复杂和矛盾。其次，大学生的情绪发展存在差异。不同的个体有不同的表达和管理情绪的方式，有的人容易陷入消极的情绪，如沮丧、焦虑或者愤怒；而有的人可能更倾向于积极的情绪，如兴奋、乐观或者幸福。这些差异受个人性格、家庭教育和社会环境等因素的影响。

大学生处于自我认知和自我发展的关键阶段，情绪体验通常较为强烈。大学生面临着许多新的挑战和压力，如学业压力、人际关系的变化、未来发展的不确定性等。大学生处于情绪管理能力的发展阶段，他们正在学习如何有效地应对和调节自己的情绪。以下列出了一些大学生常见的情绪困扰。

（一）焦虑

焦虑是大学生常见的情绪问题之一。大学生面临学业压力、社交困难和未来发展不确定性等挑战和压力，导致他们感到紧张、担心和不安而产生焦虑，如学业焦虑、社交焦虑、考试焦虑、演讲焦虑等。

小吴在社交场合感到特别不自在、紧张。无论在课堂上还是在集体活动中，他总是觉得不知道该说什么。他担心会说错话或做出让人尴尬的事情，所以小吴选择避免与人交往，尽量保持安静。

面对大量的学习任务和考试，大学生会担心达不到期望标准而感到忧虑、紧张。适度焦虑有助于激发学习动力和维持注意力，让学生更专注、更努力，提醒他们提前规划、作好准备迎接挑战。但是，过高的焦虑也会让学生失去自信，注意力不集中，记忆力下降，导致学习效果不佳。有的学生有社交焦虑，担心被评判或被拒绝，对人际交往感到忧虑、恐惧，甚至会回避。

（二）抑郁

小玲和男朋友最近分手了，情绪低落。她不停地回忆和前男友一起度过的美好时光，感到自己被背叛。她开始怀疑自己，觉得自己各方面都不够好，因此得不到持久的爱和幸福。她经常没胃口，体力也变差了，没有精力参加活动，对曾经的爱好也不再感到有趣。

抑郁是人们无法有效应对外界压力时所产生的情绪，如结束一段关系、完成重要任务时失败等经历常常会引起抑郁反应。许多大学生会经历短暂的抑郁状态，表现为情绪低落和消沉、睡眠问题、食欲改变、体力下降以及自我怀疑和自我评价下降等。抑郁情绪的出现很正常，是对生活中的困难和挫折的一种自然反应，大多数人的抑郁情绪在一段时间之后会自行消退。然而，有的人会长期处于抑郁状态，并发展成抑郁症，这是一种更严重、持续时间更长的心理障碍，对个人的日常生活和社会功能产生明显负面影响。

（三）愤怒

小钟最近总是感到生气和不满，觉得有些事情不公平，于是经常对家人和朋友发脾气。他发现自己容易被小事惹生气，很难控制住自己的情绪。前几天和室友吵架时，他冲动之下说了一些伤人的话。

愤怒通常是由于无法实现愿望而产生的强烈情绪反应。有的大学生容易因外部刺激而感到愤怒，与他人发生争吵和冲突，甚至采取攻击性行为，如言语攻击、物品破坏。情绪控制能力差、冲动的个性等因素也容易导致愤怒情绪产生。极端的愤怒情绪可能会引起冲动或暴力行为，对他人或自己造成伤害。有的大学生误解了愤怒的作用，认为通过愤怒可以威慑他人、维护自尊或实现个人愿望。但愤怒并不总是消极的，它可以是表达不满和倡导公平正义的有效方式。因此，学会适当地表达和管理愤怒，可以避免愤怒情绪带来的不良后果。

（四）恐惧

小梁极度恐高，即使在安全的高楼上也会感到害怕。只要站在稍微高一点的楼梯上，她就会感到头晕和无力，严重时甚至会恶心和呼吸困难。因此，小梁会尽量避免接触高空活动。

恐惧通常由对潜在威胁或危险的感知所引发，表现为心跳加速、出汗、四肢冰凉等生理反应，以及回避、警觉和紧张等行为反应。尽管恐惧体验是令人不安的，但从生物进化的角度来看，恐惧可以帮助个体识别并避免潜在的威胁，从而提高生存的概率。与其他情绪一样，恐惧也是适度有益、过度不利。恐惧情绪可以阻止我们去做可能受伤的事情，也帮助我们记住曾经引起创伤的危险信号。适度的恐惧可以激发潜能并提高效率，面对并克服恐惧可以促进个人的成长和发展。过度的恐惧则可能严重影响日常生活，导致身心俱疲，并引发一系列身心问题。

四、常用情绪测量工具

90项症状清单（SCL-90）：常用于测量整体情绪状态。包含90个项目，5级评分，涵盖情绪、思维、行为、人际关系、睡眠、饮食习惯等方面的状况。

积极和消极情绪量表（PANAS）：可用于测量积极和消极情绪体验。包含20个积极和消极情绪形容词，5级评分，可评估每种情绪体验的强烈程度。

焦虑量表：常用的有焦虑自评量表、状态－特质焦虑量表、贝克焦虑量表、广泛性焦虑量表等。焦虑自评量表（SAS）用于评估焦虑的主观感受，包含20个项目，4级评分。状态－特质焦虑量表（S-TAI）包含状态焦虑问卷和特质焦虑问卷，各有20个项目，状态焦虑量表的得分反映当前焦虑的严重程度，特质焦虑量表的得分反映平时的焦虑情况。

抑郁量表：常用的有抑郁自评量表、流调中心用抑郁量表、贝克抑郁量表等。抑郁自评量表（SDS）用于评估抑郁的主观感受，包含20个项目，4级评分。流调中心用抑郁量表（CES-D）是一种广泛用于大规模流行病学调查的工具，包含20个项目，4级评分，着重于抑郁情感或心境的测查。

情绪智力量表（EIS）：包含33个项目，5级评分，可评估情绪知觉、自我情绪管理、他人情绪管理、情绪运用等方面的能力。

第二节
情绪与心理健康

一、情绪与身体

（一）自主神经系统

自主神经系统调控机体各器官和组织的活动，情绪变化会影响其活动水平。人在紧张、恐惧或愤怒时，交感神经系统激活，身体进入"战或逃"状态以应对危险。人在放松、安心或满足时，副交感神经系统发挥作用，帮助身体进入"休息和消化"状态以恢复和储备能量。

（二）内分泌系统

情绪的变化可以影响激素的分泌。当人感到紧张时，交感神经系统会刺激肾上腺分泌肾上腺素、去甲肾上腺素。它们帮助身体进入警觉状态，提高注意力和反应能力，并提供情绪的能量，让人产生兴奋或激动的体验。

（三）应激与健康

应激反应表现为交感神经系统兴奋，导致肾上腺素分泌增加，如心率加快、血压升高、呼吸加快、汗液分泌等。这种反应帮助个体对突发威胁性情况作出反应。持续性的应激反应对身体的影响称为一般适应综合征（GAS），主要包括三个阶段：警觉、抵抗、衰竭。第一个阶段，交感神经系统活动增强，为应对威胁作准备；第二个阶段，肾上腺持续分泌激素，保持长时间的高水平活动，如抵抗感染、治愈伤口；第三个阶段，持续反应导致身体损耗，出现虚弱和疲劳，激素的持续分泌导致心血管系统、免疫系统及其他器官组织受损。研究发现，应激可导致多种疾病，如溃疡、哮喘、高血压、关节炎、睡眠障碍等。个体经历的应激事件越多，罹患疾病的可能性越大。

二、情绪与认知

情绪对认知的影响体现在注意、知觉、记忆等方面。情绪是一种心理状态，对信息加工起到组织、协调、促进或阻碍的作用。正向情绪有助于促进认知操作，负向情绪会抑制或干扰认知操作。中等程度的情绪唤醒水平最有利于认知操作，且最佳水平随着认知操作的复杂性而变化，这体现了情绪强度与认知操作之间的关系，即耶克斯－多德森定律（Yerkes-Dodson law）。

情绪能吸引人的注意力，如威胁会迅速吸引注意力，而积极情绪可以扩大人的注意范围，帮助我们处理多个任务。情绪在记忆中扮演着重要的角色。情绪唤醒可以帮助人更好地记住重要的事物，并且影响对记忆信息的提取和处理方式。

情绪可以促进记忆形成，并提高记忆强度。这是因为情绪常与事件的重要性相关联，情绪性记忆也使我们能更好地应对类似的重要事件。比如"闪光灯记忆"现象，就是一种充满情绪、生动、画面感强的记忆，这些记忆能更深刻地停留在脑海之中。

情绪可以促进记忆的加工，产生心境一致性效应。在处理信息时，我们对于与当前情绪一致的内容会表现出更高的敏感性，即与当前情绪一致的信息更容易被发现、注意和进行深度加工。积极情绪有利于积极信息的加工和回忆，消极情绪有利于消极信息的加工和回忆。

情绪对记忆提取也会产生影响，即情绪依赖性记忆。当前的情绪和将事件存入记忆时的情绪相同时，更容易提取相关的信息。也就是说，当心情愉快时，我们更有可能回忆起在愉快的时候发生的事情；而当感到悲伤时，更容易回忆起之前悲伤的事情。

情绪状态良好时，思维敏捷，思路开阔，解决问题迅速；情绪状态不佳时，思维受阻，操作迟缓，创造性丧失。强烈的情绪会打断思维加工，持久饱满的情绪则能激发动力完成任务。情绪影响我们对信息的解释和归因。悲伤的人更容易进行批判性思维和逻辑分析，而高兴的人更容易冲动或依赖直觉。

三、情绪与行为

情绪会影响人的行为决策。在作决策时，个体会迅速评估各种选项和结果，并根据预期的情绪指导决策，尽量避免选择会带来后悔和失望情绪的选项。当前的情绪也可以作为一种信息线索，直接影响决策过程，如焦虑和恐惧情绪会影响我们作出冒险的决策。当负责情绪的脑区受损时，人们常常会作出冲动的决策，因为此时无法很好地预测错误决策的后果和情绪体验。

虽然依赖情绪进行决策并不总是正确的，但情绪反应通常是快速的决策指导。在某些情境下，这种直觉反应更符合个人偏好和价值观，但要注意情绪可能存在偏差和局限性，毕竟基于情绪的决策无法覆盖所有因素和可能性，在重大决策行为前需结合理性的分析判断。

四、如何看待负面情绪

虽然我们常常将负面情绪视为不利的、需要消除的，但实际上，它在生活中有着重要的作用和价值。例如，负面情绪其实是一种信号，提醒我们注意自己未被满足的需求或者存在需要解决的问题，并推动我们采取行动改变不利的环境或状况。但如果负面情绪长期存在，的确会对个体的心理健康产生不利影响。

我们可以通过转移、合理宣泄、转化等方法来应对负面情绪：① 可以通过其他活动来转移注意力，如运动、听音乐、冥想、社交活动和做自己喜欢的事情。② 合理宣泄负面情绪，如"大哭一场"。③ 可以寻找转化它们的方法，如调整对于负面情绪的态度和思考方式。理性情绪疗法就是一种有效的策略，可以帮助我们理解和处理负面情绪。其中，"ABC"模型是理性情绪行为疗法的核心，也是分析和处理问题的基本工具。理性情绪行为疗法认为，人们对事件的反应并非直接由事件本身引起，而是由他们对事件的评价或解释引起。因此，改变不合理的信念，可以改变个体的情绪反应，达到调适和管理情绪的目的。

哭泣与情绪变化

有97名女大学生在40~73天内完成一次名为"哭泣日记"的测试。结果显示，在大多数情况下，哭泣后人们的情绪没有发生改变（60.8%），但有30%认为哭泣后情绪出现积极的变化，只有8.8%认为哭泣导致情绪恶化。

研究还发现，哭得越凶越惨烈，心情可能好得越快（但别哭太久），在大哭一场后有一种无力感，但会引起情绪的积极变化。研究还发现，哭泣时身边有人陪伴比独自一人哭，或面对很多人哭更能引起积极的情绪变化。

第三节
情绪的调适与管理

一、如何提高情绪胜任力

情绪胜任力是指个体能够自如地表达和释放内心情感的能力，包括有效地主导和表达情绪的能力以及适应和协调环境的能力。它可以帮助人们识别、解释与回应自己和他人的情绪，主要包括以下4个方面：第一，觉察和表达自身的情绪，能意识到自己的情绪及变化，能正确表达复杂情绪；第二，调节和管理自身的情绪，能适应性地应对消极情绪，能保持积极良好的情绪状态；第三，理解和共情他人的情绪，能敏锐觉察他人的情绪，体会他人的情绪感受；第四，适应和灵活处理他人的情绪，能回应他人的情感需求，建立良好的人际联系和沟通。

小张发现他对自身情绪的感知能力比较弱。他常常情绪起伏不定，无法准确地识别和理解自己的情绪。为了提高情绪觉察能力，他开始记录一天中情绪的变化，分析遇到不同事情时自己的情绪反应，然后给这些情绪"贴标签"命名，用具体的情绪词来描述和表达情绪感受。

（一）如何提高情绪的觉察能力

许多技巧可以帮助人们增强对情绪的感知和理解能力，包括：① 感受情绪，观察并用文字或语言表达内心的情绪体验，客观真实地接受一切情绪状态和变化；② 辨析情绪，清楚地辨析自己的情绪，找到与情绪相关的想法和行为，通过观察他人的表情和身体语言来理解他们的情绪；③ 识别情绪模式，有意识地记录情绪，如情绪日记或周记，分析情绪产生的模式，借助他人的反馈或专业人士的帮助来进一步增加觉察。"心灵小窗"中的小张使用了情绪观察和情绪标签化的方法来提高自己的情绪觉察能力。

小武意识到有时无法很好地表达自己的情感和需求。与他人交流时，他经常感到紧张、不敢开口。为了提高情绪表达能力，他开始观察那些自信表达的同学，发现他们说话时表情丰富、语言生动。小武还加入了话剧社，通过社团活动提升表达技巧。

（二）如何提高情绪的表达能力

提高情绪的表达能力可以尝试以下方法：① 学习和掌握更多的情绪词汇，更准确地描述和表达自己的情绪状态；② 运用修辞手法，使情绪表达更有感染力和生动性；③ 丰富表达情绪的途径，比如写日记、演讲、绘画、唱歌、表演等，更全面地表达情绪感受。"心灵小窗"中的小武使用了模仿他人和戏剧练习的方法来提高自己的情绪表达能力。

适应性情绪表达

情绪表达与身心健康的关系并非简单的线性关系，不是所有的情绪表达都有益于健康，也不是所有的情绪抑制都是不利的。恰当的情绪表达有利于减轻心理压力，释放焦虑情绪，促进心理健康，减少心理疾病的发生。

有研究将大学生的情绪表达分为适应性情绪表达、抑制性情绪表达和过度性情绪表达。适应性情绪表达即指个体识别并尊重自己的内在情绪体验，并以恰当的、适应社会情境的方式或强度表达出来的能力。抑制性情绪表达指压抑情绪不表达，过度性情绪表达是情绪表达反应过度，这是两种不适应的两极化表现。研究表明，大学生情绪表达能力总体存在抑制性情绪表达较为普遍、过度情绪表达破坏性大、适应性情绪表达有待提高等问题。适应性情绪表达和过度性情绪表达与外倾性显著正相关，抑制性情绪表达与外倾性显著负相关，适应性情绪表达与人际关系困扰显著负相关，抑制性情绪表达、过度性情绪表达与人际关系困扰显著正相关。大学生的情绪表达受自我、他人和情境因素的影响。

（三）如何使用情绪调节策略

小宋在准备考研期间很焦虑，虽然整天都在宿舍学习，可总是走神、心慌，觉得进度慢。于是，他尝试了一些调节情绪的方法，首先，每天去图书馆学习，图书馆安静、学习氛围好。然后，每天给自己一些积极暗示，如"我时间很充足，考研就是检验学习效果的机会"。之后，小宋还开始慢跑，白天复习，晚上跑一会儿，感觉身心放松，情绪状态变得积极起来。

情绪调节策略包括情境关注策略、认知关注策略、反应关注策略等。在不同的情况下，有些策略可能比其他策略更好用，但重要的是找到适合自己需求的有效策略。

1. 情境关注策略

情境关注策略是通过选择或改变情境来控制和调节情绪，包括：① 避免或改善消极场景可降低负面情绪，寻找积极场景可增强积极情绪，如"心灵小窗"中的小宋选择把学习地点从宿舍改为图书馆。不过，完全避免消极场景有时不现实，长期回避有压力或不愉快的场景会影响社会生活，如因为紧张而不参加考试，因为害怕被拒绝而不与人交往。② 主动采取措施改变环境，试图控制场景或预测事件以作好准备。当面临挑战时，想象一下自己如何应对可以增强掌控感，类似事前的心理训练。③ 选择经历一些强度较轻的应激事件，通过心理脱敏的方式来增强掌控感，即通过练习一些应对技巧，来更好地应对更具挑战性的场景。

2. 认知关注策略

认知关注策略是面对超出我们控制范围的情境时，可以尝试改变对事件的看法或思考方式以调节情绪，包括：① 注意控制。将注意力从可能引发负面情绪的刺激和想法上转移，如暂时不去想这件事，等到明天再处理。这种策略需要耗费心理能量，如果感到疲劳或长时间进行注意控制，可能会失效。② 认知重评。改变对特定情境的思考方式，以控制情绪体验。比如房间里有只蜘蛛让你感到害怕，你可以想象蜘蛛弱小而无助地被困在房间里，从而产生同情而不是恐惧。认知重评是一种有效而健康的情绪调节策略，而且形式多样。比如，人际互动中的换位思考，同学没和你打招呼不是因为"他不喜欢我"，而是"他可能今天心情不好"；还有正性重评，关注负性或挑战性场景中的积极方面，比如"心灵小窗"中的小宋选择将备考视作一次成长的机会。

3. 反应关注策略

反应关注策略是改变情绪的感受或表达，而不是改变情境或评价来调节情绪，包括：① 情绪逃离。这种策略一般不具有建设性，也无法真正解决问题。② 情绪表达抑制。尝试克制或屏蔽情绪行为表现，如表情，通常在情绪表达可能有风险的情况时使用。③ 情绪宣泄。通过充分体验和表达释放强烈的情绪，但过度沉浸于消极情绪中不利于解决问题，甚至影响心理健康。例如，记录情绪事件比纯粹发泄情绪更有建设性，因为通过书写可以尝试梳理和理解自己的情绪反应。另外，情绪表达带来的良好社会支持也会产生有益效果。④ 锻炼和放松，锻炼可以让人远离压力情境、提升健康水平、释放内啡肽等。放松可以降低肌肉紧张度和自主神经激活水平，有助于恢复精力。定期进行中等强度运动可以改善情绪、预防抑郁和焦虑，如"心灵小窗"中的小宋选择每天慢跑的方式调节情绪。

二、如何应对不良情绪

（一）如何应对压力和焦虑

本章"心灵故事"中的小江，由于学业压力大产生了焦虑情绪，通过咨询师的帮助，他学会了一些应对压力和焦虑的技巧。应对压力和焦虑通常可以尝试以下方法：① 聚焦问题，直面困难并积极寻找解决办法。比如完成作业时遇到困难，可以与老师沟通或向同学求助，"心灵故事"中的小江选择制订合理的学习计划，以解决学习效率不高的问题。② 聚焦情绪，采用心理防御机制以情绪化的方式应对压力，这可能包括否认、转移、合理化等策略。如感觉某门课程太难时，告诉自己这门课考得不理想很正常很普遍，从而减轻压力感。③ 保持乐观，可以提高信息加工能力，增强自尊和自我效能感，将压力视为挑战和机会，并相信自己有能力应对和克服困难。④ 与他人分享，寻求建议和支持，可以更好地应对压力，"心灵故事"中的小江选择寻求心理咨询师的帮助缓解焦虑。

当压力过大导致焦虑情绪出现时，可以尝试以下方法应对：① 认知法。识别担忧的感受，提高对不确定性的容忍度；延迟焦虑，等事情发生时再考虑，事情没发生时不过度担心；驳斥焦虑，自我反思，思考焦虑的事情是否真的会发生，了解可能的最坏结果，制订计划并积极行动，能做到，就不必担心，做不到，担心也无用。② 放松法。包括呼吸放松、肌肉放松、想象放松等多种方式。呼吸放松通过调整呼吸的节奏和深度来实现；肌肉放松通过主动放松身体的各个部位肌肉来进行，可以根据需要对局部肌肉或全身肌肉进行；想象放松通过设想自己在一个安静和舒适的环境中，如海边或森林，充分调动各个感官通道的体验来达到身心的放松状态。

（二）如何缓解抑郁、孤独与哀伤

小雪进入大学后常常感到孤独和无助，没有归属感，也没有好朋友。她觉得很难和人建立真诚的友谊，有时感到被排除在外，逐渐变得情绪低落，缺乏自信和动力。辅导员注意到了她的情况，鼓励她参与班级活动、加入校园社团。在这些活动中，她发现自己对音乐和舞蹈很有兴趣，也遇到了一些志同道合的朋友，渐渐找到了大学生活的乐趣，提升了情绪和自我价值感。

缓解抑郁情绪的方法包括：① 改变认知。通过改变思维方式和看待事物的角度，重新评估负面事件，减少悲观情绪。比如，一门考试失败可以看作了解自己不同能力的机会，而不是认为自己学习能力差。② 健康的生活方式。比如，晒太阳对季节性抑郁有益，规律的有氧运动如慢跑、跳舞等可以有效缓解抑郁，保持良好的睡眠。③ 积极的自我暗示。鼓励并接纳自己，珍视自己的优点，不过分放大缺点，用信心替代自卑。④ 寻求有效的社会支持和情感支持。适当宣泄情绪，如听音乐、画画、写日记等。⑤ 专业的评估与治疗。如果抑郁情绪严重程度较高且持续时间较长，或出现自伤自杀的想法或行为，应及时寻求专业的心理咨询师或精神科医生的帮助。

孤独也是大学生中常见的不良情绪，缓解孤独的方法包括：① 情绪宣泄。比如，大哭一场可以释放内心的压抑。② 培养兴趣爱好。比如，通过参加活动扩大社会交往范围。③ 合理安排作息。良好的作息习惯可以帮助保持身心健康，避免因孤独而感到空虚和无所适从。④ 寻求社会支持。与家人和朋友保持沟通，必要时寻求专业帮助。

小王最近得知爷爷因车祸去世，这对他来说是一次重大打击。他和爷爷感情深厚，小时候父母不在身边，是爷爷奶奶抚养他长大。爷爷的突然离世让小王痛苦不堪，没能见到爷爷最后一面让他感到非常遗憾。得知消息之后，小王陷入了悲痛之中，对日常生活和学习失去了兴趣。每逢夜晚，他总会默默流泪，脑海中不断浮现与爷爷相处的点滴。他知道自己需要振作，继续努力生活，但却觉得难以做到。

哀伤是由重大丧失或挫折引发的强烈情绪反应，如亲人离世、家庭变故、失恋等。这些事件会改变生活常态，带来心理上的冲击和失落感，并引发一系列复杂的情绪变化，包括否认、愤怒、讨价还价、抑郁和接受等。经历重大丧失或挫折之后，出现哀伤是一种自然的情绪反应，也是逐步接受新的生活和恢复正常生活的重要过程。然而，如果哀伤被压抑，或是反应过度或持续过久，又缺乏适当的支持和处理，可能会发展为严重的心理问题。处理哀伤情绪的方法包括：① 接纳不良情绪。允许自己感到悲伤、痛苦、愤怒等，给自己一段时间去适应和接受现实。② 情绪表达和宣泄。把自己的感受分享给信任的朋友或亲人，或是将心中的感想书写下来，有助于从不同角度去理解事件带来的影响。③ 转移注意、放松身心。将注意力投入到个人爱好或具有疗愈性的艺术活动中，如阅读、听音乐、冥想、运动等，有助于逐步找回生活的乐趣和积极的心态。④ 寻求专业帮助。如果感到哀伤反应过度或持续过久，应寻求心理学专业人士的帮助。比如，"心灵小窗"中的小王如果在事件之后连续几周甚至数月还沉浸在哀伤之中，严重影响日常生活和学习，那么就有必要去寻求专业帮助。

（三）如何处理愤怒

小曾和室友的生活习惯不同，经常闹矛盾。上周室友忘了倒垃圾，宿舍里味道很难闻，小曾感到非常愤怒，一气之下把室友的衣服扔进了垃圾里。辅导员听说后，希望两人好好谈一谈，一起制定宿舍公约，解决打扫卫生的问题。小曾也意识到冲动不是解决问题的好办法，想试着控制自己的愤怒情绪。

小菲性格温和，总是与人为善，避免起冲突。室友总在深夜打电话，她虽然心里烦躁，但会默默戴上耳机而不提出来。组员没有按时完成小组作业任务，她也不会抱怨，而是尽量把作业完成。但长期的压抑使她感到很辛苦，甚至会莫名其妙地对家人发脾气，有时还会头疼和失眠。她意识到自己的忍耐无法解决问题，反而使问题越积越多，但又不知道如何合理地表达愤怒而不至于影响人际关系。

关于愤怒情绪的控制，可以尝试以下方法：① 思维转换。用平静的思维代替愤怒的思维，将事情解释得不那么威胁或敌对。愤怒的来源往往是将错误解释为故意，如"心灵小窗"中小曾室友其实是忘了倒垃圾，而不是故意不倒垃圾。另外也可以考虑给对方一个解释的机会，可能事出有因。② 社会技能训练。人际冲突是愤怒的主要原因，而导致冲突的原因是交流不顺畅。社交技能训练帮助我们更好地表达自己的需求，用平和的方式进行沟通，减少误解和冲突。③ 等待或转移愤怒。情绪爆发或压抑愤怒都不是明智之举，情绪爆发可能导致后悔并损害关系，压抑愤怒对身心健康不利。可以冷静下来后以平静的方式表达，也可以通过愉快的回忆或有趣的场景转移注意力，减轻愤怒情绪。④ 暴露法。逐渐暴露自己于一些触发愤怒的情况中，然后通过放松练习来保持情绪的平静，这可以帮助我们逐渐适应和控制愤怒的情绪。⑤ 问题解决。尝试寻找解决办法，而不是陷入愤怒之中，如"心灵小窗"中小曾的辅导员提出制定宿舍公约。

有效地管理愤怒情绪可以帮助我们避免因愤怒过度而带来的负面影响。然而，在生活中有时也需要合理、健康地表达愤怒和不满，维护自身的权益，向他人表达自己的需求和期望，建立和谐平等的人际关系。比如，"心灵小窗"中的小菲总是压抑愤怒情绪并且回避冲突，反而使得问题积累，进而影响到自己的身心状态。下面是一些合理表达愤怒的方法：① 保持冷静、理性分析。理解自己为何会感到愤怒，明确情绪的来源以及自己的核心需求。② 选择合适的场景进行沟通。语气平和、不指责对方，从自身出发表达情绪和需求。比如，"心灵小窗"中的小菲可以私下向组员表达"我有点生气，因为担心作业不能按时提交"。③ 提出建设性方案。在表达愤怒的同时，提出一些可以解决冲突的方案。比如，"心灵小窗"中的小菲可以向室友提出"能不能去宿舍外面打电话，或者调整打电话的时间"。④ 倾听反馈。了解对方的感受和需求，在尊重和理解的基础上寻求可能的共识，找到能够满足双方需求的方案。

（四）情绪稳定化小练习

稳定化技术是一种情绪耐受性训练，有助于重建个体的基本安全感、现实感，

第九章
情绪管理：情绪识别表达与调适

包括身体的稳定感和社会关系的稳定感。它可以帮助个体与负面情绪保持适当的距离，恢复对日常生活的掌控。常用的稳定化技术包括情绪着陆技术、"蝴蝶拍"技术和"保险箱"冥想技术，通常会配合渐进放松法共同使用。

1. 情绪着陆技术

在情绪过于激动时，可以使用着陆（grounding）技术来稳定情绪，它能帮我们回到"此时此地"。原理是把注意力从内在思考转回到外部世界。当我们去体验周围的环境，与现实或自我建立连接时，我们就能和负面情绪保持健康的距离，能够稳定身体、锚定现在，找回稳定感和控制感。

指导语：选择一个舒适的姿势坐下，不要交叉腿或交叉胳膊。慢慢地深呼吸。保持眼睛睁开，环顾你的房间，关注你周围的环境，越详细越好。例如，你房间的窗帘是什么颜色的；抱住一个枕头、毛绒玩具或者一颗球，去感受它的柔软程度等；将一块凉凉的布放在脸上，感受它的温度；听轻柔的音乐，感知听到了什么；让你的脚稳稳地站在地上，使用触觉感知与地面接触的状态；聚焦一个人的声音，感知听到了什么；通过对视觉、触觉、听觉、味觉等觉察和确认回到"此时此刻"。

着陆技术可以在任何时间和场合使用。这是一种高度积极投入的策略，通过分散注意和与外部世界建立联系的方法发挥作用，练习时需要一直保持睁眼。我们可以在练习前后对情绪进行评分，以判断它是否发挥作用。在开始前对你的情绪水平进行评分（0~10，10表示极端强烈的情绪），练习着陆技术后再次进行评分，看看评分是否下降。

2. "蝴蝶拍"技术

"蝴蝶拍"又名"蝴蝶拥抱法"，是一种寻求和促进心理稳定的技术，帮助我们增加安全感和积极感受。原理是通过刺激身体两侧，激活副交感神经，平衡左右脑的感知，从而促使大脑对信息进行再加工。通过再加工，可以改变一些固执的负面认知，从而改善负面情绪。这种类似拥抱的动作也具有自我安慰的效果，能使心理和躯体恢复，进入一种稳定状态。

指导语：找一个安静的场所，以舒适的姿势坐在椅子上，做几次深呼吸。将双臂在胸前交叉，轻抱自己对侧的肩膀。双手轮流轻拍自己的臂膀，左一下、右一下为一轮。根据需要，拍的方式可以改变。当我们想消除焦虑时可以快速地咚咚拍打（强烈碰撞），当我们想获得安全感时可以缓慢地轻轻拍打（温柔碰撞）。4~6轮为一组。停下来，深吸一口气，感觉如何？如果感受是正向的或者是你自己喜欢的，可以继续重复上述过程2~3轮。在进行"蝴蝶拍"的时候，就好像孩提时期母亲安慰孩子一样温暖。

3. "保险箱"冥想技术

"保险箱"冥想技术是一种处理负面情绪的容器技术。通过想象把保险箱逐渐具象化，我们可以学会觉察、整理并暂时隔离负面情绪，将淹没性的负面情绪事件或经验暂时"打包封存"，使我们能够从压抑的思绪中解放出来（至少是暂时的）。个体可以自行决定是否愿意以及何时打开这个"保险箱"，来探讨相关的内容。

指导语: ① 找到一处安全、相对安静的地方。深呼吸让自己放松，尽可能舒服地坐在椅子上。请想象在你面前有一个保险箱。它有多大、多高、多宽、多厚？它是用什么材料做的？是什么颜色（外面的颜色，里面的颜色）？内壁有多厚？里面是否分层或分格？仔细关注保险箱：箱门好不好打开？开关箱门的时候有没有声音？你会怎么关上它的门？钥匙是怎么样的？当你看着这个保险箱，并试着关一关，你觉得它是否绝对牢靠？如果不是，请你试着把它改装到你觉得100%牢靠的样子。② 打开你的保险箱，把心理负担"物质化"，想象它可以变小，你可以用常规的方法放进去，也可以用独特的方式放进去，或者使用魔法，毫不费力地放进保险箱。③ 放好之后，请锁好保险箱的门，保管好钥匙。④ 接下来，请你现在把保险箱放到合适的地方，可以投入大海，或者埋入深山，或者发射到另一个星球上。等你变得更强大或者与信任的人在一起时，可以取回它，这时它可以马上回到身边，或者在你想继续往里放东西时，可以马上拿回来继续放。如果你已经放好了，请慢慢地回到这个房间。

心灵补给站

推荐书籍:《大脑的情绪生活》（作者:［美］沙伦·贝格利/理查德·戴维森）

为什么有的人遭遇挫折的时候可以迅速振作，而有的人却会陷入绝望呢？为什么有的人善解人意似有读心术，而有的人绞尽脑汁也无法猜透别人的心呢？为什么有的人总是神采奕奕，而有的人却总是郁郁寡欢呢？先锋科学家、神经学与心理学权威理查德·戴维森在本书中回答了上面的问题。他提出了一种全新的人类情绪模型，为我们揭示了情绪的起源、情绪的力量以及情绪可塑性的奥秘。

推荐书籍:《情绪流》（作者：章浩）

本书旨在以一个全新的视角来建构对人生的理解。本书从人类普遍面临的幸福难题或苦乐难题出发，经由对心智系统、人与世界关系的剖析，情绪生成和干预机制的探讨，以情绪流为核心，来解释人类幸福难题的来源，并探索解决之法。分为幸福难题、人生情绪流、情绪流的生成、情绪干预、资源交互、幸福的契机与障碍、经营情绪流等章节。

推荐电影:《头脑特工队》（导演:［美］彼特·道格特/罗纳尔多·德尔·卡门）

可爱的小女孩莱莉出生在明尼苏达州一个平凡的家庭中，从小她在父母的呵护下长大，脑海中保存着无数美好甜蜜的回忆。当然这些记忆还与几个莱莉未曾谋面的伙伴息息相关，他们就是人类的五种主要情绪：乐乐、忧忧、怕怕、厌厌和怒怒。乐乐作为团队的领导，她协同其他伙伴致力于为小主人营造更多美好的珍贵回忆。某天，莱莉随同父母搬到了旧金山，肮脏逼仄的公寓、陌生的校园环境、逐渐失落的友情都让莱莉无所适从，她的负面情绪逐渐累积，内心美好的世界渐次崩塌。为了保护这一切，乐乐只有行动起来……

推荐电影:《小晓》（导演：靳家骅）

小晓是一位活在自己世界里的女孩，因为一个令人揪心的秘密，她在学校被同学霸凌孤立，妈妈薇芳也视她为麻烦，长期在国外工作的爸爸更像既熟悉又遥远的陌生人，唯有班导保罗仿佛能理解并舒缓她的情绪。一次台风天下课，小晓目睹了妈妈与班导的秘密，困惑的她不仅必须强迫自己适应这个复杂的情感关系，也逐渐发现原来她与妈妈都有各自对生活说不出的无奈。

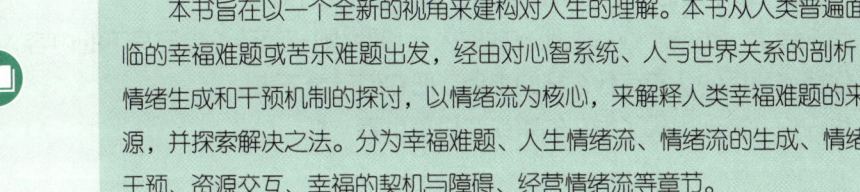
心灵保健操

情绪遥控器

请拿出一张A4纸，将其对折分为三栏，在第一栏"烦恼的事"中写出最近比较困扰自己的一件事，在第二栏"情绪脸谱"中用任何你喜欢的颜色或图案来表示这件事引起的各种情绪，在第三栏"我的思考"中，觉察引起这种情绪背后的想法和观点。

仔细感受当下的心情，并回顾第三栏中情绪背后的想法和观点，试着反驳它们，并在A4纸背面作好记录，看看自己的心情会有什么不同。

旁观者清，也鼓励你找位朋友或家人，和他/她一起谈论自己写下的内容，听听他对于你情绪背后的认知有什么样的感受，把它们记录下来。

也许你会发现困扰了很久的事或许只是小事一桩。

"悲伤就哭，开心就笑，就这样简单。会适度表达自己的情绪，你真的很棒！"

师小星："本章的学习让我明白了情绪的产生是一个复杂的过程，情绪的产生不全是心理的问题，认知是情绪产生的关键。我们大学生的情绪通常会更加强烈，所以我们更应该学会控制情绪，提高觉察力和表达能力。面对不良情绪我们要学会宣泄和缓解，同时我们也要认识到冲动愤怒的情绪不是解决问题的好方法。我们要以积极的态度面对情绪问题，以正确的方法宣泄情绪，不让冲动的情绪控制大脑，要发挥情绪的积极作用。"

第十章

压力管理：
资源取向与挫折应对

天行健，君子以自强不息。

——《周易·象传上·乾》

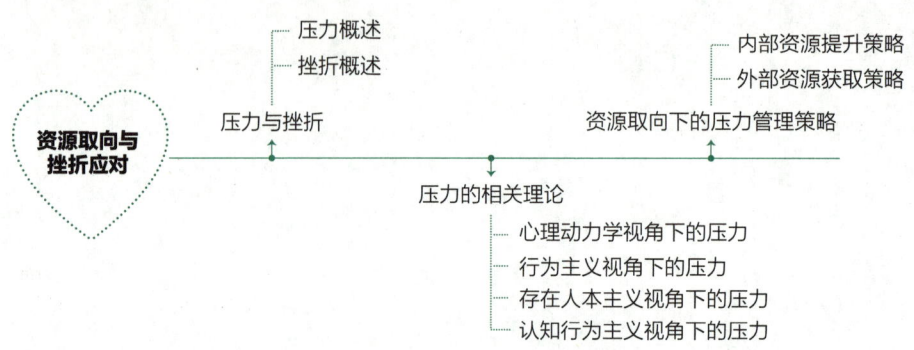

　　小张是一名大二的学生。他平时勤奋好学，对专业知识充满热情，但最近他却感到前所未有的压力。小张学的专业课程难度很大，需要投入大量的时间和精力。随着时间的推移，他发现自己在学业上的进步并不如他所期望的那样快，开始担心学业成绩，害怕挂科甚至无法顺利毕业。在宿舍，他经常听到身边的同学谈论实习和就业机会，而觉得自己没什么竞争优势，又开始担心自己毕业后找不到工作，无法在社会立足。小张的家庭并不富裕，需要靠奖学金和兼职收入来支持自己的学业和生活。然而，随着物价的上涨和兼职机会的减少，他的经济状况也越来越紧张。

　　这些压力累积下来像一座大山压在小张的肩上，让他感到焦虑、疲惫、无力，开心不起来。他开始失眠、食欲不振，甚至产生了逃避现实的念头。他觉得自己像是被困在一个无尽的漩涡中，无法挣脱。

一、压力概述

（一）压力的定义

我们每个人都有或多或少的压力，小张的感觉也许在我们的生活中也随处可见。那么什么是压力呢？

压力是指人们在日常生活中经历的各种生活事件、突然的创伤性体验、慢性紧张（工作压力、家庭关系紧张）等导致的一种心理紧张状态。压力这一概念最早由塞利提出，他将压力定义为"身体对需求的非特异性反应"。压力的概念包括狭义和广义两种，如学习压力、生活压力、经济压力、工作压力属于狭义的压力范畴，而广义的压力是指日常生活中发生的变化对人生理和心理产生的影响。

心理压力可以被定义为个体在面对内外环境中的各种需求、挑战或变化时，所感受到的心理和情绪上的紧张或不适感。它是一种主观体验，会导致一系列的身体和心理反应，如焦虑、紧张、情绪低落、疲劳、睡眠问题等。心理压力有各种来源，如工作压力、人际关系问题、学业压力、生活变化、经济压力等。

压力对个体的影响因人而异，因为每个人对压力的感知和应对方式有所不同。有的人可能能够较好地应对压力，而有的人可能会感到压力很大，并对他们的身心健康产生负面影响。心理压力不仅会影响个体的情绪和心理状态，还可能对身体健康产生影响，如导致心血管疾病、免疫系统功能下降、消化问题等。因此，有效的压力管理和应对策略对于维护身心健康非常重要。

病中综合征

塞利在临床医学工作中发现身患不同疾病的人往往表现出一些相似症状，如意志消退、消瘦、肌肉萎缩、食欲不振，他将这些症状称为"病中综合征"。为进一步研究"病中综合征"，他以实验室小白鼠为研究对象，对实验小白鼠分别进行电击、灼烧、冷冻、注射等处理，发现每一组实验小鼠都出现相同反应，如肾上腺皮质逐渐变大、脾脏、淋巴结收缩、肠胃出现溃疡。

（二）压力的特点

1. 压力的体验性

压力的体验性是指当面临各种压力时，身心所产生的一系列感受和反应，包括心理上的焦虑、紧张、不安，以及身体上的疲劳、头痛、失眠等。

2. 压力的双面性

压力的作用表现出两面性，既有负面作用，也有积极作用。适当的压力可以激发人的潜能，提高工作学习效率，还能让我们更加专注于目标，努力提升自己，取得更好的成绩。然而，过大的压力对身心健康产生负面影响，导致焦虑、抑郁、疲劳等问题的产生。长期处于高压状态还会影响人际关系和生活质量。

压力可以促使人们适应环境的变化，提高生存能力。当个体面临压力时，身体会产生一系列的生理和心理反应，帮助我们应对挑战。例如，压力会激发战斗能力或逃跑反应，释放肾上腺素和皮质醇等激素，提高注意力和反应速度。同时，压力也可以促使我们学习新的技能，提升能力，以更好地应对未来的挑战。

 心理科学

心理压力测试

心理测试证明，图10-1和图10-2与每个人的心理压力有关，你的心理压力越大，看到的图片转动越快。

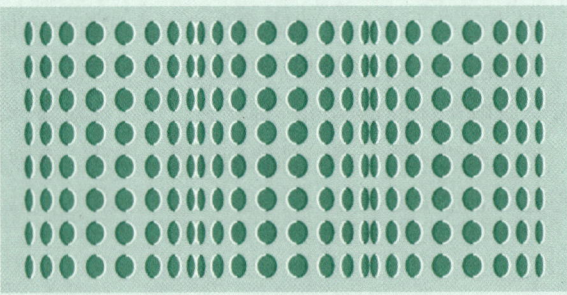

图10-1　心理压力测试一

图10-2　心理压力测试二

这两张图片是按照一定的规则组合的，当人们眼球的焦点变动时，就会产生图片在动的错觉。当人们处于压力较大或心情烦躁的状态时，注意力往往不易集中，眼球的动作也会变得频繁，这可能会让人更容易感受到图片的旋转效果。反之，当人们处于放松或压力较小的状态时，注意力相对容易集中，眼球动作会相对较小，此时感受到的图片旋转效果可能就不那么明显。

（三）压力的影响

1. 压力对身体健康的影响

心理学、医学研究发现，压力对身体健康的影响非常大。面对压力时，机体会产生一系列生理反应。急性应激反应激活躯体产生相应激素，如增加肾上腺素、皮质醇等的分泌。若应激反应没有被解除，进而会引起代谢系统、免疫系统和心脑血管系统的改变。长期的应激反应会导致细胞老化、认知功能下降，导致产生各种疾病，损害机体健康。

2. 压力对心理健康的影响

压力对心理健康的影响不容小觑，长期或过度的压力可能会导致一系列的心理健康问题。压力会引发或加重焦虑和抑郁症状，让人感到不安、恐惧和情绪低落；压力会使情绪变得不稳定，容易烦躁、易怒或情绪低落；压力会影响大脑的功能，导致注意力不集中、记忆力下降等问题；压力会让人对自己的能力产生怀疑，降低自尊心和自信心；压力大时，人会倾向于避免社交活动，孤立自己；持续的压力会让人感到心理上的疲惫和无力感。这些不良的情绪反应导致个体选择回避，消极地应对困境，进一步加重压力，导致恶性循环，对心理健康产生不利影响。

压力对于身心健康一定是有害的吗

很多人认为，压力太大不利于身心健康。其实不然，美国心理学家麦格尼格尔在《自控力》一书中阐述，她经过8年的追踪研究发现：压力对于健康的有害作用并不是必然的，你如何思考及如何应对压力，能够转变你对压力的反应。当将压力视为有利因素时，便能建立生理性激励。当你在压力状态下选择与人交流时，便能建立保护机制。

最新研究表明，改变对压力的看法，可以让人更智慧、更强韧、更成功。它能帮助你学习和成长，甚至可以激发勇气和悲悯心。人们对压力的看法会影响人的身心健康、对生命意义的认识等方面。

因此，压力对个人成长既有积极影响，也有消极影响。积极影响方面包括：适当的压力可以培养压力应对的能力，学会如何应对挑战，提高解决问题的能力；还能增强心理韧性，使人变得更加坚强；促进自我成长，通过克服压力，更好地认识自己，发现自己的潜力，实现自我成长；在处理压力的过程中，可以培养个体的责任感，对自己的行为负责。消极影响包括：引发心理健康问题，过大的心理压力可能导致焦虑、抑郁等心理问题，影响生活质量；压力可能使个体在与他人交往时变得敏感、易怒，影响人际关系；长期的心理压力可能会导致身体出现各种不适，如头痛、失眠、溃疡等。

压力的倒U形曲线

压力是否越小越好呢？答案是压力并不是越小越好。心理学家耶克斯和多德森发现，工作表现和压力值呈现倒U形关系，过低的压力会导致低工作效率，而过高的压力则会产生紧张、焦虑的情绪反应而影响工作效率，中等程度的压力会带来最佳的工作表现。这就是耶克斯－多德森定律（The Yerks-Dodson Law）。

日常大学生活中，会发现一个现象：在准备重要考试时，刚开始动力十足，制订了详细的学习计划，每天投入大量时间复习。但当对考试的期待或者焦虑越来越多时，反而出现学习效率慢慢下降的情况。

这种现象正是耶克斯－多德森定律的一个生动体现。在备考初期，动机水平适中，能够保持较高的学习效率。随着考试临近，动机水平逐渐上升，过分强烈的动机反而导致学习效率下降。这是因为过高的动机水平使人感到过度紧张，无法集中注意力，从而影响了学习效果。

（四）大学生常见压力

本章"心灵故事"中小张所面对的压力，其实在大学生日常学习生活中很常见，大学学习生活中常见的压力主要包括以下几类：

1. 学业压力

大学的学习任务相对较重，课程难度也较大，会给学生带来一定的压力。此外，不正确的学习方法、学习适应不良、学习动机缺乏、学习兴趣匮乏等因素也会导致学习压力。

2. 就业压力

大学生在面临毕业找工作时，会担心自己的职业前景和就业竞争力，由此承受的心理压力较大。

3. 适应压力

大学生从高中校园来到大学，需要面临环境、角色、生活方式等多方面的变化。从过去有人盯着学习要转变为自主学习，从熟悉的家乡来到陌生的大学校园要适应全新的集体生活，从以高考为唯一学习目标转换为以就业和个人发展为学习目标，这些巨大转变都给大学生带来了巨大的挑战。

4. 经济压力

大学的学费、食宿费和高中相比较高，可能会给大学生带来一定的经济负担。压力无法完全避免和杜绝，认识压力，掌握如何应对是个重要主题。

二、挫折概述

（一）挫折的定义

挫折是指人们在实现预定目标或满足某种需要的活动过程中，遇到了无法克服或自以为无法克服的障碍和干扰，导致目标不能实现或需要无法得到满足时所产生的紧张状态与情绪反应。挫折常常作为不良压力源带来压力体验。

（二）挫折的特点

1. 挫折会引发防御机制

当人们遇到挫折时，可能会启动一些防御机制来应对压力和负面情绪。以下是一些常见的防御机制：

否认：拒绝承认或接受挫折的存在，试图掩盖或忽视问题。

合理化：为挫折寻找解释或理由，使其看起来更合理或可接受。

投射：不恰当地认为外界的人或者物具有自己内心无法接受的负面情感或冲突。

压抑：有意地将挫折带来的痛苦、愤怒或其他情绪深埋在心底，不让它们表露出来。

转移：将注意力从挫折上转移到其他事情上，以减轻负面情绪的影响。

倒退：回到过去更幼稚的行为模式或心态，以逃避现实中的困难。

幻想：通过想象或幻想来满足自己的需求，而不是面对现实。

幽默：用幽默或讽刺的方式看待挫折，以减轻紧张和压力。

防御机制的作用是帮助人们在面对挫折时减轻痛苦，但过度依赖防御机制可能会导致问题的恶化或长期的心理健康问题。

2. 挫折有利于个人成长

挫折可以帮助人们更好地认识自己，提升自己的能力和心理素质，也可以培养坚韧性格。在面对挫折时，我们需要坚持不懈地努力，这有助于培养坚韧的性格。挫折还能提高解决问题的能力，促使人们思考问题出现的原因，并寻找解决办法，从而提高解决问题的能力。当克服挫折后，个体会对自己的能力更有信心，会更有自我效能感。经历挫折也有利于人们理解他人的困境，从而培养出同理心。

（三）大学生常见挫折类型

　　小刘在一所知名大学就读，这里汇聚了来自全国各地的优秀学子。他带着满腔热血和无限憧憬踏入了这片学术的殿堂。然而，大学生活并非他所想象的那样一帆风顺，也遭遇了种种挫折。他自小成绩优异，是家里的骄傲。进入大学后，他选择了自己热爱的计算机专业，希望能够在这个领域里大展拳脚。然而，随着课程的深入，他渐渐感到力不从心。那些复杂的算法和编程语言让他头疼不已，尽管他付出了大量的时间和精力，但成绩却始终不尽如人意。与此同时，他性格较为内向，不善言辞，很难与同学们打成一片。他渴望融入集体，却总觉得自己与周围环境格格不入。这种孤独感让他倍感压抑，也让他开始怀疑自己的价值。更让小刘感到沮丧的是，他暗恋着一个女孩，却不敢表白，担心自己的表白会被拒绝，也害怕失去这个朋友。然而，当他得知那个女孩已经有了男朋友时，他的心如同被重锤击中。随着大三的到来，距离毕业的日子越来越近，他一直以来都对自己的未来抱有很高的期望。希望能够通过考研进入心仪的研究生院校继续深造，为将来的职业发展打下更坚实的基础。然而，现实却给了他一个沉重的打击——考研失败了。小刘付出了很多努力和时间备考，但最终却没有达到自己的目标，感到十分失落和沮丧。与此同时，他开始积极寻找工作机会，但很快就发现就业市场竞争异常激烈，投递了数十份简历，但大多数都没有得到回应。即使有少数面试机会，也往往因为各种原因而未能成功。这些挫折让小刘倍感迷茫和无助，不知道自己该如何面对。甚至开始怀疑自己是否适合大学生活，是否应该继续坚持自己的梦想。

　　小刘所面对的挫折是我们在大学生活中常见的挫折种类，主要包括以下几种。

　　1. 学业失败

　　大学生可能面临考试成绩低于预期、挂科或者无法达到学位要求，或在学习过程中遇到困难，无法理解课程内容，甚至有些学生可能会无法按时毕业、辍学等。有的学生会感觉自己在大学里知识、技能和能力方面没有得到充分发展。

　　2. 人际失败

　　大学生可能因为沟通方式不当、缺乏沟通技巧、个性差异、社交技能不足、竞争压力等多种因素导致人际关系出现矛盾，导致大学生在人际关系方面遇到挫折。

　　3. 情感挫折

　　有的大学生可能因为与家人长期关系不和或父母缺位，缺乏家庭关爱，或者深陷单恋、失恋等情感问题难以自拔，导致出现被爱不足、情感挫败情况。

　　4. 升学、就业失败

　　大学生可能因为个人能力不足、缺乏规划、求职表现不佳、就业市场竞争激烈等各种因素导致升学、就业的失败。

　　压力和挫折在很多情况下会相互交织。当个体遇到压力时，可能会因为无法应对这些压力而感到挫折；同样，当个体在实现目标的过程中遭遇挫折时，也可能会因为无法实现目标而感到压力。因此，压力和挫折之间密切联系且相互影响。

第二节
压力的相关理论

一、心理动力学视角下的压力

　　心理动力学将压力视为个体内心冲突和潜意识动机的外在表现。它认为压力不仅仅是来自外部环境的挑战，还与个体内心的情感、欲望、恐惧和潜意识冲突有关。人们会因为潜意识中的未解决冲突、童年经历的影响、情感压抑等因素而感到压力，这些内部因素会导致不同个体对压力的感知和应对方式产生差异。例如，有的人在工作压力下表现出过度的焦虑或逃避，而有的人在同样情况下却表现出更强的适应能力。心理动力学理论认为，通过探索和理解个体的潜意识动机和内在冲突，可以更好地处理和应对压力。

（一）自恋与压力

　　心理动力学中的自恋是指个体对自己的爱，是一种宝贵的内在资源。心理压力和个体的自恋水平之间存在一定的关系。研究发现，具有较高的自恋水平的个体更加擅长面对高压力情境，这是因为自恋者往往具有较高的自我关注和自我保护倾向，他们会通过强调自己的优越性和特殊地位来应对压力。然而，也有研究发现，心理压力会导致个体的自恋水平降低。当面临压力时，人们会对自己的能力和价值产生怀疑，从而降低对自己的自恋评价。自恋水平的变化并不仅仅取决于心理压力，还受个体的人格特质、应对方式、社会支持等多种因素共同影响。而且，自恋本身并不是一个绝对的负面特质，适度的自恋可以帮助个体保持自信和积极的心态。

（二）防御机制与压力

　　心理防御机制是一种自我保护方式，它可以帮助人们应对生活中的压力和困难。当感受到心理压力时，个体防御机制会被激活，以应对压力和负面情绪。

防御机制在一定程度上减轻压力对我们的影响。例如，通过否认或合理化，我们可以暂时避免面对压力源，从而缓解焦虑和不安。然而，如果我们过度依赖防御机制，则会导致问题的长期存在。例如，压抑情绪会使它们在未来以更强烈的方式爆发。此外，不同的人会使用不同的防御机制来应对压力。有的人更倾向使用积极防御机制，如幽默、升华；而有的人则更多地依赖消极防御机制，如退缩、投射。

二、行为主义视角下的压力

行为主义将心理压力视为环境与个体相互作用的结果。行为主义认为，人的行为是由环境刺激所塑造和影响的。在行为主义视角下，心理压力是由于外部环境中的各种压力源，如工作压力、人际关系问题、生活变化，对个体产生的刺激所导致的。这些压力源会导致个体出现紧张、焦虑、抑郁等情绪反应，以及身体上的不适，如头痛、失眠。

在"心灵故事"中小张自身对学业有更高要求，以及听到同学们谈论实习和就业机会而自己却一无所获，这些来自学业、就业等方面的压力使得他疲惫不堪，开始失眠、食欲不振，甚至产生了逃避现实的想法。

当一个人经历多次挫折或失败，并且认为自己无法改变这些情况时，就会产生习得性无助的感觉。这种习得性无助会导致个体对压力的应对能力下降，会感到沮丧、失去信心，甚至放弃尝试应对压力；还会影响个体的情绪和身体健康，增加患心理和身体疾病的风险。

然而，压力并不一定会导致习得性无助，关键在于个体如何看待和应对压力。通过培养积极的心态、学习有效的应对策略、寻求支持和帮助，个体可以减轻压力的负面影响，避免陷入习得性无助的状态。

习得性无助

"习得性无助"是美国心理学家塞利格曼于1967年的一次动物实验中提出的。实验者将狗关进笼子里，随着蜂音器的响动，对狗进行电击，狗在笼中难以摆脱电击。多次实验后，当蜂音器响动时，在电击开始前，实验者将笼门打开，而狗却不逃避，反而在电击开始前就呻吟和颤抖，狗本可以逃避电击却在等待痛苦的来临。

第十章
压力管理：资源取向与挫折应对

三、存在人本主义视角下的压力

存在人本主义认为，压力是人们在生活中面对各种问题和挑战时的一种自然反应。它强调个体的内在体验和自我实现的重要性。

存在人本主义视角下，压力被视为个体成长和发展的机会，通过面对和处理压力，人们可以更深入地认识自己的内在需求和价值观，并朝着自我实现的方向前进。存在人本主义关注个体此时此刻的体验，包括情绪、感受和思考；鼓励人们接纳自己的情绪和感受，而不是试图压抑或逃避它们。通过接纳和理解自己的压力反应，人可以更好地应对挑战，并找到更适合自己的应对方式。存在人本主义强调个体与他人的关系和社会支持的重要性。与他人建立真实、支持性的关系可以帮助人在压力下感到被理解和接纳。存在人本主义认为，压力是生活中的一部分，通过积极的自我探索和与他人的连接，人们可以找到应对压力的力量和方向。

在"心灵故事"中小张希望自己在学业上有好的表现，希望能找到一份好的工作，这主要源于他对自我实现的渴望与现实中遇到的挑战之间的不平衡。小张渴望通过努力学习，掌握知识和技能，以实现自我价值。然而，当他面对繁重的课程、严格的考试以及激烈的竞争时，感到焦虑、无助甚至自我怀疑。

四、认知行为主义视角下的压力

认知行为主义强调思维、情绪和行为之间的相互关系，认为心理压力是由人们对情境的认知和思维方式所影响的，人们对压力事件的解读和应对方式会影响情绪和身体反应。例如，如果个体将某个情境视为威胁或无法应对的，可能会感到更多的压力和焦虑。

在"心灵故事"中小张会因为担心成绩不佳、无法按时完成学业任务而产生焦虑情绪。焦虑情绪会影响他的学习效率，进而形成恶性循环。同时，小张也面临着对未来职业发展的不确定性和对自我能力的怀疑。他担心找不到理想的工作，担心自己的能力和技能不足以应对职场挑战，这些担忧会导致他在求职过程中感到沮丧和焦虑。

第三节
资源取向下的压力管理策略

你也遇到了同样的问题吗

小丽是一个来自普通家庭的大一新生，满怀期待地踏入大学的校门。然而，随着大学生活的展开，她逐渐感受到了来自多方面的压力。她发现大学的学习内容比高中更为深奥和广泛，上课过程中，老师讲得很快，她时常感到力不从心。每当考试成绩不理想时，她会陷入自责和焦虑之中，觉得这样下去会挂科而导致毕不了业，甚至认为自己不是读书的料。而每当自己为学习的事情烦恼时，她也不知道找谁去帮忙。她也意识到了因为自己来自小城市，与大城市的同学在生活习惯、兴趣爱好等方面存在较大差异，很难融入她们的圈子。自己在这个学校并没有交到朋友，也不敢求助老师，怕老师觉得自己笨，就这样一直一个人独自承受这些。久而久之，她觉得自己无论怎么努力都无法改变现状，开始一蹶不振。上课不再认真听讲，对于老师的批评也觉得无所谓，一个人独来独往，整天沉浸在自己的世界里。

你是否也遇到过和小丽类似的经历？你是如何处理的，试试下面的这些方法吧！

一、内部资源提升策略

（一）觉察压力的策略

及时有效地应对压力，就要及时准确识别出我们正处在压力状态中，对压力有所察觉。

1. 呼吸放松法

呼吸放松法是一种简单而有效地觉察和减轻心理压力的策略，通过专注呼吸的过程，可以帮助身体和大脑放松，缓解紧张情绪。

呼吸放松法的步骤：找一个安静舒适的地方，坐在椅子上或躺在床上，确保周围环境安静、没有干扰。将注意力集中在呼吸上，感受气息进入和离开身体的感觉。吸气时，腹部膨胀，呼气时，腹部收缩。呼吸尽量缓慢而深长。可以在吸气和呼气时计数，或者想象气息像波浪一样流动，帮助集中注意力。在呼吸的过程中，逐渐将注意力扫过身体各个部位，放松身体的各个部位，从头部开始，逐渐放松到脚部。每天花几分钟进行呼吸放松练习，也可以在感到压力时随时进行。

2. 意象对话法

意象对话法是一种常用的心理治疗技术，也可以用于压力觉察和应对。通过想象和描述意象，我们可以更深入地了解自己的内心状态和情绪。

意象对话法的基本步骤：在专业人员的引导下，通过深呼吸、渐进性肌肉松弛等方法，让自己进入放松的状态。在放松的状态下，想象一个具体的场景、图像或情境。留意在想象中出现的意象、颜色、形状、人物等，不加评判地观察它们。可以与意象中的元素进行对话，询问它们的意义、感受或需要。根据意象的特征和对话的内容，思考它们与自己的压力、情绪和内心状态的关系。通过意象对话法，我们可以探索潜意识中的压力和情绪，了解它们对自己的影响，并找到更有效的应对方式。

3. 正念与压力应对

正念是建立在接纳的基础上，对当时和当下有意识地不带评判地觉察。通过练习正念，回到当下，而不再纠结于过去和未来，帮助个体从压力和困扰中解脱出来。正念还可以使注意力更集中，通过培养专注和接纳的心态，帮助个体改变带来压力的陈旧的行为和思维模式，帮助人们更好地处理压力和焦虑。在日常生活中，可以通过坐姿冥想、步行冥想或者日常生活中的正念练习来进行正念冥想。

（二）重构压力认知的策略

在认知行为主义看来，个体的压力主要源自消极的自动思维和不健康的个人信念，缓解压力需要对个体的思维、认知、信念进行逐一更新，从而使得个体培养更具有适应性的压力应对能力。

1. 自动思维和认知偏差

认知行为主义认为，人的想法反映了其深层的信念和期望，并不完全客观真实。很多时候人对事物的反应都是自动出现的，这种对事物下意识的反应统称为自动思维。自动思维是个体对感知到的压力的自动反应。例如，当学生感觉到学习专业课很困难时，会产生"我肯定会挂科""我是个差生"这类的自动思维。这种负面的自动思维会导致个体产生负面情绪，进而引起消极行为，形成恶性循环。如果个体能在最初识别出自动思维，就可以帮助个体及时去寻找有效的应对方法。

认知偏差是指人在思考、判断和决策过程中常见的一些思维倾向或错误，它们可能会影响人对事物的看法和理解。人在面对压力时，会出现不准确或不合理的思维方式，从而影响人对压力的感知和应对。认识到这些认知偏差并采取相应的应对策略，可以帮助人客观地看待压力，减轻不必要的焦虑和困扰。

- 常见的关于压力的认知偏差有以下几种：

（1）过度概括。将一个负面事件看作一种普遍模式，而不是孤立的情况。

（2）灾难化。想象最坏的情况，并认为它一定会发生。

（3）全或无。非黑即白，将事情想象成极端的情况。

（4）选择性关注或心理过滤。只关注压力事件的负面方面，而忽略了积极的因素。

（5）情绪化推理。根据自己的情绪而不是实际事实来作出判断和结论。

- 认知偏差会加重压力感，导致不必要的焦虑和担忧。应对这认知偏差可以尝试以下方法：

（1）自我觉察。意识到自己的认知偏差，当它们出现时及时识别。

（2）事实核查。通过收集更多的信息和客观证据来挑战不合理的想法。

（3）视角转换。尝试从不同的角度看待问题，寻找其他可能的解释和解决方案。

（4）积极思考。培养积极的思维方式，关注解决问题的可能性和自身的应对能力。

（5）寻求支持。与他人交流，分享自己的感受和想法，获取不同的观点和建议。

2. 自我辩论与重构信念

自动思维和认知偏差往往源自人的内心信念，而经常性的自我辩论和重构信念可以帮助人挑战和改变那些限制人的负面信念。首先，要意识到自己内心存在的负面信念。这些信念可能是关于自己、他人或世界的一些局限性看法。第二步，要对这些负面信念进行质疑，问自己"这个信念真的是正确的吗？""有没有其他可能的解释或观点？"，在质疑过程中寻找支持或反驳负面信念的证据。可以回忆过去的经历、观察周围的人和事物，或者寻求他人的意见。根据找到的证据，构建积极、现实的信念。例如，将"我做不到"重构为"我可以通过努力尝试来接近目标"。重构信念后将新的积极信念应用到实际生活中。通过行动来证明新信念的有效性，逐渐强化它们。自我辩论和重构信念是一个持续的过程，需要不断地练习和巩固。通过这样的自我对话，我们可以逐渐改变那些对压力的无益的信念，树立健康、积极的自我认知。

（三）行为策略

有效合理的行为策略可以帮助个体更有效地分配内部资源，解决生活中的实际问题，减轻压力对个体身心的影响。

1. 时间管理策略

正确的时间管理策略可以帮助人合理有效地管理时间。有效的时间管理对提升生活质量、压力管理非常重要。以下为一些常见的时间管理策略：

制订计划：制订详细的日程表或任务清单，合理安排每天的任务和活动。

设定优先级：根据任务的重要性和紧急程度，确定优先级，先处理重要且紧急的事情，更有效地利用时间。

分解任务：将大的任务分解成小的步骤，逐步完成，可以让任务看起来更可行，减轻压力。

合理安排休息时间：留出足够的休息和放松时间，适当的休息可以提高工作效率，缓解压力。

避免拖延：尽量避免拖延，养成按时完成任务的好习惯，可以采用一些方法来克服拖延，如设定时间限制、制定奖励机制等。

学会说"不"：对于不重要或无法承担的任务，要学会勇敢地说"不"，可以避免任务过载，减轻压力。

2. 调整饮食

合理的饮食可以帮助人更好地应对压力。确保摄入各种营养素，包括糖类、蛋白质、脂肪、维生素和无机盐。这样可以为身体提供充足的能量和营养，提高抗压能力。还要控制咖啡因和糖分摄入，避免过度饮酒和吸烟，避免过度饥饿或暴饮暴食。养成健康的饮食习惯，有助于维持生理功能正常，保持良好情绪。

3. 保持运动

大量研究发现，运动可以控制压力，提高生活质量。首先，运动可以促使身体分泌内啡肽等神经递质，这些"快乐荷尔蒙"能改善情绪，让心情更加轻松愉快。运动还能增强自信心，当完成一项运动挑战，人会觉得很有成就感，这种积极的心态可以帮助人更好地应对压力。运动有助于提高睡眠质量，还能让人转移注意力，忘掉烦恼。

4. 充足睡眠

充足的睡眠能帮助抵抗压力。睡眠可以使身心重获活力，而缺乏睡眠会导致人更容易焦虑、抑郁，产生思维混乱和生理紊乱。当感到有压力时，大脑会处于高度警觉的状态，这使得人难以放松下来，难以进入睡眠状态。而且，压力还可能导致焦虑、担忧等不良情绪，让人在晚上思绪万千，难以入眠。睡眠不好，反过来又会加重压力感。睡眠不够的话，人会感到疲惫、烦躁，应对压力的能力也会下降。为了保持良好的睡眠，可以试试一些方法来缓解压力，改善睡眠质量。比如，学习放松技巧，如进行深呼吸、冥想，练习瑜伽等，尽量每天在同一时间上床睡觉和起床，养成良好的睡眠习惯等。如果压力实在太大，可以尝试和身边的朋友、家人聊聊，或者寻求专业心理咨询师的帮助。

二、外部资源获取策略

（一）社会支持对压力的影响

社会支持就像人们生活中的"缓冲器"，可以帮助减轻压力带来的负面影响。当面临压力时，来自家人、朋友、同学或其他社会关系的支持和关心，可以让人感到被理解和接纳。这种情感上的支持可以提供安慰和鼓励，增强心理韧性。此外，社会力量还可能提供实际的帮助，如分享经验、提供建议或共同解决问题，这有助于人更好地应对压力。社会支持还可以让人感到自己不是孤立无援的，而是有人可以依靠和倾诉的。这种社交联系可以缓解孤独感和焦虑，提升情绪状态。同时，与他人交流和分享也可以帮助人从不同的角度看待问题，开拓解决问题的思路。

（二）构建社会支持

有效的社会支持系统可以帮助人们有效应对压力。建立和维护社会支持系统需要时间和努力，但它会给你的生活带来很多积极的影响。

建立和维护社会支持系统的方法

（1）培养兴趣爱好，参加兴趣小组或俱乐部，找到有共同爱好的人，增进彼此的交流和友谊。

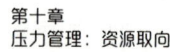

（2）记得要主动出击，积极参与各种活动，与他人建立真诚的关系。

（3）主动与他人建立联系，不要害怕主动与他人交往。

（4）保持真诚和友善，用真诚和友善的态度对待他人。

（5）学会倾听和关心他人，当别人需要倾诉时，做一个好的倾听者，关心他们的感受和需求。

（6）提供帮助和支持，在能力范围内，主动为他人提供帮助和支持。

（7）维护良好的人际关系，定期与朋友、家人保持联系，增进彼此的感情。

（8）尊重他人的观点和感受，接纳人与人之间的不同。

（9）接受他人的帮助，不要害怕向他人寻求帮助，这也是建立互信的一种方式。

寻求支持是一种勇敢的行为，大学生应对压力时，可以从以下几方面寻求支持：

（1）同学和朋友。和同学、朋友交流，分享彼此的感受和经验。

（2）辅导员和老师。辅导员和老师不仅可以在学业上给你帮助，还能提供生活和心理方面的指导。

（3）心理咨询中心。学校的心理咨询中心有专业的心理咨询师，可以提供有效地应对压力的方法和技巧。

（4）家人。家人永远是你最坚实的后盾，和他们聊聊你的压力能让你感到放松和安心。

（5）社团和组织。参加社团活动，结交志同道合的人，大家一起面对压力，会更有力量。

（6）在线资源。现在有很多在线的心理健康平台和论坛，你可以在那里找到一些有相似经历的人，互相支持和鼓励。

 心灵小窗

在小丽逃课睡懒觉的时候，接到了妈妈的电话。妈妈像往常一样，关心着小丽的吃穿住行。小丽终于哭了出来，告诉妈妈自己最近遇到的烦恼，妈妈并没有责怪她，反而是安慰小丽说没关系，爸爸妈妈永远都在。在挂了电话之后，小丽不再"混日子"，而是主动去寻求辅导员的帮助。辅导员耐心地开导小丽，并且建议小丽预约学校的心理咨询，有任何烦恼都可以跟心理老师说。小丽接受了辅导员的建议，主动接受了心理咨询。与此同时，辅导员也让小丽的舍友以及班级的学习委员多帮助小丽。在小丽自身主动寻求帮助和周围人的支持下，小丽逐渐没有了逃课的想法，课程上遇到不懂的问题会和老师以及同学讨论，也会主动去找同学聊天，交到了好朋友。

推荐书籍：《复原力：应对挫折和压力的心理学》（作者：［澳］史蒂芬妮·阿兹里）

复原力是一个人应对外界挫折和变化的能力，它能够帮助人们在逆境中稳步前进，不至于一蹶不振而陷入抱怨和逃避的消极状态。即使在成长过程中没有发展出良好的复原力，或是人生正因为糟糕的事件而脱离轨道，我们还是能够培养复原力，让自己更成熟、强大。本书结合了认知行为疗法、正念和积极心理学，能帮助你通过12种实用有效的方法逐步提升心理复原力，建立稳固和谐的内在，提升外在的灵活和坚韧性，从此勇敢积极地面对人生。

推荐书籍：《心理潜能：人人都能学会压力管理》（作者：刘海骅等）

现代社会节奏快，每个人都面临着大大小小的压力——工作、学业、健康、家庭、人际关系……每一个被困扰的人，都曾感受过压力带来的情绪或痛苦。究竟什么是压力？遭遇压力时，我们的大脑和身体发生了什么变化？又有哪些实用的方法可以有效应对？本书结合近8000小时咨询个案和18年临床心理学实践，从神经生理学、心理动力学、积极心理学等多元视角出发，让你从根源上认识压力，了解压力产生的多重机制，轻松笑对人生。

推荐电影：《密阳》（导演：［韩］李沧东）

申爱带着儿子来到亡夫的故乡——小城密阳。她在那里开了一家钢琴学院，希望和儿子寻找一段崭新的人生，让儿子在亡夫小时候成长的地方成长，感受密阳的阳光和人情。然而，车在半路抛锚，幸遇宗灿前来相助。他是名汽车修理厂的老板，平凡的他热心地帮申爱找房子、拉拢客户、定制奖牌。这过分的热情让申爱感到不安，只得坦白告诉宗灿不要打自己主意。一天灾难不幸降临到申爱和儿子身上，这让申爱几乎丧失了继续生存的勇气，直到宗教给了她精神救助。然而，信教之后的心灵也没能平静多久。申爱很快又陷入自我矛盾的分裂中。在整个过程中，只有宗灿一直陪伴在她身边，直到申爱重见一缕阳光。

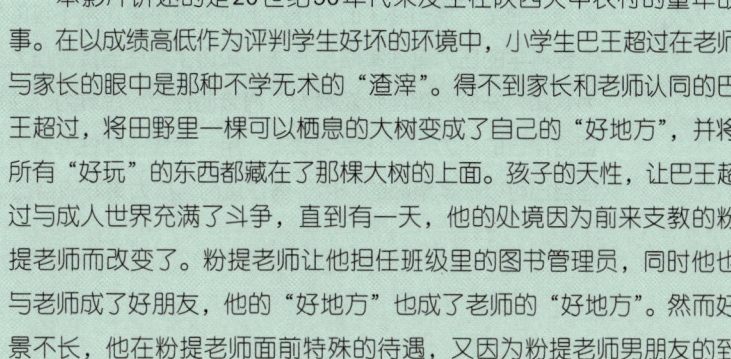

推荐电影：《树上有个好地方》（导演：张忠华）

　　本影片讲述的是20世纪90年代末发生在陕西关中农村的童年故事。在以成绩高低作为评判学生好坏的环境中，小学生巴王超过在老师与家长的眼中是那种不学无术的"渣滓"。得不到家长和老师认同的巴王超过，将田野里一棵可以栖息的大树变成了自己的"好地方"，并将所有"好玩"的东西都藏在了那棵大树的上面。孩子的天性，让巴王超过与成人世界充满了斗争，直到有一天，他的处境因为前来支教的粉提老师而改变了。粉提老师让他担任班级里的图书管理员，同时他也与老师成了好朋友，他的"好地方"也成了老师的"好地方"。然而好景不长，他在粉提老师面前特殊的待遇，又因为粉提老师男朋友的到来而改变了。

我的压力圆圈图

　　请准备一张A4纸，在纸的中间画一个能代表自己的形象、图案或标志，在它的周围画许多大小不同的圆圈代表不同的压力，圆圈越大代表压力越大，圆圈越近代表压力产生的时间越近。

　　不必着急，你可以允许自己有15分钟时间停下来好好觉察一下当下的自己，目前都承受着哪些压力？哪些压力是长期的？哪些是较大的？这些压力的压力源是什么（如自己、父母或社会等）？当看着这些圆圈，给我此刻带来什么感受？这些压力对我产生了哪些影响？影响的程度如何？是否有躯体的表现？我有什么可以应对它们的办法？

　　15分钟的时间还没到，你可以好好看见自己。

　　"奋斗的道路不会一帆风顺，往往荆棘丛生、充满坎坷。强者，总是从挫折中不断奋起、永不气馁。"

师小星："每个大学生都避免不了要承受压力，我们应学会更好地认识压力，明晰它的定义，掌握影响它的因素，了解压力的特点，认识压力的意义。最重要的是，我知道了面对压力出现困难是再正常不过的事情。在这里，我认识到科学的压力管理策略与方法，知道了在适当接受压力之后，要有明确的压力认知，充分发挥自我观察力、情绪调控力、思维力、注意力与想象力，找到适合自己的压力应对环境与状态，用有底线的弹性准则为自己保驾护航。我相信自己可以在多策略的作用下勇往直前，成为更好的自己。"

第十一章

管理学业：
学习心理与时间管理

文化润心

知之者不如好之者，好之者不如乐之者。

——《论语·雍也》

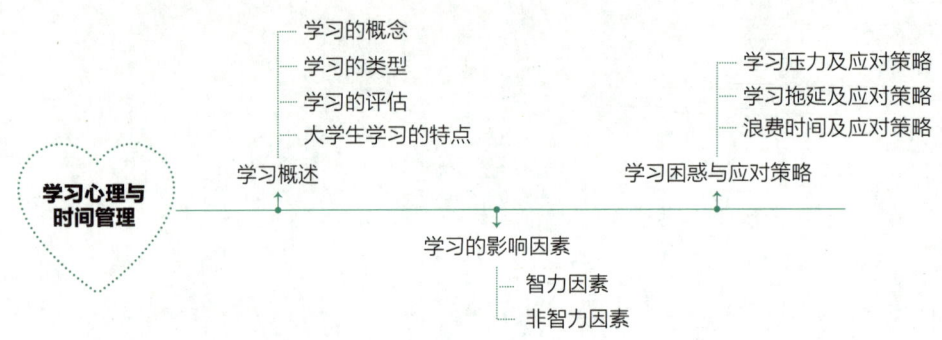

- 学习的概念
- 学习的类型
- 学习的评估
- 大学生学习的特点

学习概述

学习心理与
时间管理

- 学习压力及应对策略
- 学习拖延及应对策略
- 浪费时间及应对策略

学习困惑与应对策略

学习的影响因素
- 智力因素
- 非智力因素

　　小张是一名刚刚进入大学的新生。在高中时，他总是能够轻松地掌握知识，取得优异的成绩。进入大学后，他发现自己面临着前所未有的挑战。他不习惯自主学习，对于多学科内容和快节奏的教学感到不适，他发现需要依靠自己管理学习节奏和学习内容。他高中时期的学习经验在大学不适用了。更加困扰的是，小张一直对心理学充满了热情，但由于种种原因，他最终选择了临床医学专业，可这并不是他真正了解和热爱的领域。他想考插班生转专业或选修第二专业，而考插班生的门槛是现有的必修课需要高分通过。但他目前的专业成绩不佳，这让他感到迷茫、沮丧，因为他意识到梦想似乎离他越来越远。

　　由此，我们需要帮助小张同学详细了解：何为学习？如何评估学习的过程？大学学习的特点和规律是什么？取得好成绩的关键因素有哪些？如何更好地应对学习困难？

一、学习的概念

"好好学习，天天向上""活到老，学到老""Histories make men wise；poets witty；the mathematics subtle；natural philosophy deep；moral grave；logic and rhetoric able to contend"。古今中外关于学习的名言不胜枚举，学习非常重要，人们对此没有异议。然而，如何给学习下定义，理论工作者、研究者和实际工作者至今尚未达成共识。

学习是行为或按某种方式表现出某种行为的能力的持久变化，它来自实践或其他的经历。

从这个定义可以发现，学习的第一条标准是行为的改变或行为能力的改变，学习包含发展新行为或改变已有行为。从认知视角出发，学习是推断出来的，因为学习不能直接观察到，而我们所能观察到的是学习的结果。学习还包括以某种方式表现出某种行为能力的改变，因为人们有时虽然学会了某些技能、知识、信念或行为，但在学习时并未表现出来。

这个定义中隐含的第二条标准是行为或能力的持久改变，这意味着把由药物、酒精、疲劳等因素引起的行为的短暂改变（如说话不清楚）排除在外。这种改变是暂时的，因为一旦原因解除，行为就会恢复到实际的水平。同时，学习不可能一直保持下去，也就是说会产生学习内容遗忘现象。至于行为改变必须持续多长时间才可以认定为"学会"，这还无定论。但大多数观点认为，行为改变持续的时间太短（如几秒钟）就不能算作"学会"。

第三条标准是学习产生于实践或其他经历（如对他人的观察）。按照这条标准，像儿童身上出现成熟的变化（如爬行、站立）等由遗传引起的行为变化就应该排除在学习之外。但遗传和学习之间的界限常常难以明确划分。遗传可能决定人们必须以某种方式行动，而某种行为的实际发展又依赖环境。

语言就是一个很好的例子，当人的言语器官发育成熟了就可以发出声音，但只有和别人交流，才可能说出有实际意义的话。在野外由动物哺养大的儿童不具有人类的语言，他只有一点点地学，才能慢慢地习得语言。同样，随着正常的发育，儿童能够爬和站立，但这些行为的出现必须有相应的环境才行。如果用强制的办法限制他们的运动（如关在一个笼子里），他们可能不会获得正常的发展。

学习可以延缓大脑衰老吗

苏黎世大学霍茨等人的研究团队纳入200多位智力水平正常的老年人，对他们开展了为期7年的随访调查，调查期间定期使用核磁共振成像扫描实验对象大脑，并对他们的心理健康密切关注。这项研究表明，受教育程度高的老年人大脑中的一些退化迹象明显更少。而且面对不可避免的认知功能下降，这些老年人的大脑还能起到很好的补偿作用，从而让他们保持在更高的智力水平上。该研究还显示，受调查的这群高学历老年人社交生活更为丰富，处理信息的速度也更快。研究者认为受到的教育越多，大脑中的神经网络也会相应增加。高学历背景人士的大脑，到了老年还会更好地弥补自身发生的损伤。

挪威奥斯陆大学尼伯格等人的研究团队从脑组织萎缩的角度展开研究，纳入年龄29~91岁的2024名被试。在长达11年的随访时间里，所有参与者都接受了至少两次的核磁共振脑部扫描。结果发现，受教育程度对大脑延缓衰老并没有什么保护作用。随着时间推移，受教育程度较高的人脑组织损失的速度与其他人一样快。简而言之，在脑组织萎缩面前，几乎人人平等。不过该研究表示：受教育程度越高是可以保护大脑免受大脑痴呆症风险因素的影响。

虽然这两项研究结果对教育是否会延缓大脑衰老的观点提出了不一样的见解，但它们传达了更多的信息。从认知储备理论来看，教育并不能阻止与老化有关的大脑变化，而是帮助人们更好地适应这些变化。受过良好教育的人可能拥有更多的"认知储备"，这意味着即使大脑组织本身在老化，但他们也能保持较多的智力。除此之外，教育还有其他的间接益处，它在一定程度上保护人们免受大脑痴呆症风险因素的影响。

二、学习的类型

（一）依据教育目标分类

布鲁姆（Benjamin Bloom）是一位著名的教育心理学家，他在《教育目标分类》（*Taxonomy of Educational Objectives*）中提出了关于教育认知领域的分类体系，即教育目标分类。他将学习分为认知学习、技能学习和情感学习。

1. 认知学习

认知学习的不同层次涵盖了从低阶思维到更高阶思维的广泛发展。认知学习目标层次为"记忆（knowledge）—理解（comprehension）—应用（application）—分析（analysis）—综合（synthesis）—评价（evaluation）（表11-1）"，由低到高，由简到繁，层层递进，不仅构建了学生对知识的深刻理解，还培养了他们在不同情境中运用和思考的能力。这种全面的认知发展有助于塑造学生终身学习的态度和能力。

表11-1　基于知识的认知学习

层次	描述	举例
记忆	记忆包括认识或记住事实、术语、基本概念或答案，而不必理解它们的意思	说出三个常见的苹果品种
理解	理解包括通过组织、总结、翻译、概括、描述和陈述主要思想来展示对事实和思想的理解	总结红富士苹果和洛川苹果的鉴别特征
应用	应用包括运用所学知识、事实、技巧和规则等在新情况下解决问题。学习者应该能够使用先前的知识来解决问题，识别联系和关系，以及如何在新情况下运用它们	苹果能预防坏血病（一种由缺乏维生素C引起的疾病）吗
分析	分析包括检查并将信息分解为组成部分，确定各部分之间的关系，确定动机或原因，进行推断，并找到支持概括的证据。特点为：元素分析、关系分析、组织分析	对比四种用苹果做的食物，看看哪一种对健康最有益
综合	综合包括从不同的元素构建结构或模式，它也指将部分组合在一起形成一个整体或将信息片段组合在一起形成一个新的含义。特点为：制作出独特的沟通方式、制订一个计划，或提出一套操作、一组抽象关系的推导	通过替换食材，将"不健康"的苹果派食谱转变为"健康"食谱，并讨论与之前比较所带来的好处
评价	评价包括通过对信息、想法的有效性或基于一套标准的工作质量作出判断来呈现和捍卫观点。特点为：根据内部证据作出判断，根据外部标准作出判断	哪一种苹果适合用来做派，为什么

2. 技能学习

技能学习包含知觉（perception）、定势（set）、指导下的反应（guided response）、机械动作（mechanism）、复杂的外显反应（complex overt response）、适应（adaptation）和创新（origination）7个层次（表11-2）。

表 11-2　基于知识的技能学习

层次	描述	举例
知觉	利用感觉线索引导运动活动的能力：从感觉刺激到线索选择再到翻译	检测非语言交流线索 估计球被抛出后会落在哪里，然后移动到正确的位置去接球 通过对食物的嗅觉和味觉来调节炉子的温度
定势	行动准备：包括心理、身体和情感三方面。这三组是预先决定一个人对不同情况的反应的性格（也可称为心态）。精神运动的这一细分与情感领域"对现象的反应"细分密切相关	了解并执行生产过程中的一系列步骤 认识到自己的能力和局限 表现出学习新过程的渴望（动力）
指导下的反应	学习一项复杂技能的早期阶段，包括模仿和试错。通过练习达到适当的表现	执行一个数学方程，如演示 按照说明构建模型 在学习操作驾驶汽车时，对教练的手势作出反应
机械动作	学习一项复杂技能的中间阶段。所学的反应已经成为习惯，动作达到有一定的熟练程度，对动作有信心	使用个人电脑 修理漏水的水龙头 开车
复杂的外显反应	熟练的动作，包括复杂的动作模式。熟练的表现为快速、准确和高度协调的动作，需要最少的能量	把车开进一个平行的停车位 能快速准确地操作电脑 在弹钢琴时表现出能力
适应	技能发展良好，个人可以修改动作模式以适应特殊要求	对突发事件作出有效反应 修改教学内容以满足学习者的需要
创新	创造新的运动模式来适应特定的情况或特定的问题，学习成果强调基于高度发展的技能的创造力	围绕一个新概念或理论构建一套新的运动模式 制订一个新的、全面的培训计划 创编一个新的体操套路

3. 情感学习

情感领域的技能描述了人们的情感反应方式和感受其他生物痛苦或快乐的能力。情感目标通常以态度、情感和感觉的意识和成长为目标。情感领域有 5 个层次，从最低阶到最高阶依次是：接受（receiving）、反应（responding）、形成价值观念（valuing）、组织价值观念系统（organizing）和价值体系个性化（characterizing）（表 11-3）。

表11-3　基于知识的情感学习

层次	描述	举例
接受	最低水平，学生被动地集中注意力。没有这个关卡，就无法学习。接受体现为学生的记忆和认知	学生在课堂上聆听老师讲解，接受关于某一主题的信息
反应	学生积极地参与到学习过程中，不只是关注刺激物；学生也会以某种方式作出反应	学生对老师提出的问题进行回答，表达他们对学习内容的初步理解
形成价值观念	学生给一个物体、现象或信息赋予价值。学生将一个或一些价值观与他们所获得的知识联系起来	学生开始形成对信息、观点或活动的价值观念，表达出个人的兴趣和态度
组织价值观念系统	学生可以把不同的价值观、信息和想法放在一起，并能在自己的图式中容纳它们；学生正在比较、联系和阐述所学的知识	学生通过对不同观点的比较和分析，形成对某一领域的整体性看法，建立起自己的价值观体系
价值体系个性化	这个层次的学生试图建立抽象的知识	学生在实际生活中展现出他们对某一价值观的坚持，以此来指导他们的行为和决策

（二）依据学习结果分类

20世纪80年代，根据知识的不同表征形式，美国著名的认知心理学家安德森（Anderson）将知识分为陈述性学习（declarative knowledge）和程序性学习（productive knowledge）。

1. 陈述性学习

陈述性学习是指学生在学习过程中主要关注获取、记忆和理解事实、概念、原则等知识，使其能够陈述和解释所学内容。这种学习类型强调对信息的记忆和认知处理，使学生能够理解特定领域的基本概念。在陈述性学习中，学生的主要目标是积累关于特定主题的信息，并能够准确地表达这些信息。例如，学生通过阅读教科书、参与课堂讨论或观看教育视频来获取知识。这种类型的学习对于建立学科基础、理解基本概念和培养分析思维能力非常重要。例如学生通过阅读历史教科书，记忆并理解关于特定事件的日期、人物、原因和后果。如学习第二次世界大战时期的历史知识，可以记住战争爆发的时间、参与的国家、决定性的战役等。又如学习化学元素，学生可以通过记忆元素周期表上元素的符号、原子序数和原子量，以及了解各元素的性质和用途。这种陈述性学习帮助学生建立起对化学基础知识的理解，为后续的应用性学习打下基础。

2. 程序性学习

程序性学习是指学习者通过重复和实践，掌握执行特定任务或操作的技能。这种类型的记忆涉及动作、过程和技能的形成，而非纯粹的知识获取。程序性记忆使学习者能够在实际情境中执行特定的任务，具有实用性、操作性。以学习骑自行车为例，刚开始通过实际操作熟悉自行车的构造，然后通过反复练习逐渐掌握平衡的技巧、踩踏的力度以及操纵自行车的步骤，接着进入实践应用阶段，将所学技能运用于不同场景，比如在非机动车道中行驶。通过这一系列过程，建立起操作骑自行车的程序性记忆，使得这项技能成为自动化行为。

程序性学习对于各种技能的习得具有普适性。通过实际操作和实践应用培养出的技能，不仅使学生具备解决实际问题的能力，也可以增强他们在日常生活和职业中的竞争力。

三、学习的评估

如何评估学习不是一件容易的事情，因为无法直接观察学习，而只能观察学习的产品或结果。目前评估学习的产品或结果的方法有多种，如直接观察、书面应答（作业质量或测验考试结果等）、口头应答、他人评定、问卷等（表11-4）。

问卷属于自我报告法，容易制作和实施。但要制定一套可靠的计分系统，要考虑学生是否根据真实情况如实作答，要考虑学生是否有能力真实作答，同时进行自我报告、直接观察口头和书面应答属于多元评估法。使用自我报告法时要把可能出现的问题控制到最少。问卷的覆盖面比较大，访谈适合对几个问题进行深入探讨，有刺激的回忆可以分析学生在采取某种行动时是如何考虑的，出声的思考可以了解学生解决问题时的想法，对话法使研究者能对社会交往模式进行探讨。通过对这些评估方法的详细了解，"心灵故事"中的小张同学认识到他不仅要通过书面应答方法获得学业成绩来评价学习效果，还要运用综合方法来核对学习目标的达成情况。比如，运用直接观察法，小张发现他在系统解剖课程上有较强的换位思考能力，理解能力更强，因此实验操作时他观察更仔细，老师在课堂上也多次表扬他；运用口头应答法，小张发现自己能够比较快速准确地理解老师所提出的问题，显示他解决问题的能力；通过对话法，小张则发现他在小组作业中能够充分引导组员间的合作，开展组内对某个主题的看法，并得到老师的认可。通过以上方式，小张同学对自己的了解更加全面，自我评价更加积极，而随后的学习效率也得到了提高。

表11-4 评估学习的方法

类型	操作定义	举例	评价
直接观察	观察学生的行为表现来确定学习是否发生	化学老师在实验室教学生做实验，观察学生做得对不对；体育教练观察学生运球的表现，确定学生的掌握情况	若行为能被明确规定，则直接观察是高效的，但这种方法往往忽视行为背后的认知和情感过程，没有出现行为也并不意味着没有学会等问题，行为表现≠学习
书面应答	测验、考试、家庭作业、论文、课外研究项目等书面考核的成绩	数学课上，老师通过布置课堂小测试检验学生学习效果	使用方便，学习材料的覆盖面较广，但影响学习行为的因素很多，如学生因疾病、疲劳、作弊等因素也会影响书面成绩
口头应答	学习过程中提出问题、回答问题及发表意见	心理课上，老师让学生回答问题或提问，根据学生提出的问题及回答情况来评估他的掌握程度和理解能力等	使用方便，但容易受到语言储备、表达能力、害怕当场表达、言语表达障碍等因素的影响，从而影响评估学习的效果
他人评定	由他人（如教师、家长、行政人员、研究者、同伴等）判断学习者是否具有某种学习的特征	询问父母，学生在家里学习的时长、完成某项工作的效率，对某类问题的掌握能力等	他人观察比自我报告相对客观，能了解到学习的动机、态度等，但他人观察的主观判断成分比直接观察多，有时候会出现歪曲真实情况
问卷	对题目或问题的书面回答作出评定	要求学生在李克特五级评分量表上进行作答，"你认为心理课能够增加心理健康知识吗？"1为非常不同意，5为非常同意	属于自我报告法，适合进行定量研究，但容易出现社会赞许效应、造成"装好"或"装坏"倾向
访谈	对提出的问题作口头回答	为什么选择心理学专业，刚开始学习心理学你是怎么想的，你认为能从心理学中学到什么	属于自我报告法，容易收集到具体的信息，但对访谈者要求较高，访谈者需要想办法让受访者尽可能表达出他的真实想法
有刺激的回忆	回忆自己在某个时刻做事时的想法	把学生做某事的过程录制下来，后续播放给他看，并询问他，你好像当时被难住了，当时你是怎么想的	属于自我报告法，录制与访谈之间不宜间隔时间太长，否则会出现遗忘效应，导致回忆偏差较多
出声的思考	一边做事，一边说出自己的想法、情感和行动	请学生边做事边出声，访谈者记录下学生发声的内容	属于自我报告法，容易出现比较真实的表露，但有的学生很难习惯边做边说，造成意识层面的内容表达很少
对话	两人或几个人之间的交谈	在团体辅导活动中，带领者请每个小组内自由分享自己对某个主题的看法	属于自我报告法，容易观察到情境下对学习的影响，分析对话时需要注意对话情景等影响

四、大学生学习的特点

（一）从学习目标上看

大学与高中的学习目标不一样，高中学习目标通常更为短期、明确，高中生需要完成每学期的具体课程目标，学科知识更为具体、相对独立，而且以每门课的学习目标为导向；学习目标主要受到每门具体课程的要求和考核标准的影响，学习目标更容易量化和评估。而且，高中学习主要围绕考试作准备，强调对特定知识点和技能的记忆和理解。大学阶段的学习目标更趋向长期而模糊，大学生需要通过更广泛的学科学习形成更深层次的理解。学习目标涉及专业知识的研究、跨学科的综合性思考和个人职业发展。大学学习目标强调跨学科的整合，大学生需要将不同学科的知识和技能进行关联，形成更为综合的认知结构和知识体系。大学生被鼓励参与研究和创新活动，追求对知识的深度理解，并为学科领域作出贡献。在这个过程中，大学更加强调自主学习和自我发现，大学生需要通过广泛地阅读、独立研究和参与实践活动来培养批判性思维和创新能力。大学生需要制定个人职业目标，通过学习和实践培养职业所需的技能。

总体而言，大学的学习目标更加以人的全面发展、职业发展规划为导向，涵盖了更为广泛的领域，强调了跨学科性和综合性思维。大学生需要更多地培育和发展自主学习和终身学习能力，以适应不断变化的社会和职业环境。

（二）从学习内容上看

高中阶段的学习内容通常涵盖具体的知识点，学科划分明确，学科知识相对独立，学生按照特定的学科学习体系进行学习，而且学习内容以考试为导向，内容较为集中。而大学阶段的学习内容更注重专业性、系统性，大学生需要选择一个或多个专业，并深入学习相关领域的知识，还需要将不同学科的知识进行整合和交叉应用。因此，大学的学习内容更为丰富，不仅包括基础知识，还涉及前沿研究、实践经验、案例研究等。

总体而言，大学的学习内容更注重培养学生的综合素养。大学生将面对专业的学科内容，同时也有机会跨学科学习，拓展学科边界，使学习内涵和外延更为丰富。这种学习内容的特点为大学生提供了发展和深化兴趣和专业领域的机会。

（三）从学习方式上看

高中和大学之间的学习方式存在显著差异，高中学习通常被描述为被动学习，而大学学习更加强调主动学习。高中生通常在规定的课程框架内学习，按照教师提供的教材和计划进行学科学习。大学阶段的学习更加强调学生的自主选择，大学生有更多的机会选择自己感兴趣的课程。大学鼓励学生进行研究性学习，参与研究项目、实习和实践活动。大学生有机会深入学科领域，追求个人兴趣和目标。大学课堂更注重学生之间的互动和讨论。教学方式强调合作学习、问题解决和批判性思考，大学生更多地参与到知识的构建中。大学学习要求学生具备更强的独立学习能力，他们需要自主阅读、深入研究和主动寻找资源，强调对自己的学习过程负责。大学教育培养学生具备终身学习能力和观点，即使在毕业后仍能继续追求知识，不断提升自己。

总体而言，大学学习更强调学生的主动参与、自主选择。

（四）从学习效果反馈上看

学习效果反馈周期的短与长，是高中和大学学习的一项显著区别。高中生通常面临每周或每月的考试，这些考试作为学习效果的直接反馈，学生能够迅速了解自己对各个科目的掌握程度。由于考试频率高，学生有更多机会根据每次考试成绩来调整学习策略。他们能够更及时发现弱点，有针对性地进行学科知识和技能的强化。高中生面对较短周期的考试，既有一定的学习压力，也能从考试成绩中获得积极的学习动力，以争取更好的结果。而大学学习效果反馈通常体现在一个学期的期中和期末考试。相较于高中，大学的反馈周期更长。由于长周期的反馈特点，大学生需要更多地自主评估和自我监控，需要发展自我调整和反思的能力，以更好地理解和改进学习策略。

第二节
学习的影响因素

一、智力因素

（一）观察力

观察力是个体对周围环境、事物和细节的敏锐感知和理解能力。在学习过程中，强大的观察力有助于学生更全面地理解学科知识，提高对问题的分析和解决能力。具有良好观察力的人能够注意到事物的细节，不容易忽视周围环境中的重要信

息。观察力不仅仅是视觉上的感知，还包括其他感官的参与，如听觉、触觉、嗅觉等，这使得学生能够从多个角度获取信息。具备敏锐观察力的人能够快速识别模式和关联，从而更迅速地理解新的概念和问题。例如，在生物学实验中，学生被要求观察一片叶子的微观结构。具有良好观察力的学生能够清晰地看到叶片上的气孔、叶绿体和细胞结构。相比之下，观察力较弱的学生可能只能注意到叶子的整体形状，而忽略了其中的细节。研究表明，那些在实验中表现出更强观察力的学生，不仅更容易理解植物细胞的结构，而且在后续的学科学习中也表现出更好的整体学业成绩，这提供了观察力与学业表现之间呈正向关联的证据。

（二）记忆力

记忆力在学习中扮演着关键的角色，是智力因素中至关重要的一部分。它涉及个体获取、存储和回忆信息的能力，对于学科知识的掌握和应用起着重要作用。强大的记忆力使个体能够更有效地学习和掌握大量的学科知识。在学习新的概念、事实和公式时，良好的记忆力有助于信息的稳固存储，使得学生能够更容易在考试或实际应用中回忆和运用所学的知识。例如，在学习数学时，记忆力强的学生能够更容易记住各种数学公式、定理和方法，使得他们能够更灵活地应对数学问题和解决方案。强大的记忆力不仅帮助学生记住知识点，还有助于快速准确地检索和应用这些知识来解决问题。记忆力的强弱与学生的问题解决效率密切相关，影响他们在各种学科和任务中的表现。例如，在解决科学问题时，记忆力强的学生能够迅速回忆起相关实验、理论和概念，更迅速地理解问题并提出解决方案。记忆力的水平与个体采用的学习策略密切相关。拥有良好记忆力的学生更容易通过重复学习、关联记忆等高效的学习策略来加强知识的记忆，从而更好地应对学科学习。通过采用记忆宫殿法等记忆技巧，学生能够更有效地记住一系列信息，如历史事件的顺序、化学元素的周期表等。研究表明，记忆力与学生的学业成绩之间存在显著正相关。那些记忆力强的学生往往在考试中表现更好，更容易实现学科学习的深度理解和应用。

（三）思维力

思维力是个体进行分析、判断、推理和解决问题的能力，是学习中重要的智力因素之一。它涉及高层次的认知过程，包括逻辑推理、创造性思维、问题解决等，对学科知识的深入理解和应用有着直接的影响。思维力强的个体更具有独立思考和解决问题的能力。他们能够有效地运用逻辑推理和创造性思维来分析问题、找到解决方案，更灵活地应对不同类型的学科问题。思维力影响个体对抽象概念的理解。强大的思维力使学生能够更深入地理解学科中的重要概念，从而能够更好地将这些概念应用于实际情境。例如，在物理学中，思维力强的学生能够更深刻地理解牛顿运动定律，并能够应用这些定律解释和预测各种物理现象。强大的思维力与创造性思维密切相关。思维力强的个体更容易提出新颖的观点、独特的解决方案和创造性的想法，促进学科知识的创新性发展。思维力强的个体更具有批判性思维的能力，能够审视和评估信息的可靠性、逻辑性，并作出明智的判断，这对于有效地应对信息过载的学习环境至关重要。例如，在社会科学中，思维力强的学生能够更有针对性地分析和评估历史事件、社会问题，并提出深入的见解。

（四）注意力

注意力是指个体在面对多样信息时能够有选择性地集中注意力的能力。良好的注意力使学生能够更有效地获取和处理学科知识，关注重要信息，从而提高学习效果。例如，在课堂上，具有良好注意力的学生能够更专注地听讲，集中精力理解教师讲解的内容，而不易受其他干扰的影响。在学科学习中，学生需要在完成任务时保持高度的注意力，以确保任务能够在规定时间内完成，并达到预期的学习效果。例如，在解决数学问题或完成实验时，学生需要集中注意力，避免分心，以确保正确理解问题并提供准确的解决方案。强大的注意力使学生能够更迅速、准确地识别和解决问题。对问题的深入关注和集中注意力有助于发现问题的关键信息和潜在解决方案。例如，在解决物理问题时，学生需要聚焦注意力于问题的陈述，关注给定的条件和所需的未知量，以便有效地运用物理学原理解决问题。

注意力的广度是有限的，常被描述为"7±2原则"，这是心理学家乔治·米勒提出来的。米勒认为人类的工作记忆容量有限，大致能够同时处理7个信息单位如数字、字母、单词，且这个数字可能在2个信息单位范围内波动，因而又被称为"米勒数"。由此启示，个体可以通将多个相关的信息单元组合成一个更大的单元，从而减少需要记忆和处理的信息单元数量。通过训练和练习，可以提高注意力的广度，如舒尔特方格训练法就旨在增强个体的工作记忆和注意力能力。

（五）想象力

想象力是指个体能够在心灵中创建、模拟、重构图像、概念和情境的能力。它涉及对非现实的体验和观念进行创造性的构建和表达。想象力是人类大脑的一种神奇的能力，是大脑的高级功能，它可以让个体在心中创造出新的形象、场景、故事、音乐、艺术等，超越现实的限制，探索无限的可能性。想象力促使个体从不同角度思考问题，激发创造性思维，有助于寻找新颖的解决方案。通过想象力，个体能够更深入地理解抽象概念，将知识与实际情境联系起来，提高学科学习的灵活性。在文学作品中，读者通过想象力能够形成对小说中人物、场景和情节的生动图像，增强对故事的理解和投入感。想象力有助于学生在学习历史时，想象并感受过去的社会、文化和事件，提高对历史背景的理解。训练想象力有很多途径，如参与绘画、写作、音乐等艺术和创意活动，参与角色扮演活动，阅读和欣赏不同类型的文学、艺术、音乐等作品，尝试用不同的方式表达自己的想法和感受。与不同的人交流和互动，参与有挑战性和趣味性的活动，进行自由的想象。

梦的"解析"

1865年，德国化学家凯库勒（August Kekulé）提出全新的苯分子的环形结构。据说凯库勒关于苯环结构的启发来自他在午睡时的梦境，当时他正困扰着苯分子的结构问题。在他的梦中，他看到一条小蛇咬住了自己的尾巴，形成了一个封闭的环形结构。这个梦境启发了他，让他意识到苯分子可能具有环状结构。凯库勒的梦境成为一个著名的科学历史故事，展示了创造性思维和直觉在科学发现中的作用。他将这个环状结构的概念应用于苯分子，并提出了苯分子是由6个碳原子组成的环状结构，碳原子之间交替单双键的排列。这一理论为后来有机化学的发展和理解提供了重要的基础。

二、非智力因素

（一）生理因素

充足的睡眠对于记忆的巩固和学习效果提升至关重要。在深度睡眠阶段，大脑进行记忆的整合和固化，有助于将学到的知识储存在长期记忆中。因此，经过良好的睡眠，学生对于新知识的记忆和理解更为深刻，学习效果更加显著。良好的睡眠有助于改善白天的注意力和集中力，使学生更能专注于学习任务，提高学习效率。此外，缺乏睡眠可能导致白天注意力不集中、反应速度减缓，影响学生在学习过程中的表现。

健康的饮食有助于维持大脑健康和功能。如Omega-3脂肪酸等营养元素被认为对学习和认知功能有积极影响。身体活动对于提高认知功能和学习效果具有积极影响。锻炼可以促进脑部血液循环、增加神经元连接，有助于提高学习能力。而慢性疾病或健康出现问题会对学习能力造成影响。

身体健康有助于维持良好的注意力和集中力，心理健康与认知功能密切相关，如焦虑、抑郁等心理健康问题会影响思考、记忆和决策能力。身体不适或患病会使人难以集中精力，从而影响学习效果。

学习困难户也有专家门诊了

2020年9月，复旦大学附属儿科医院开设了学习困难门诊。近几年来，这个门诊成了一号难求的网红门诊。

国内外研究报道显示，学习困难发生率约为20%，男生发生率比女生高一些。专家表示，"学习困难"其实是一个在多因素作用下，造成孩子学习状态不好、成绩不良的结果。导致学习困难的原因有很多，如神经发育问题、情绪和精神心理障碍、文化和环境因素、家庭教育问题等。

如果个体神经发育不完善，难以集中注意力，学习时易分心、发呆、畏难，从而影响学习成绩。还有一种情况学生智力正常，但在某项特定学习能力方面发育落后，进而影响相应学科成绩。这两类个体若经过正规治疗（包括药物治疗、行为治疗、专业康复训练等），情况可以大大改善，而因情绪障碍导致的"学习困难"，则大多集中在"学校适应障碍""焦虑""抑郁"，他们大多表现为对学习丧失兴趣、与大人对抗，被家长老师误解为"青春期叛逆"。针对这类学生，开展综合治疗，动员家庭、学校给予心理支持，配合专业药物治疗、个别或团体心理治疗，可以促进学习能力和学习效果的提升。

（二）动力因素

学习动机是激发个体进行学习活动，维持正在进行的学习活动，并导致行为朝向一定学习目标的一种内在过程或内部心理状态。在心理学中，一般把学生的学习动机分为内部学习动机和外部学习动机。内部学习动机又称为内源性动机，是指由个体内在兴趣、好奇心或成就需要等内部原因引起的动机。外部学习动机又称为外源性动机，是指个体由外部诱因所引起的动机，如获得奖励的动机。学习者不是对学习本身感兴趣，而是对学习所带来的结果感兴趣，如有奖励、取悦老师和家长。

学习动机的水平与学习效果的关系如何呢？1908年，美国心理学家罗伯特·耶克斯和约翰·迪灵汉·多德森对学习动机与学习效果的关系进行研究，他们惊奇地发现动机强度与工作效率之间的关系不是一种线性关系，而是呈倒U形曲线关系，这又被称为"耶克斯–多德森定律"。

根据这一定律，我们可以发现，当动机强度不断增强，工作效率也会不断增加，工作效率会有一个峰值，达到峰值后动机的效用就会递减，甚至出现动机强度越高反而工作效率越低的情况。换句话说，动机强度为中等水平时，工作效率最高；动机不足或过分强烈，都会导致工作效率下降。而动机强度和工作效率的曲线关系还取决于任务作业的难易度。因此，每种活动都存在动机最佳水平，动机最佳水平随着任务的性质不同而不同。在比较简单的任务中，工作效率随动机强度的提高而提高；随着任务难度的增加，动机最佳水平有逐渐下降的趋势。困难作业在低动机压力下，就可取得最好成效。这个理论被称为唤醒理论，动机水平的高低和任务困难的高低呈倒U形曲线，困难作业会比简单作业唤醒水平或动机水平要求更低，原因是任务本身的难度会激发大量思考和注意力，所以只需要低唤醒就可以达到最佳表现（图11-1）。

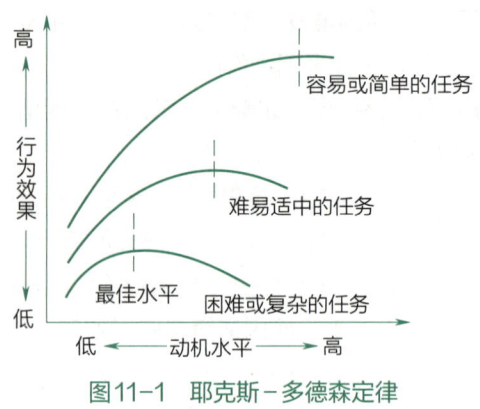

图11-1　耶克斯-多德森定律

　　结合现实生活，这个理论很好理解。适当的压力可以增强人们做事的专注力和激情，而过重的压力则会让人在完成任务时发挥失常，甚至崩溃。所以耶克斯-多德森曲线又被称为焦虑曲线。比如，学习动机太强或急于求成，会产生焦虑和紧张，干扰记忆和思维活动的顺利进行，使学习效率降低。而如果昏昏欲睡或迷迷糊糊，那也会影响成绩。在工作中，面对简单的重复性体力工作，不需要太多的思考，但需要持续投入精力，这就需要高唤醒。而面对困难的任务比如谈判、演讲，那就需要大量的注意力。这时较低唤醒水平能使人更容易集中注意力，取得更好的成效。如果还给予太多的压力用于唤醒对任务的关注，反而会分散精力造成效率的衰减。深入分析"心灵故事"中的小张出现问题的原因，可以发现，小张同学学习的外部动机较强，内部动机较弱。学习只是为了得到高分以获得转专业的名额，但他本身对临床医学的学习兴趣、好奇心不足。根据耶克斯-多德森定律可以推测，在临床医学考试难度普遍较大的情况下，小张抱有较强的动机，往往会引发过大的心理压力，导致考场失利而无法获得满意的成绩。

心理科学

心理学经典实验：白鼠黑白通道实验和耶克斯-多德森定律
　　心理学家耶克斯和多德森在1908年的时候，偶然发现了白鼠在分辨黑白通道实验中，习得黑白通道规律的速度与电刺激的强度有关。他们据此发现了耶克斯-多德森定律，又称"倒U曲线"。

实验一

实验目的：通过施加无伤害性电刺激，考察小鼠分辨黑白通道所需尝试次数。

方法：当小鼠进入白通道时，给予不同强度电刺激，进入黑通道时，不施加电刺激。

实验结果：施加微弱电刺激，尝试次数最多；增强电刺激，尝试次数减少；施加电刺激最强，尝试次数再次增加。

实验二

方法：降低任务难度，调整黑白通道光线，使白通道亮度增加；电刺激强度区分更细，由第一次的三水平增加到五水平。

实验结果：最弱的电刺激，尝试次数最多；最强的电刺激，尝试次数时间最短。

与心理学家预期不相符的是，第二次难度降低以后，倒U曲线没有重现。于是他们设计了第三个实验。

实验三

方法：增加任务难度，调整黑白通道光线，使白通道亮度减弱；电刺激强度为四水平。

实验结果：弱刺激和强刺激下的尝试次数都较多。最有效的学习效率出现在第二水平的电刺激。

实验结论：什么样的刺激最有利于任务习得取决于任务类型。任务难度大，需要的刺激小，效果最佳；任务难度小，需要的刺激大，效果最佳；任务难度适中，刺激适中的效果最佳。

心理科学

"耶克斯－多德森定律"的神经基础

来自日内瓦大学的一个团队与洛桑联邦理工学院合作，揭示了动机是如何改变老鼠在作决定前负责感觉感知的神经回路的。这项研究揭示了为什么过高或过低的动机水平会影响感知，进而影响选择。该研究团队开发了一种行为范式，让老鼠在受控的水消耗状态下活动。首先训练这些啮齿类动物通过两根胡须（A和B）对触觉刺激作出反应，并产生一个动作——舔壶嘴，只有胡须A才能获得一滴水。在这个训练之后，这些老鼠主要对胡须A的刺激作出反应，从而表明它们有能力区分这两种感觉。最后，为了改变啮齿类动物参与任务的动机，研究人员在口渴程度降低的情况下进行了这些实验。

在极度口渴的状态下，啮齿类动物表现得很差，它们不分青红皂白地舔着壶嘴，也不区分受到刺激的胡须。相比之下，在中度口渴的状态下，啮齿动物行为选择变得最优。刺激胡须A，舔壶嘴。最后，当它们不是很渴的时候，它们在任务中的表现再次下降。

通过观察这些老鼠中负责感知决策的神经元群的活动，研究人员发现，当老鼠被高度激励时，这些回路中的神经元充满了电信号。相反，在低动机状态下，信号太弱了。该研究的第一作者说："过度动机导致皮质神经元受到强烈刺激，从而导致触觉刺激感知的准确性下降。"相比之下，在低动机状态下，感觉信息的准确性得到了恢复，但信号强度过低，无法正确传递。结果，对刺激的感知也受到了损害。

这些结果打开了新的视角，为耶克斯－多德森定律提供了神经学基础。这项工作还表明，有必要将新知识的获取和表达分离开来。"我们观察到，老鼠非常迅速地理解了这一规则，但要在很长一段时间后才能表达这一学习，这取决于与动机水平相关的感知变化。"动机在学习中的作用的揭示为新的适应方法开辟了道路，有助于在学习过程中保持最佳的动机水平。

（三）人格因素

人格是指个体在对人、对事、对己等方面的社会适应中，在行为上的内部倾向性和心理特征。人格表现为能力、气质、性格、需要、动机、兴趣、理想、价值观和体质等方面的整合，是具有动力一致性和连续性的自我，是个体在社会化过程中形成的独特的身心组织。人格与学习之间关系密切，因为个体特征可以影响人的学习风格、动机、对待挑战的态度以及与他人合作的方式。1949年，人格心理学家、社会学家菲斯克提出了大五人格因素模型，他提出人格可以分为外倾性、宜人性、责任感、情绪性、开放性五种类型，不同的人格具有不同的特点，对学习有着不同的影响（表11-5）。

表11-5　大五人格理论

大类	人格	特点	高分典型描述
Openness	开放性	幻想对务实、变化对守旧、自主对顺从	刨根问底、兴趣广泛不拘一格、开拓创新
Conscientiousness	尽责性	有序对无序、细心对粗心、自律对放纵	有条有理、勤奋自律准时细心、锲而不舍
Extraversion	外倾性	外向对内向、娱乐对严肃、激情对含蓄	喜好社交、活跃健谈乐观好玩、重情重义
Agreeableness	宜人性	热情对无情、信赖对怀疑、宽容对报复	诚实信任、乐于助人宽宏大量、个性直率
Neuroticism	情绪稳定性	烦恼对平静、紧张对放松、忧郁对陶醉	焦虑压抑、自我冲动脆弱紧张、忧郁悲伤

（四）环境因素

环境对学习有着重要的影响，环境可以塑造学习体验、影响学习效果，并在一定程度上影响学习动机。学习环境包括学习场所的氛围、设施和布局。安静、整洁、有序的学习环境有助于提高注意力和集中精力，提高学习效果。积极的社交环境有助于合作学习、知识分享和建立支持系统。良好的网络环境也可以提高学习效率。自然环境，如光照、空气质量和温度，对学习有一定影响。良好的自然环境有助于提高学习舒适度。学习环境中的文化氛围对个体学习也有影响。尊重多元文化、提供多元化的学习资源，有助于培养开放的学习态度。

（五）自我效能感因素

自我效能理论是班杜拉社会学习理论体系的重要组成部分之一，也是其一般学习论观点的逻辑产物。班杜拉认为，人类的行为不仅受行为结果的影响，而且受到对自我行为能力与行为结果期望的影响。他发现，即使个体知道某种行为会导致何种结果，但也不一定去从事这种行为或开展某项活动，而是首先推测自己行不行，有没有实施这一行为的能力与信心。这种推测和估计的过程，实际上就是自我效能的表现。所以，人的行为既受到结果期望的影响，也受自我效能期望的影响。自我效能是人类行为的决定性因素。通过区别效能期望和结果期望，班杜拉创造了自我效能概念。结果期望属于传统期望的概念范畴，是人们对自己的某一行为会导致什么样结果的推测；而效能期望则是个体对自己实施某一行为的能力的主观判断，即对自身行为能力的推测。

班杜拉认为，个体对效能预期越高，就越倾向作出更大努力。班杜拉提出了影响自我效能形成的四个因素。

（1）言语劝说。即接受别人认为自己具有执行某一任务的能力的语言鼓励而相信自己的效能。言语劝导信息的效能价值取决于它是否切合实际。

（2）生理与情绪状态。即个体在面临某项活动任务时的身心反应。平静的反应使人镇定、自信，焦虑不安的反应则使人对自己的能力发生怀疑。

（3）替代性经验。即人们从和能力等人格特征与自己相似的人的活动及其成就水平的观察中获得的经验。它使个体相信，当自己处于类似的活动情境时也能获得同样的成就水平。

（4）个体直接的成败经验。即个体对自己实际活动的成就水平的感知。它是个体获得自我效能感的基本的、重要的途径，并构成个体对在其他信息基础上形成的自我效能感加以检验的手段，因为它以确证的方式显现了个体驾驭环境事件的能力。

这四个方面的内容影响自我效能感的形成，同时也对学生学习兴趣的唤起有很大的影响。在对教师心理和学习动机的研究中自我效能感颇受关注。例如，一个学生在学习新的编程语言时，如果他有先前成功的编程经验（经验因素）、观察到同学成功学习该语言（观察他人因素）、得到老师的鼓励（言语说服因素），并且感觉轻松、自信（生理和情感状态），那么他的自我效能感就较高。这会促使他更积极主动地学习、更有耐心地面对编程挑战，进而取得更好的学习成果。

（六）学习策略因素

学习策略分为认知策略、元认知策略和资源管理策略，这是美国教育心理学家瑞奇特·斯坦斯（Richard M. Schmeck）在其著作《学习策略、认知过程和判断能力》（*Learning Strategies and Learning Styles*，1988）中提出的。

1. 认知策略

认知策略涉及学习者对学习材料认知加工的策略，包括复述、组织、精加工。

复述策略是指在工作记忆中为了保持信息，运用内部语言在大脑中重现学习材料或刺激，以便将注意力维持在学习材料上的方法。它是短时记忆的信息进入长时记忆的关键。常用的复述策略有及时复习、分散复习；"过度识记（指达到一次完全正确再现后仍继续识记的记忆）；有意识记、无意识记、排除干扰记忆、运用多种感官协同记忆、画线记忆等。

组织策略是指将经过精加工提炼出来的知识点加以构造，形成更高水平知识结构的信息加工策略。组织策略主要有两种：一种是归类策略，如归类、整理；另一种是纲要策略，如列提纲、思维导图。

精加工策略是指把新信息与头脑中的旧信息联系起来从而增加新信息意义的深层加工策略。常用的精加工策略有记忆术、做笔记、提问、生成性学习、运用背景知识、联系客观实际等。其中，记忆术有形象联想法、谐音联想法、首字连词法、位置记忆法、缩简和编歌诀、关键词法、视觉联想、语义联想等。

2. 元认知策略

元认知策略是指学习者对自己的学习过程进行监控、调节和控制的策略，包括对学习目标的设定、学习计划的制订、学习过程的评估等。首先是确定明确的学习目标，使学生知道他们要达到什么样的成果。例如，设定每周阅读一定数量的书籍以提高阅读能力。其次，制订合理的学习计划，安排学习时间和任务。例如，制订每周学习计划，包括阅读、复习和作业时间。在实施过程中定期检查学习进展，确保学习目标在规定时间内得以实现。如果遇到实际困难，如突发的任务，可以根据学习进展调整学习策略，找到有效的学习方法。这些元认知策略有助于学生更有效地管理自己的学习过程，提高学习效果。学生通过培养这些元认知策略，能够更好地理解和掌握自己的学习需求，从而更有针对性地进行学习。

3. 资源管理策略

资源管理策略涉及对学习过程中外部资源的利用和管理，包括时间管理策略、环境管理策略、学业求助策略。时间管理策略体现在规划、安排和利用时间。学习环境管理策略是指主动选择或者创造有利于学习的环境，减少学习干扰。学业求助策略体现在主动寻求他人的帮助和支持，提高问题解决的效率。例如，寻找同学的合作，形成学习小组，共同解决问题，互相学习；遇到难题时，向老师请教，获得对问题更深层次的理解。

认知策略关注知识获取和处理，元认知策略关注学习过程的监控和调节，而资源管理策略关注外部资源的有效利用。

第三节
学习困惑与应对策略

小杨，女，18岁，独生子女，从小成绩优异，高中无住校经历，父母对她非常疼爱。她现在是师范类大学某学院大一学生，在学院、系部和班级均担任了职务。她在军训期间表现积极，情绪愉快，和室友相处良好。小杨在起初学习节奏把握得还可以，很多事情都想要完成得更好。学生会有件事情是她主要负责的，但没做好，她心里特别自责。再加上最近连续几门考试不理想，而周围同学似乎都有把握，还讨论起了暑假实习情况，这让她非常焦虑，感觉所有事情都堆积在眼前，一度让她怀疑自己还是曾经那个"好"学生吗？为什么管理不好时间？这也引起了辅导员的关注。

一、学习压力及应对策略

（一）学习压力概述

在心理学中，压力是个体对作用于自身的内外环境刺激作出认知评价后，引起的一系列非特异性的生理及心理紧张性反应状态的过程。压力通常在个体面对无法解决的情境时产生，是人与超越其应对资源并伤害其健康的恶劣环境之间的相互关系。心理压力是个体的一种综合性心理状态，表现为认知、情绪、行为三种基本心理成分的有机结合。

在《心理学大辞典》（2003）中，学习压力被定义为由学习引起的心理负担和紧张，学习者在超负荷的学习任务或学习环境中，由学习任务引起的心理负担和紧张状态。学习压力来源分为内部（如个体学习期望）与外部环境因素（如父母期望）。有研究者对学习压力进行了具体的阐述，其是由学业任务引发的心理压迫感和紧张感，压力来源包括考试等学习结果、同学间的竞争、家长和教师的学业期望等。

心理学家理查德·拉扎勒斯认为，人们会对压力源产生不同的认知评价，进而影响到对压力的应对以及产生的结果（图11-2）。以大学生应对期末考试为例，小A的认知评价是"完蛋了，平时没有好好听讲，现在复习来不及了，好焦虑"，因此坐立难安，难以投入高效复习，产生焦虑忧郁等情绪，并导致考试失利；反观小B，他对考试的认知评价是"离考试还有时间，只要我认真复习，一定可以顺利通过"，通过制订计划，调整状态，向老师、同学请教等方法应对，因此得到成绩进步、积极自信的结果。

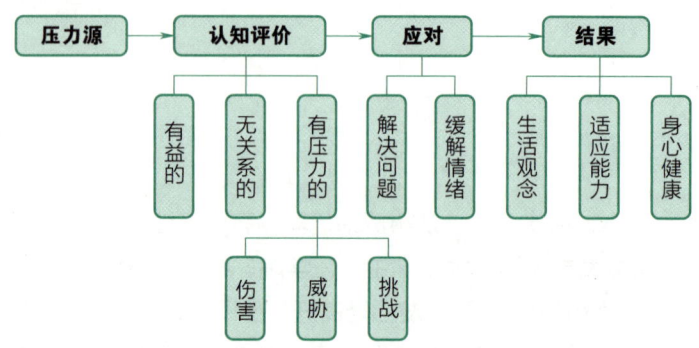

图11-2　理查德·拉扎勒斯压力应对模式

（二）应对策略

1. 建立合理的信念

美国心理学家艾丽娅·克拉姆团队开发了压力思维模式测试，分别持"压力有害"（如承受压力阻碍的学习和成长）和"压力有益"（承受压力提升表现和效率）两种思维方式。实验结果发现，不同的信念让参与者对压力的影响有不同的预期，从而行为的结果也存在差异。因此，改变对压力的看法，对压力抱有积极且合理的信念，能帮助人们更好地应对压力。

2. 提高个人应对压力的能力

每个人对压力事件的应对能力存在差异。这部分能力称为心理弹性（mental elasticity），它是指经历压力、挫折、创伤后机能的维持情况，也就是指处于危境中个体的胜任行为和有效机能。抗压能力差指的是心理弹性出现了问题，而这是可以通过有意识的锻炼来增强的。例如，通过一些能够恢复平衡的事来增强心理弹性，如对现实失败的接纳与改变；和他人分享关于压力、失败、成功等感受；在难以应对时，尝试做能够带来快乐或平静的事；以及适时放弃。

二、学习拖延及应对策略

（一）学习拖延概述

心理学范畴的拖延是指主动选择的、不理性的、长期的拖延行为。具体而言，就是指个体在能够认识到拖延可能会造成严重后果的前提下，仍然自愿选择推迟开始已经计划好的行动，且这一过程常伴随有情绪困扰。

大学正是个体尝试独立自主完成生活、学业任务的时期，但也容易产生拖延现象。拖延行为会导致大学生压力水平上升、学业成绩下降、考试焦虑、社交焦虑等，也会造成个体自我效能感降低、自尊降低，出现焦虑、抑郁等负面情绪，甚至对个体生理健康造成负面影响。存在拖延行为的个体往往可以意识到自己的拖延行为，并且有强烈的摆脱拖延的主观意愿。

芝加哥德保罗大学心理学副教授约瑟夫·法拉利（Joseph Ferrari）博士和渥太华卡尔顿大学心理学副教授蒂莫西·皮奇（Timothy Pychyl）曾在一次访谈中依据拖延原因的不同，将拖延分成了三类：需求刺激/灵感型拖延、回避型拖延、决策型拖延。

拖延现象自测

1. 在完成截止日期临近的任务时，我还经常浪费时间做其他事情。
2. 我经常说"明天再做"。
3. 我通常会提前完成任务。
4. 对于必须要做的事，我也会拖几天再做。
5. 我会完成当天打算做的所有事情。
6. 我在晚上休息放松之前，通常会处理好当天需要做的一切事情。
7. 即使是容易做的简单事情，我也很少会在几天内把它完成。
8. 我经常在做几天前就该做的事情。
9. 即使是必需品，我通常也会拖到最后一刻才买。
10. 在本该做某件事情的时候，我却会去做别的事情。

计分方式及结果：
1＝非常不符合，2＝不符合，3＝普通，4＝符合，5＝非常符合
其中3、5、6题采取反向计分：
1＝非常符合，2＝符合，3＝普通，4＝不符合，5＝非常不符合

得分越高，拖延倾向越明显。23分以下，拖延水平较低；24至37分，拖延水平中等；37分以上，拖延水平高，需要及时关注。

（二）应对策略

1. 设定可分解的、现实的任务

尝试设定合理的、符合自己能力的任务，将一个大的可行目标拆分为若干个小任务后，每个小任务会变得更加容易实现。这称为成功螺旋法，就是将复杂的任务拆分成很多可行的小步骤，通过达成小目标来获得成就感，为实现整个大目标增添信心。

2. 增强对未来的实感

拖延的原因之一是对未来缺乏实感，很难提前感受到未来的自己，通过牺牲"未来的我"的满足感来成就"现在的我"的快感。尝试换一种计时方式，更真实地体会时间的流逝。用"天"来衡量时间，会让人觉得未来更加紧迫，用倒计日甚至是倒计时钟来帮助人们更好地体会时间的流逝和任务的到来。制订具体的生活计划，将日常工作的流程固定，形成"精神轨道"，因为往往选择的机会越少，人越不可能拖延。

3. 为每一个小任务的完成设定小奖赏

大任务的完成是困难且长久的，而小任务的完成是相对简单且快速的。通过分解任务、完成每个小任务，并且在每完成一个小任务后给自己一个小小的奖赏，以此增加学习和工作的积极性。

4. 自我关怀

如果拖延已经严重影响到学习和正常生活，可以寻求自己信赖的亲朋好友的帮助，或及时、主动地寻求专业心理咨询师的帮助。通过大家的帮助，更好地容纳、管理自己的情绪，学习制订具体的工作计划，设置合理的强化与奖励，澄清自己的内在动机，获得情感支持和有益的经验与方法。

三、浪费时间及应对策略

（一）时间管理概述

研究表明大学生的学习拖延行为会受到时间管理倾向的影响，人们对于时间的运用在心理和行为上呈现出来的特征就是时间管理倾向。时间管理倾向水平高的人，比较能够合理规划时间，珍惜时间，并且可以很好地利用时间，在规定时间内，高效完成工作任务。反之，当个体意识不到时间的重要性，就会选择挥霍和拖延时间，将本来可以很快完成的事情一拖再拖，时间也就在无形中流逝。此外，人的自我控制水平也会影响拖延行为的产生。自控水平高的人会按照自己既定的计划执行任务，能够抵制诱惑，克服意志困难，高效完成事情，绝不会拖延。

（二）应对策略

时间管理是指通过事先规划和运用一定的技巧、方法与工具实现对时间的灵活以及有效运用，从而实现个人或组织的既定目标。

1. 时间管理象限图

美国著名的管理学大师史蒂芬·科维把事务按照重要性和紧急性两个维度进行划分，一共分成了四个象限。第一象限是需要处理的重要且紧急的事务，第二象限是需要处理的重要但不紧急的事务，第三象限是既不重要又不紧急的事务，第四象限是紧急但不重要的事务（图11-3）。

图11-3　时间管理象限图

时间"四象限"法（图11-4）即重视B区，减少A区、C区，干掉D区。明确了事项的优先级就能够帮助人们把有限的时间投入到重要的事情上，拥有更多正向反馈，自然也就忙得充实而有意义。

	紧急 ——→ 不紧急	
重 要 ↓ 不 重 要	**A** 危机 紧急状况 有限期压力的计划	**B** 学习新技能 建立人际关系 保持身体健康
	C 某些电话 不速之客 某些会议	**D** 琐碎的事情 某些信件 无聊的谈话

图11-4 时间"四象限"法

对于大学生来说，关注学业、建立人际关系、维持身体健康是重要且不紧急的，需要长期坚持完成的任务；考试、有时限的任务是重要且紧急的，需要集中精力高效完成；一些会议、活动紧急但不重要，可以思考如何应对；其他既不重要也不紧急的琐事需要尽量减少，给个人的时间留有更多余地。

2. 番茄工作法

番茄工作法是由弗朗西斯科·西里洛提出的。简单来说，番茄工作法就是列出每天的任务，然后把工作时间分解成若干个小块，前25分钟专注地做一件事情之后，休息5分钟，每一个这样的30分钟就叫作一个番茄钟，或者叫一个番茄时间，以此来保证注意力专注的工作方法（图11-5）。它的心理学原理是心流理论、左脑右脑分工理论和条件反射理论。

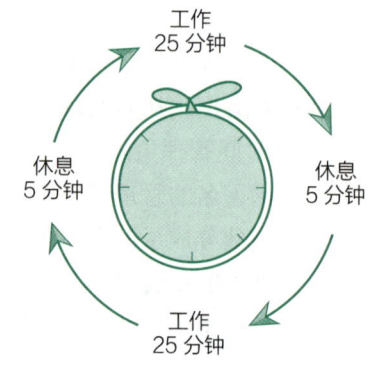

图11-5 番茄工作法

但番茄工作法并非只包含简单的番茄时钟，而是一整套时间管理系统，只有把番茄钟小工具纳入番茄工作法来使用，才能够发挥最大的功效。它分成三个阶段，即准备、执行和回顾。

（1）早上对一天的活动作计划，找到今日待办事项和当下清单，预估需要的番茄钟个数。

（2）执行阶段重点在于如何处理打断，以及如何做到深度放松。

（3）到了晚上，对今天完成的番茄个数，被打断次数做一个分析优化，每天进步一点，争取明天的时间安排得更好。

3. 三只青蛙法

美国作家博恩·凯西在其时间管理的著作《吃掉那只青蛙》里提道"三只青蛙"，它是指个体每天（周、月、年）需要完成的最重要的三件事，可以帮助人们避免把时间浪费在不必要的事情上。

如果每天早晨第一件事就是吃掉一只青蛙，那么你会欣喜地发现，今天没有什么比这更难完成的事情了（先解决最具挑战性的任务）。我们每天最难办、最具挑战性的任务就可以看作青蛙，每天优先吃掉三只"青蛙"（图11-6）。

吞青蛙表格			
年度青蛙	完成情况	月度青蛙	完成情况

青蛙列表	周一	周二	周三	周四	周五	周六	周日
1							
2							
3							
回顾总结							

图11-6　吞青蛙表格图

如何确定哪三只青蛙需要优先被吃掉，在这里就要运用"帕雷托原则"（即二八原则）。二八原则指的是个人20%的重要活动能够贡献80%的成果。一张计划表上列出10项任务，其中1～2项任务产生的价值是其他任何一项的5～10倍，这项任务就是需要最先解决的"青蛙"。如果你这20%的重要工作没有完成，那么就需要坚定拒绝那80%的工作，否则会养成先做价值性低任务的习惯，继而产生的结果一定不是个人或大家所期待的。

心灵补给站

推荐书籍：《拖延心理学》（作者：[美]S. J. 斯科特）

几乎人人都有做事拖拉的经历，人人都想改掉拖延的陋习。如果你是一个做事拖延的人，那么这个不良行为习惯会导致各种负面影响，造成如学习成绩不好、工作表现差、不健康的饮食选择等问题。本书作者从分析产生拖延的八大心理因素入手，通过提供一种直截了当、系统的框架，运用无压力工作法、抗拖延习惯法、25-5法则、设置季度SMART目标等，帮助读者建立以行动为导向的习惯来拒绝拖延症，逐步改掉拖延陋习。本书不只是提供日常行动计划的制订方案，而且是侧重鼓励读者采取行动的行动指南。

推荐书籍:《把时间当作朋友》(作者:李笑来)

为什么你总是觉得"没有时间了"?最节省时间的方式是学习,为什么你"砍柴"而不肯"磨刀"?基于过程的记录,为什么迥异于基于结果的记录?一个人对时间的精确感知能力真的能训练得像特异功能?都是平凡的人,为什么若干年后已有天壤之别?时间这条船,为什么只送心智成熟的人去往梦想的彼岸?绝大多数的成功与智商没有任何关系,所有的失败都与且只与时间有关。当你把时间花在一个人身上的时候,相当于在他的身上倾注了你生命的一段,不管最终结果如何,反正,那个人、那件事都成了你生命的一部分——不管最后你是喜欢还是不喜欢。

作者用自己的亲身经历,告诉我们:如何打开心智,并运用心智来和时间做朋友,从而开启长期践行、终生成长的旅程。

推荐电影:《风雨哈佛路》(导演:[美]彼得·勒文)

丽兹出生在美国的贫民窟里,从小就开始承受着家庭的千疮百孔。父母酗酒吸毒,母亲患上了精神分裂症。贫穷的丽兹需要出去乞讨,流浪在城市的角落,生活的苦难似乎无穷无尽。随着慢慢成长,丽兹知道,只有读书成才方能改变自身命运,走出泥潭般的现况。她从老师那里争取到一张试卷,并通过漂亮地完成答卷,争取到了读书的机会。从那时起,丽兹在漫漫的求学路上开始了征程。她千方百计申请哈佛的全额奖学金,面试时候连一件像样的衣服也没有。然而,贫困并没有止住丽兹前进的决心,在她的人生里面,从不退缩地奋斗是永恒主题。

推荐电影:《年少日记》(导演:卓亦谦)

可能很少有人会关心到儿童心理健康问题,更没有人会相信"抑郁"与"自杀"会与一个十岁的孩子有关系。没有道德说教,也没有悲天悯人,影片用一本日记链接两个时空。家庭暴力、父母的区别对待、学习压力、打骂式教育、校园霸凌等一个不少。"学习压力大"这个话题其实有两面性。从家长角度出发会觉得学习是唯一的任务,孩子又不需要处理人际关系、面对老板的施压,那压力从哪里来的?再从孩子的角度来看,自己绞尽脑汁用无数的夜晚来学习,却还是换不来成绩的提高,在努力地去做一个听话的好孩子,换不来父母的肯定,换来的只有责备与打骂。

舍　得

每个人的一天的时间是有限的。

请准备一张A4纸，在纸上写出尽可能多的自己在生活中扮演的角色，如学生、女儿、朋友、游戏玩家等。

1. 从各种角色中挑出你认为三个最重要的角色，并写下你为此做了什么。

角色一_____；做了什么_____

角色二_____；做了什么_____

角色三_____；做了什么_____

2. 如果有一天你必须要划掉一个角色，你的选择以及理由。

放弃的角色_____；理由_____

3. 如果有一天你需要再次划掉一个角色，你的选择以及理由。

放弃的角色_____；理由_____

看着你最后的一种角色，想想你为什么会选择它？你在扮演这个角色的时候有哪些感受？回顾整个过程，你有什么样的思考？什么样的感受？

"时光煮雨，岁月缝花，时光逝去不复回，珍惜当下的学习时光。做时间管理的主人，不做被时间牵着走的仆人。"

师小星："在这个每个大学生都避免不了的问题上，我们学会更好地认识学习，明晰定义，掌握影响因素，了解学习的特点，认识学习的意义。最重要的是，我们知道学习上出现困难是再正常不过的事情。在这里，我们认识到科学的学习因素与学习方法，知道了在适当接受自己的小懒惰之后，要有明确的学习动机，充分发挥学习的主观观察力、记忆力、思维力、注意力与想象力，找到适合自己的学习环境与状态，用有底线的弹性准则为自己保驾护航。我们相信自己可以在多策略的规划下勇往直前，成为更好的自己。"

第十二章

生涯探索：
职业生涯规划与发展

凡事预则立，不预则废。

——《礼记·中庸》

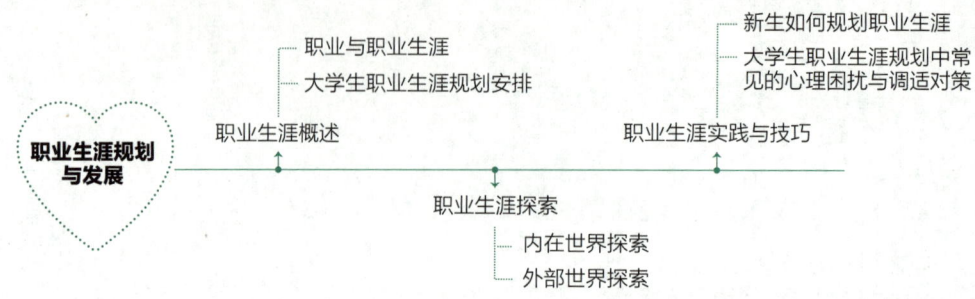

職業生涯規劃 与发展

職業生涯概述
— 職業与職業生涯
— 大学生職業生涯規劃安排

職業生涯探索
— 内在世界探索
— 外部世界探索

職業生涯实践与技巧
— 新生如何規劃職業生涯
— 大学生職業生涯規劃中常
见的心理困扰与调适对策

　　小梅是某师范类高校一年级学生，她像很多大学生一样，在高考前填报志愿时才发现不知道选择什么专业。尽管别人告诉她"选你喜欢的就是最好的"，可是她对自己喜欢什么很迷茫和疑惑。她觉得自己理科较擅长，从小喜欢拼装搭建类游戏，比较内向，在人多的场合常感觉无所适从。最后，她听从父母和老师的意见选择他们认为比较好就业的师范专业。带着迷惑走进大学，她却不知道自己将来是否真的能当好一个老师。她无法想象将来面对一群学生、成为他人焦点的场景；她也不太清楚怎么样才能在毕业时顺利找到一份自己心仪的工作，是不是像以前那样，好好学习，就能找到一份好工作？一份好工作的评价标准有哪些？她也不知道自己有哪些优势，未来什么样的职业才是适合自己的？对于自己比较内向的性格特征，她从小就被父母家人要求"开朗一些""大大方方地"。她也很羡慕那些"社牛"同学，也曾努力地学着主动与他人交谈、融入同学们的聚会中去。可有好几次她觉得自己尴尬极了，每次回来都懊恼半天。渐渐地，她也没了这样的心思，喜欢独来独往，习惯性地待在自己的舒适区。

　　可是父母总是告诉她，这样的性格以后很难找到工作，即使找到工作，也很难有较好的发展，小梅不知道该怎么办了。她带着这样的困惑向辅导员老师寻求帮助，辅导员建议她去学校的心理咨询中心预约一次职业生涯规划咨询。

第一节
职业生涯概述

一、职业与职业生涯

职业是人们为了谋生和发展而从事的相对稳定，有经济收入、专门类别的社会活动。职业是人们谋生的手段，也是人们与社会进行交往的一种主要渠道，还是一个人实现人生价值的主要场所。

职业的分类

职业生涯是指一个人一生中的所有与工作相联系的行为与活动，以及相关的态度、价值观、愿望等连续性经历的过程，包括人的过去、现在和未来。

日本职业生涯专家高桥宪行将人的职业生涯形态归纳为以下18种：

（1）超级巨星型。即知名度极高，一举一动常常在无形中牵动许多人的利益，是知名的人。

（2）卓越精英型。即品行端正、知识丰富，具有敏锐的观察力，常常适时化险为夷、扭转乾坤的人。

（3）安分劳碌型。即安分守己，过着固定生活的人。

（4）得过且过型。即缺乏理想、抱负，很少为工作奋斗和拼搏，只求生活过得去即可的人。

（5）捉襟见肘型。即机会来了不知把握，机会走了又怨天尤人、自暴自弃的人。

（6）祸从口出型。即喜欢批评，常在言谈中将过错推卸给别人的人；喜欢标新立异，又常常提出一些根本无法实现的计划的人。

（7）中兴二代型。即继承可观家产，又能兢兢业业将其发扬光大的人。

（8）出外磨炼型。即将第二代接班人送到外公司去工作，从基层做起，靠自己的能力、关系发展自己、磨炼成长的人。

（9）家道中落型。即面对困境时，常常束手无策、欲振乏力的人。

（10）游龙翻身型。即能充分运用人生的蛰伏期，深刻思考自己的未来，并重新设计自己，终至一举飞跃的人。

（11）转业成功型。即面对生涯困境，能迈开步伐，解脱束缚，另谋出路，闯出另一番天地的人。

（12）一飞冲天型。即智能与经营才华出众，又有冲劲，一旦遇有好的机会，就能一跃而起的人。

（13）强力搭档型。即在幸遇知音、志趣相投、能力互补的强力搭档下，开创成功职业生涯的人。

（14）福星高照型。即相当幸运，往往随着时势的推移，在风云际会中成就美好事业前程的人。

（15）暴起暴落型。即命运多舛，起伏不定，崛起、衰败往往在一夕之间的人。

（16）随波逐流型。即目标不够明确，策略不够坚定，行动也常三心二意，因此只有随波逐流，难有闯劲的人。

（17）强者落日型。即能够呼风唤雨、才能出众，但常因人生的际遇，虎落平阳，以致了度残生的人。

（18）一技在身型。即专精某一领域、专心钻研、始终不懈、特别踏实的人。

二、大学生职业生涯规划安排

职业生涯规划是指个人发展与组织发展相结合，对决定一个人职业生涯的主客观因素进行分析、总结与测定，确定一个人的事业奋斗目标，并选择实现这一事业目标的职业，编制相应的工作、教育和培训的行动计划，对每一步骤的时间、顺序和方向作合理的安排。

大学生职业规划应从大一做起。大一要做两件重要的事，一是确定如何度过大学时期，二是确定自己喜欢的专业。

大学生职业生涯规划安排大致分为以下三个阶段：

（1）大一：试探期。初步了解职业，特别是自己未来想从事的职业或与自己所学专业对口的职业。

（2）大二：定向期。要考虑清楚未来是继续学业深造还是直接就业，了解相关活动，以提高综合素质为主，通过参加学生会或社团等组织，锻炼能力，同时检验自己的知识、技能；可以开始尝试兼职、社会实践活动；通过英语和计算机的相关证书考试，开始有选择地辅修其他课程充实自己。

（3）大三：冲刺期。目标应为提高求职技能、了解公司信息，并确定是否要考研。在撰写专业学术文章时，可大胆提出自己的见解，锻炼独立解决问题的能力和创造性；暑期参加和专业有关的工作，和同学交流求职工作心得体会，学习写简历、求职信，了解搜集工作信息的渠道并积极尝试；和已经毕业的校友交流，了解求职情况；希望出国留学的，可多接触留学顾问，参与留学系列活动。

良好的职业生涯规划应具备可行性、适时性、适应性和持续性等特点。

职业生涯规划要有事实依据，妥善安排时序，要有弹性，要使人生的每个发展阶段能连贯衔接起来。

职业锚的8种类型

职业锚由习得的实际工作经验所决定，与在经验中自省的动机、价值观、才干相符合，是达到自我满足和补偿的一种稳定的职业定位。职业锚强调个人能力、动机和价值观三方面的相互作用与整合，由美国施恩教授提出。

（1）技术/职能型。对自己的认可来自专业水平，喜欢面对来自专业领域的挑战。

（2）管理型。追求并致力于工作晋升，倾心于全面管理，独自负责一个部分，可以跨部门整合其他人的努力成果。想去承担整个部分的责任，并将公司的成功与否看成自己的工作。

（3）自主/独立型。希望随心所欲安排自己的工作方式、工作习惯和生活方式。追求能施展个人能力的工作环境，最大限度地摆脱组织的限制和制约。

（4）安全/稳定型。追求工作中的安全与稳定感，可以预测将来的成功从而感到放松。关心财务安全，如退休金、退休计划。稳定感包括诚言、忠诚，以及完成老板交代的工作。

（5）创造型。希望使用自己的能力去创建属于自己的公司或创建完全属于自己的产品（或服务），而且愿意去冒风险，并克服面临的障碍。想向世界证明公司是靠自己的努力创建的。

（6）服务型。指那些一直追求自身认可的核心价值，如帮助他人，改善人的安全，通过新的产品消除疾病等。

（7）挑战型。喜欢解决看上去无法解决的问题，战胜强硬的对手，克服无法克服的困难障碍等。对这一类型的人而言，参加工作或职业的原因是工作允许他们去战胜各种不可能。

（8）生活型。希望工作可以结合个人、家庭和职业的需要平衡生活工作环境。

第二节
职业生涯探索

一、内在世界探索

（一）职业与性格

在职业生涯规划中，对自己性格的探索是非常重要的。科学地了解自己的性格特征，才能有效地进行职业匹配与选择。性格是指人对现实的态度和行为方式中比较稳定的心理特征的总和。它决定着个人的活动方向，是个人区别于他人的主要特征。

1. 性格理论

（1）特质因素理论（trait and factor theory）。即个人特质和职业所需要的资格相匹配的理论，是最早的职业选择理论，由美国学者帕森斯提出。他认为，个人特质可以通过心理测量工具来评价。职业的因素是指工作上要取得成功所必须具备的条件或资格，也可以通过工作的分析来了解，当人的特质与职业的因素相匹配时，职业成功的可能性就越大。

（2）人格的五因素模型（five factor model of personality）。该理论于20世纪80年代由麦克雷与科斯塔提出，他们认为人格特质中存在五种相对稳定的因素，分别是开放性、责任性、外向性、宜人性和情绪稳定性。该理论目前在临床上应用较多，如强迫型人格被视为在责任性因素上得分特别高的人，反社会人格是在宜人性因素上得分特别低的人。

（3）个体与环境适配论（person-environment fit）。该理论认为，个人能否作出正确的职业选择主要受到个体对自身了解、成功所需能力与条件及两者相互关系三方面影响，列举了不同工作所需的个人品质，对个人职业选择决策具有指导性意义。

2. 性格测量

人们可以通过心理测评工具来进一步了解自己的性格，性格测量的工具有很多，MBTI是其中的优秀代表。具体内容可参考第五章。

（1）性格类型及特征。荣格的心理类型理论把人的性格分为两个方向、四个维度。两个方向，即外倾E与内倾I，指的是人的心理能量的来源。外倾的人心理能量朝向外部，即通过外在的人、事、物来获得能量。内倾的人心理能量指向自己的内在，喜欢独处、内省。四个维度又分为两组，感觉S和直觉N，主要是指人们获取信息的方式。感觉型的人更注重细节，直觉型的人更关注整体。思维T和情感F是人们如何作决定的判断方式，思维型的人更注重客观事实和规则，情感型的人更关注价值观和情绪体验。荣格认为人的性格偏好是两两相斥的，即外倾的人，内倾的成分少；感觉型的人，直觉的成分就少；情感型的人，思维的成分就少；反之亦然。

迈尔斯母女在荣格的理论基础上，增加了一组维度，即生活方式，判断型J和知觉型P。判断型的人喜欢整洁有序的生活方式，知觉型的人喜欢变化和随意性。如此，四个维度八种类型，组合出了16种心理类型，每个人都属于其中的某一种类型。

（2）MBTI测试。MBTI测试量表于1941年开发，于2001年引进中国。经我国学者研究，修订后的中文版MBTI人格量表具有较好的内容效度、效标关联度和结构效度。性格没有完美的，每个人都有擅长与不擅长的，都有优点与缺点，过分追求完美，可能会导致强迫、自卑、焦虑等。"追求完美本身就是一种不完美"，无论生活、工作还是人际关系中，允许和接纳"各美其美"，才能实现"美美与共"。

性格具有可塑性与发展性。虽然性格是比较稳定的人格结构，但性格更多的是受后天社会环境的影响，也具有发展性。准确地了解自己的性格特征，科学地训练，有意识地持续性练习，性格可以趋向更成熟、更完整。

（二）兴趣与职业

兴趣是最好的老师，是影响人一生发展的重要因素和心理基础。兴趣是使人们寻求知识和从事活动的内在动力。个体在从事自己感兴趣的活动时，注意力会更加集中，思维会更加活跃，行为会更持久稳定，并能产生愉快的心理状态。

霍兰德职业倾向测验

兴趣是职业选择的重要依据。兴趣探索是职业生涯规划中自我探索的重要内容。心理学中有很多职业兴趣表，比较经典的是霍兰德职业兴趣测验。科学探索个体的兴趣与职业的相关性，有助于人们发现和确定自己的兴趣和能力，从而选择合适的职业目标，并为之努力。

（三）职业能力

职业能力是指人们从事某种职业的多种能力的综合，它是个体在职业方面能够胜任，以及取得成功的可能性大小。个体具有某种职业能力，就能够顺利地完成某种职业活动，而且职业能力的大小决定着职业活动效率的高低。职业能力分为一般职业能力、专业能力和职业综合能力。

一般职业能力是指一般的学习能力、文字和语言运用能力、数学运用能力、空间判断能力、形体知觉能力、颜色分辨能力、手的灵巧度、手眼协调能力等，还包括人际交往能力、团队协作能力、对环境的适应能力以及遇到挫折时良好的心理承受能力等。

专业能力是指从事某一职业的专业素质和技能，在求职过程中，招聘方最关注的是求职者是否具备胜任岗位工作的专业能力。

职业综合能力有多种，国际上普遍较注重培养的是"关键能力"，其主要包括：跨职业的专业能力，如计算机应用能力；方法能力，一般表现为信息收集和筛选能力，掌握制订工作计划、独立决策和实施的能力，自我评价能力和接受他人评价的承受能力等；社会能力，主要指个体在工作中的协同能力、沟通能力等；还有组织能力、领导能力、创新能力、学习能力等。

职业能力测评可以参照霍兰德职业倾向测评中的第七部分。

二、外部世界探索

（一）宏观环境

对宏观环境的分析包括对政治、经济、科技、文化等环境的分析：

1. 政治环境

政治环境包括国家大力发展和扶持的行业有哪些，自己想从事的职业岗位有什么特殊的法律法规，不同省市的定位和布局是什么，自身所期待的职业在当地属于哪一类，当地对人才引进和培养政策上有什么不同等。

2. 经济环境

经济环境包括国家经济发展水平和阶段、经济制度、财政收支情况、收入水平和国际贸易情况等。大学生要紧跟经济环境发展变化，了解经济社会对于人才的具体要求，并以此作为自己生活学习的目标，努力发展专业技能，以适应经济社会发展的需要。

3. 科技环境

随着科技水平的发展，会产生一些新兴职业，也会让一些职业消失。比如AI的发展，会对哪些行业带来影响与冲击？智能手机和移动网络的发展，让直播行业异军突起。大学生应关注科学技术的发展变化，尤其是与自己专业有关的科技发展。

4. 文化环境

文化虽然是个抽象的概念，但它却影响着我们日常生活的点点滴滴。如有些影视作品"翻车"，往往是因为其倡导的价值观念过时甚至可能脱离了群体实际。

（二）中观环境

对中观环境的分析主要包括对学校和行业环境的分析：

1. 学校环境

学校环境主要包括学校文化和专业环境两个部分。学校文化，主要是指学校的文化氛围，如学校倡导的价值导向、宣扬的校风校纪、同学们自发形成的学习风气等。每所学校都有自己侧重的培养体系，影响着学校的资源分配。应分析如何充分利用这些资源，努力提高自己的能力，把学校的资源转变成自己的优势。分析专业环境包括所学专业的前景如何，有哪些发展方向，学校在专业领域里所处的位置如何，往届毕业生的主要去向有哪些，社会评价如何，与其他学校同等专业的毕业生去向有何不同，有哪些是自己可以借鉴参考的经验，哪些是自己可以转化的优势等。

2. 行业环境

落实到想要从事的某一个具体的职业岗位，应分析该职业的社会需求、岗位竞争压力、薪资水平、未来发展等因素。同时，还应落实到某一家企业或单位，比如企业的整体实力、发展方向、部门文化、薪资情况、可发展的空间等。这样才能明确自己与该岗位是否匹配，有多少发展空间，是否能实现自己的价值等。

了解行业信息的途径有很多，以下介绍常见的几种方式：

（1）人才市场。很多同学觉得人才市场是毕业生应该去的地方。然而，职业规划讲究的是"意在笔先"，跟随毕业生去人才市场走一走，看一看，一方面可以熟悉环境，了解招聘应聘的模式，提前积累经验；另一方面，可以切身地体验用人单位的职业要求，及时审视自己的优劣势，在以后的学习培养的过程中做到有的放矢。人才市场一般分为三级，中国高校人才市场，省级高校人才市场和校级人才市场。并不是每一场次都需要提前去参与了解，应该做到每一年、每一级的人才市场都应该去参与，可以了解不同级别的人才市场的异同，这样才能做到心中有数。也可以了解每一年的就业形势发生了哪些变化，结合自己的实际情况及时作出调整。

（2）网上求职。一是可以经常去一些大型的招聘网站上逛逛，浏览信息；二是可以去意向单位的官网上，定期查找招聘信息。在网上查找信息时，注意学会甄别有效网址，快速高效地找到自己需要的信息。

（3）熟人网络。每个人都有一个庞大的熟人网络，包括家人、亲戚、朋友、老师、同学等，这些都可能是帮你拓宽信息的渠道，而且通过人际关系获得的职业信息往往更快捷、更真实可靠。很多企业和单位也更倾向于寻找员工或熟人推荐的人才。大学生们可以在寒暑假即或将开始毕业季时，在个人社交平台发布一些个人求职或求实习的信息，或许会收获意想不到的结果。但是切记，即使是熟人介绍的工作信息，也应保持谨慎的态度。天上不会掉馅饼，对于太过热情的推荐，超乎意料的待遇等都需要警惕，以防被诈骗或进入传销组织。

（三）微观环境

对微观环境的分析包括对家庭和个人因素的分析：

1. 家庭环境

个人的职业发展与家庭环境是息息相关的。因此，在进行职业规划时，应对自己的家庭环境进行分析，即分析包括亲戚在内的家庭生活环境和文化传承方式。家庭成员的社会阶层、社会关系、职业成就和经济收入等是影响个体成长的物质环境，称之为"硬环境"；家庭成员的受教育程度，价值观、世界观、人生观是个体成为的精神环境，称之为"软环境"。

（1）家庭硬环境。家庭成员（特别是家中长辈）的职业成就、社会阶层、社会关系与经济收入等，对晚辈的职业选择与发展有着非常重要的影响。如果家庭成员有较高的职业成就，既可以为晚辈树立榜样，起到方向引领的作用，又能为他们提供信息、机会、资源的支持，使得他们在择业过程中节省更多的成本。同时，家庭经济状态较好，会为个体在择业过程中提供较好的物质保障，减轻心理压力，拥有更多的选择权与自由度。相反，如果家庭"硬资源"相对较少，可能会影响个体择业时的地域、岗位类别、薪金的选择。有研究显示，父母职业成就较低的毕业生倾向于进入收入一般、风险较低的职业，如学校、科研机构等。

（2）家庭软环境。家庭成员的受教育程度对子女的教育观有着非常大的影响。有些父母通过学历获得了更好的就业机会，"吃到了文凭的红利"，则会鞭策孩子不断学习提升学历；有些父母看到了身边"有能力的"人比"有学历的"人获得更高的职业成就，则会期待孩子早点就业，在实践中历练成长。同样，父母的三观也会对孩子的职业选择产生影响，如更注重金钱价值的父母，孩子在择业时也更关注薪金；更注重生活品质的父母，孩子在择业时可能会更关注职业的文化氛围等。

2. 个人因素

除了上述内在探索的思路与工具外，还可以借助"5W"法来进行个人分析。所谓"5W法"就是认真回答下面5个问题：

（1）Who am I？（我是谁？）

（2）What will I do？（我想做什么？）

（3）What can I do？（我能做什么？）

（4）What does the situation allow me to do？（环境支持我做什么？）

（5）What is the plan of my career and life？（我的职业与生活规划是什么？）

回答了这5个问题，找到它们最高的共同点，就有了自我分析的结果。

一、新生如何规划职业生涯

（一）生涯彩虹图

职业生涯规划大师舒伯为了综合阐述生涯发展阶段与角色彼此间的相互影响，创造性地描绘出一个多重角色生涯发展的综合图形——"生涯彩虹图"，形象地展现了生涯发展的时空关系，更好地诠释了生涯的定义。

舒伯的生涯彩虹图

在生涯彩虹图中，纵向层面代表的是纵贯上下的生活空间，是由一组职位和角色所构成，分成子女、学生、休闲者、公民、工作者、家长6个不同的角色，交互影响交织出个人独特的生涯类型。

舒伯认为在个人发展历程中，随年龄的增长而扮演不同的角色，图的外圈为主要发展阶段，内圈阴暗部分的范围，长短不一，表示在该年龄阶段各种角色的分量；在同一年龄阶段可能同时扮演数种角色，因此彼此会有所重叠，但其所占比例分量则有所不同。在二维码链接中，给出了空白的生涯彩虹图，同学们可以试着画出自己的生涯彩虹图。

（二）SWOT分析法

SWOT分析法是市场管理和营销中经常使用的决策方法，该方法是对自身的优势（strengths）、劣势（weaknesses）、机会（opportunities）和威胁（threats）进行分析判断。因其兼顾内外因素（S、W为内部因素，O、T为外部因素），所以能够很好地将个人目标、个人条件与外部环境有机结合起来。

1. 优势与劣势

优势与劣势是个体在财力、物力、人力、关系4大类资源方面与社会平均对比的结果，重点在于表述个人的能力，包括知识经验优势、天赋个性优势、愿望心态方面的优势。

2. 机会与威胁

机会主要来自以下方面：国内外经济与政策环境；行业与职业发展趋势；企业及招聘岗位。

威胁主要来自以下方面：人才市场的变数；企业发展的变数；个人知识经验与修养的滞后；家庭和身体健康的变数；其他不稳定因素的变数。

SWOT分析有4种不同类型的组合：优势—机会（SO）组合，劣势—机会（WO）组合，优势—威胁（ST）组合，劣势—威胁（WT）组合。

优势—机会（SO）战略是一种发展内部优势与利用外部机会的战略，是一种理想的战略模式。劣势—机会（WO）战略是利用外部机会来弥补内部弱点，使自己逆转劣势而获取优势的战略。优势—威胁（ST）战略是指利用自身优势，回避或减轻外部威胁所造成的影响。劣势—威胁（WT）战略是一种旨在减少自身劣势，回避外部环境威胁的防御性技术。

大学生在职业生涯规划决策中，通过SWOT法了解自己的优势与劣势，并分析和评估职业生涯中会面临的机会与威胁。基于此，确立自己的中长期职业目标，制订相应的发展战略、计划以及对策等并论证职业目标的可能性和可行性。

SWOT分析法运用起来简单直观，它既是寻找目标方案的有效手段，又是验证方案可行性的较佳办法。应用于职业决策过程中时，SWOT分析法从拟订职业目标的过程和结果入手，能对大学生"可能实现的事"进行透彻分析，这是职业决策过程中直接有效的途径。

二、大学生职业生涯规划中常见的心理困扰与调适对策

求职是大学生进入职场的必经之路，也是大学生从学生身份向职场转变的关键步骤。由于缺乏经验，在求职过程中，不同人格特质的大学生可能会面临不同的挫折与困难。

王兰是一名成绩优秀的女大学生，一直以来她严格要求自己，非常自律，学习成绩一直保持在班级前列，考取了很多证书，为的就是在求职时能够凭借优秀的成绩获得一份满意的工作。一进入毕业季，她就作好了各方面的准备，制作了精美而丰富的个人简历，第一时间向自己心仪的数家行业顶级单位投递简历。她学习了很多笔试、面试的技巧，甚至早就买好了职业装。她相信会有多家用人单位想录用她，可结果不尽如人意，她只收到了两家单位的面试通知，面试就被淘汰下来。王兰深受打击，尤其是看到平时成绩远不如自己的同学陆续收到了工作通知，她更加焦虑。老师和同学劝她调整目标，试着向其他单位投投简历。可王兰觉得自己平时那么努力，就是为了毕业时找一份好工作，不愿意调整，结果到毕业她也没能找到合适的工作，为此她非常苦恼。

孔强是家里的独生子，从小到大，生活上所有事宜被家人安排得妥妥当当，他只用专心学习。长期以来，他习惯了这种生活，即使是上大学，他依然接受家里安排的学校和专业。对于工作，他从来不愁，父母之所以让他选择这所学校和专业，就是为了能考上公务员，找一份稳定的工作。他也努力地准备公务员选拔考试，有几次进入

了面试环节，但都由于面试中表现不佳而被淘汰。临近毕业，他虽然发愁，但觉得找工作这事还得听家里人的建议，家人应该帮他想办法。

（一）常见的心理困扰

1. 高依赖性，低主动性

很多大学生成长的整个过程受到家庭的关爱，不用管日常生活，只用专心学习。一旦进入大学离开了家庭、家人的照顾，在生活中遇到一些问题时则会产生不适应感。有的大学生解决问题的实践能力弱，无法找到有效解决问题的途径与方法，并且经受挫折及承受压力能力弱，很容易出现心理问题，不主动思考人生规划，在面临就业选择时就容易陷入困难与迷茫。

有的大学生将就业的希望寄托在学校或父母身上，或者把高等学历、名牌学校、热门专业当成求职的万能钥匙，这些确实能增强个体求职竞争力，但并不能成为找到理想工作的充分条件。过分依赖他人，害怕承担自主选择带来的过失与责任，这种心理会严重阻碍大学生的职业生涯规划。

2. 攀比与自卑

大学生在职业生涯规划过程中，就是要通过科学合理的评估，选出适合自己未来发展的职业。这种比较主要集中在各种因素的综合选择上，如地域选择、待遇选择、职位选择等，而有的大学生在这一过程中贪慕虚荣，忽略个人情况与需求，在同学之间比较工作待遇、社会地位、所在城市的经济效益等，产生了盲目的攀比心理。

长期的校园生活使得大学生缺少社会工作经验，对自己的评价过于保守，缺乏竞争的勇气，对职业生涯规划缺少应有的自信和预判。在自卑情结的驱使下，他们从未真正考虑自己的优势所在与真正需要解决的实际问题是什么。

（二）调适对策

大学生职业发展过程中的心理调适本身就是认识和适应社会的一个过程，在求职过程中遇到困难，甚至经过几次挫折才能成功这都是正常的。在就业中遇到许多心理冲突、困惑，产生一些不良情绪也是正常的。大学生要学会调整心态，使自己能从容、冷静地面对就业这一人生重大课题，并作出正确、理智的选择。

1. 正确认识自我和社会，主动寻找机遇

正确评价自我、合理定位，对于大学生就业有重要意义。心理学研究表明，个人的自我评价越接近实际，自我产生的心理障碍就越少，适应社会的能力就越强。反之，过分地高估或低估自我就会在实践中出现焦虑、紧张不安以及狂妄自大等不良心理状态。因此，引导大学生进行正确的就业心理调适就必须帮助大学生学会合理地评价自我、认识自我。

面对择业，大学生除了要客观地分析就业环境，最主要的是认识自己已经具备的素质和能力，明确自己未来的发展方向，认真分析自己的优势与劣势，测试自己的性格和气质，选择出适合自己的职业目标，这样才可以在择业过程中赢得主动。大学生要充分地认识到，求职过程是一个双向选择的过程，不要一味迎合用人单位，对自己的能力要有自信心。准确定位，调整心态，面对现实，寻求合理的起点。

2. 合理设计职业生涯规划

合理设计职业生涯规划是大学生通向成功的第一步。它可以使大学生充分地熟悉自己，客观分析环境，正确选择职业，采取有效的办法克服职业生涯发展中的各种困扰，从而实现自己的理想。

3. 适当调整自己的就业期望值

就业市场化、自主择业给大学生带来了机遇，同时也带来了挑战，大学生必须面对现实、接受现实，了解就业市场、就业形势，根据具体情况适时调整就业期望值，要树立长远的职业发展观念。在工作中不断提高社会生存能力、增加实际经验，通过正当的职业流动，逐步实现自我价值。

心灵补给站

推荐书籍：《追寻生命的意义》（作者：[奥]维克多·弗兰克）

这本书是一个人在面对巨大的苦难时，用来拯救自己的内在世界，也是一个关于每个人存在价值的思考。本书对于每一个想要了解我们这个时代的人来说，都是一部必不可少的读物。这是一部令人鼓舞的杰作，任何人都可以从无比痛苦的经历中获得拯救自己的经验……

推荐书籍：《人生护城河》（作者：张辉）

人生就像一家公司，要想经营好这家公司，打造"护城河"，就要建立自己的核心优势。本书通过以始为终、思行合一、高度透明、多点支撑四个理念以及基于这些理念所开展的实践阐述如何经营人生有限公司。以始为终是指要有终局思考力，学会站在未来看今天，从而找到"对的事"，并坚持做一辈子。思行合一就是要明确支配自己行为的理念，继而不断地践行。高度透明是指要经常谈失败、谈焦虑、谈坎坷，勇于发现自己的不足，时刻与外界交换"能量"，从而提高自己。多点支撑就是要在追求财务自由和精神自由的路上多寻找其他支点，以使人生之路更加宽阔。通过践行以上理念，可以建立自己真正的优势，获得个人成长的方法论和策略，进而打造"护城河"，掌控自己的人生。

推荐电影:《当幸福来敲门》(导演:[美]加布里埃莱·穆奇诺)

克里斯·加纳用尽全部积蓄买下高科技治疗仪,到处向医院推销,可是价格高昂,接受的人不多。就算他多努力都无法提供一个良好的生活环境给妻儿,妻子最终选择离开家。从此,他与儿子克里斯托夫相依为命。克里斯好不容易争取到一个在股票投资公司实习的机会,就算没有报酬,成功机会只有百分之五,他仍努力奋斗。儿子是他的力量。他看尽白眼,与儿子躲在地铁站里的公共厕所里,住在教堂的收容所里……他坚信,幸福明天就会来临。

推荐电影:《人生大事》(导演: 刘江江)

这部片子更重要的是告诉我们,除了生死,找到生命的意义更是人生最重要的大事之一,它是我们活下去的勇气,是我们灰暗生活里的光,是我们变成更好的人的动力。就像朱一龙从最开始厌恶殡葬,过着混乱颓废的生活,到因为要照顾小姑娘,开始找到生命的意义,再到后来他在父亲的指导下,把前女友老公因车祸而残缺的身体重新拼凑完整,让他的家人得到了最后的安慰,他在这一步步之中,找到了生命的意义:生命的传递和敬畏,对死亡的尊重和告慰等。所以,他在最后把父亲的骨灰放成烟花的那一刹那,眼里充满了光,那既是对父亲最后的成全,也是他终于找到了他生命里的光,他找到了生命的意义、人生的意义。

心灵保健操

自 我 盾 牌

知己知彼,百战不殆。你可以耐心探索,完成下列横线中的内容。

我的座右铭: _____

我最重视的: _____

我的特质: _____

我的能力: _____

我喜欢的: _____

如果有暂时想不出来的也没有关系,等想到了再去补充,写好后,请思考为什么这些会被自己填在表中,它们代表了自我的什么? 如我的座右铭,我为什么把它作为我的座右铭? 我从什么时候有的? 它对我有哪些影响? 又如我喜欢的,如果我喜欢大路不走，走小路，也许代表我是个喜欢冒险的人，哪些职业能够满足我这样的需要？

天生我材必有用，希望你未来能做适合自己的事。

"奋斗，是青春最亮丽的底色。将'小我'融入'大我'，将个人命运和国家命运捆绑在一起。千百年来，青春的力量，青春的涌动，青春的创造，始终是推动中华民族勇毅前行、屹立于世界民族之林的磅礴力量。"

师小星："职业生涯规划帮助我追求、实现人生的价值与目标，生涯彩虹图帮助我认知生命不同阶段扮演的不同角色，SWOT 分析法从拟订职业目标的过程和结果入手，透彻分析各项因素对目标达成的影响。同时，进行外部、内部世界的探索，宏观、中观、微观多维度的分析对我的职业生涯规划也有裨益。在职业生涯规划中，或许我会遇到问题，但是以正确的心态积极应对、调适，问题必定能够迎刃而解。"

第十三章

认识网络：
网络媒体与心理健康

万物皆出于机，皆入于机。

——《庄子·至乐》

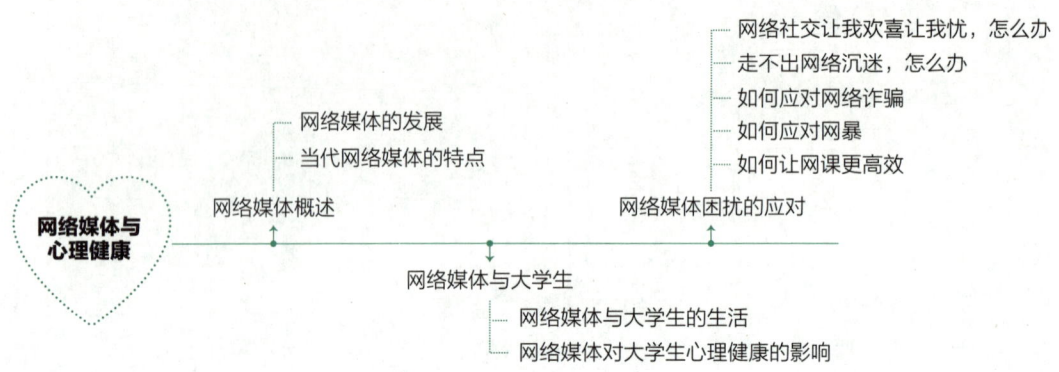

网络社交让我欢喜让我忧，怎么办
走不出网络沉迷，怎么办
如何应对网络诈骗
如何应对网暴
如何让网课更高效

网络媒体的发展
当代网络媒体的特点

网络媒体概述   网络媒体困扰的应对

网络媒体与
心理健康

网络媒体与大学生

网络媒体与大学生的生活
网络媒体对大学生心理健康的影响

　　小李，在高考中表现出色，凭借自己的努力成功考入一所重点大学，更是如愿以偿地选择了梦寐以求的专业。然而进入大学生活后小李陷入网络游戏的泥沼，无法自拔。

　　大二第二学期开始，小李沉迷网络游戏，忽略了学业，频繁旷课，学习成绩直线下降。班级辅导员发现这个问题后，及时与小李进行了谈话教育，希望他能认识到问题的严重性，改正自己的行为。然而，网络游戏的诱惑让小李无法抗拒，他的状态并未因此有所变化。

　　进入大三第一学期，小李在开学初期暗自下定决心，不能继续玩游戏了，并努力开始一段新的学习生活。但不久后，他又重新陷入网络游戏的深渊。长期的沉迷使得他与同学的关系逐渐疏远，人也变得越来越孤僻。在同学眼中，那个曾经热情开朗的小李消失不见了，取而代之的是一个沉默寡言、沉迷网络游戏的他。

　　这种情况一直持续到大学毕业。在大学四年时间里，小李未能摆脱网络游戏的影响，学业和经济状况每况愈下。最终，他没有顺利毕业，更是在就业市场上屡屡碰壁，无法找到一份理想的工作。

第一节
网络媒体概述

网络对于当代大学生来说，是一个非常好的工具，关键是如何驾驭、使用它。

一、网络媒体的发展

20世纪60年代，互联网开始出现在人们的视野中，对人类的现实生活产生了巨大的变革和影响。它使得不同文化、地域的信息传播联结有了跨纬度的可能性。20世纪90年代，随着互联网技术的不断成熟，网络媒体开始进入一个快速发展的阶段。这一时期，许多网络媒体公司如雨后春笋般涌现，为人们提供了更加丰富多样的信息来源。同时，传统媒体也逐渐意识到互联网的巨大潜力，开始进军网络媒体领域，进一步推动了网络媒体的发展。

基于技术的革新和人们日益增长的需求，网络媒体将注意力放在了人与人之间的社交与展示功能上。从最初的文字、图片，到音频、视频，再到如今的直播、短视频等，网络媒体为人们带来了更加丰富多样的感官体验。但网络媒体也带来了一系列问题，如虚假信息、侵犯隐私、网络暴力等。为解决这些问题，国家相关部门出台相关措施，加强内容审核和管理，网络媒体平台加强自我约束、自我规范，共同营造健康、文明、向上的网络环境。

观看短视频对大脑的影响

频繁看短视频会对大脑产生影响，这是近年来备受关注的话题。最近的一项研究揭示了这一现象的更深层次原因，即频繁观看短视频可能导致脑部区域的变化。该研究主要关注了观看短视频对大脑的两个方面影响：一是大脑的结构变化，二是大脑的功能变化。

在结构方面，研究发现频繁观看短视频可能导致大脑皮质厚度减少。大脑皮质是大脑的外层，负责处理高级认知功能，如思考、决策和情感调节等。皮质厚度的减少会影响这些功能的表现，从而影响个体的心理健康和生活质量。

在功能方面，研究揭示了观看短视频对大脑网络连接的影响。大脑中的各个区域通过神经纤维相互连接，形成一个庞大的网络。这个网络在短视频观看过程中会发生改变，可能导致大脑各区域之间的连接减弱。特别是与注意力、情感和社交等功能相关的前额叶皮质和颞叶皮质，它们的连接性降低会影响个体在现实生活中的沟通和社交能力。

　　网络媒体将继续保持快速发展态势，不断拓展新领域。人工智能技术的应用使得网络媒体具备了更强大的个性化推荐能力。通过大数据分析和算法优化，人工智能可以根据每个用户的行为习惯、兴趣爱好等因素，为用户提供量身定制的新闻资讯、娱乐内容等。这不仅提高了用户的阅读体验，也极大地丰富了网络媒体的内容生态。虚拟现实技术的融入为网络媒体带来了全新的表现形式。用户可以通过虚拟现实设备，身临其境地体验新闻现场、旅游景点等场景。这种沉浸式体验不仅拓宽了用户的视野，还让网络媒体从传统的二维展示升级为三维互动，极大地提高了用户的参与度和互动性。新技术的应用给网络媒体带来了一系列挑战。如何确保信息的真实性和客观性，防范虚假新闻、谣言等传播，成为网络媒体必须面对的问题。此外，随着用户隐私保护意识的增强，如何处理好用户数据安全和个性化推荐之间的关系，也是网络媒体需要努力平衡的课题。

　　随着人工智能技术的不断发展，ChatGPT的出现无疑是一个技术革新的标志。然而，与此同时，关于ChatGPT的争论也日益激烈。ChatGPT是基于深度学习技术的大型语言模型，由OpenAI的团队开发而成。它采用了预训练和指令微调（PTM和Instruction Tuning）等技术，从海量的互联网文本数据中学习，从而能够生成连贯、有逻辑的回答。

　　ChatGPT在提供服务的过程中，需要获取用户的个人信息和需求，这引发了关于人们隐私保护的担忧。ChatGPT的智能程度越高，其在道德和法律领域的应用也越广泛，甚至可以用于生成具有煽动性、歧视性或仇恨性的内容，这对于法律和伦理来说也是一个新挑战。此外，还需要考虑社会就业、相关行业的革新等问题。

二、当代网络媒体的特点

　　网络媒体是以互联网为传播介质，通过对数字信号的处理、传输和显示，实现信息传递和交流的一种媒体形式。它具有信息传递速度快、传播范围广、交互性强、表现形式多样等特点。网络媒体的出现，改变了传统媒体的单向传播模式，使得信息传播更加高效、互动和个性化。

　　网络媒体包括各类互联网媒体平台和数字内容。这些平台可以是新闻网站、社交媒体、视频网站、博客等，而数字内容则包括文字、图片、音频、视频等形式。网络媒体通过这些平台和数字内容，实现了信息的快速传播和交流，成为现代社会中不可或缺的信息传播方式。

（一）传播速度快

　　网络媒体的传播依赖于互联网技术，互联网技术使得信息可以在全球范围内迅速传播，而且不受地理位置限制。网络媒体通过光纤、卫星、无线等通信手段，将信息传递到世界各地，信息传递速度快、覆盖范围广。

（二）互动性强

　　网络媒体的互动性是其信息传播的一个重要特征。用户可以随时随地接收信息，同时也可以参与信息的传播和交流，通过评论、点赞、转发等方式表达自己的观点和情感。这种互动性不仅加速了信息的传播，也增强了用户的参与感和黏性。

（三）信息形式多样

　　网络媒体能够通过文字、图片、视频、音频等多种形式传播信息，这种多媒体传播方式使得信息更加生动、形象、易于理解和传播。而且，随着短视频、直播等新形式的出现，网络媒体的信息传播速度还在不断加快。

第二节
网络媒体与大学生

一、网络媒体与大学生的生活

（一）社交渠道的多样化

　　随着网络媒体的不断发展，大学生的社交渠道也日益多样化。可以通过各种社交平台、应用程序、在线社区等方式与世界各地的人建立联系，拓展人际关系，分享生活点滴。

网络社交平台除了基本的聊天功能外，还有日常分享、公众号、小程序等功能。学生可以在平台中分享生活点滴，获取好友动态；关注公众号获取各类资讯；使用小程序进行移动支付，生活更加便捷。

微博、小红书等网络社交平台信息更新速度快，内容多样，吸引了大量年轻人。这些网络社交平台以短文、图片和视频为主要内容形式，用户可以随时随地发布想法和感受。

抖音、快手等短视频平台也受到大学生的欢迎，这些平台提供了制作和分享短视频的功能，用户可以通过这些展示自己的才艺、创意和生活态度。

还有一些针对特定主题的网络社交媒体平台，用户可以通过这些平台深入了解自己感兴趣的主题，与有共同爱好的人进行深入交流和分享。

当然，还有许多社交媒体平台、应用程序在全球使用广泛，可供大学生选择，为大学生提供了更广阔的社交空间。

（二）自媒体与大学生

在数字化时代，自媒体已经成为信息传播的重要渠道，大学生也成为运用自媒体的中坚力量。大学生通过创建、运营微信公众号、微博、抖音等平台，分享观点、传播信息。通过这些自媒体平台传递信息、展示才华。

自媒体非常受大学生欢迎，他们以年轻人的视角，敏锐捕捉时代的变化和年轻人的需求，通过自媒体平台，将自己的思考、感悟以及创意以文字、图片、视频等形式呈现出来，形成了一种新的信息传播方式。

在运营自媒体过程中，大学生不仅需要学习如何搜集、整理、创作内容，还需要了解如何吸引粉丝、维护关系、推广品牌。这些实践经验，对于他们未来的职业生涯有着积极的影响。

然而，自媒体对大学生也存在一定的风险，如信息过载导致学习效率下降、冲击价值观和道德观念、网络欺凌、隐私泄露、误导性信息和谣言、时间管理和健康问题等。因此，大学生在使用自媒体时需要理性思考、保持警惕，增强对不良信息的辨别能力和抵制意识。同时，学校和家长也应该加强对大学生的教育和引导，引导他们合理地使用自媒体。

（三）网络媒体与大学生学习

随着现代信息技术的飞速发展，网络媒体已经深入到生活的方方面面，尤其在教育领域。

网络媒体使得学习资料不再局限于传统的教科书和图书，而是延伸到在线课程、数字图书馆、学习论坛等网络平台。大学生可以灵活选择优质学习资源，实现自主学习。同时，网络媒体还为大学生提供了交互式的机会，如在线讨论、协作项目等。

网络媒体的发展不仅改变了学习资源的获取方式，还深刻影响了大学生的学习方式。从传统的被动接受知识，到现在的主动探索和创造，大学生在学习过程中的主体地位得到了强化。他们可以利用网络媒体进行自主学习，通过实践、反思和交流，培养批判性思维和解决问题的能力。

（四）网络媒体与大学生休闲娱乐

网络媒体提供了各种各样的休闲娱乐方式，如在线游戏、音乐、电影，可以缓解压力，放松身心，提高审美和文化素养。但也存在一些问题，如过度使用网络媒体会影响大学生的身心健康；不良内容会对大学生的价值观和行为产生负面影响；过度依赖网络媒体会影响大学生的社交能力。

虽然网络媒体为大学生带来了诸多便利，但同时也带来了一些挑战，如信息过载、虚假信息的辨别等。因此，大学生需要具备一定的信息素养，正确筛选和利用网络资源。

二、网络媒体对大学生心理健康的影响

（一）网络社交媒体与心理健康

1. 网络社交媒体对大学生人际认知的影响

网络是基于资源共享、互惠互利的原则建立起来的，因此使用者拥有决定权。然而，由于缺乏必要的约束机制，网络交往也呈现出极大的随意性。心理学家认为，根据线索过滤原则和社会呈现理论，随着线索的减少和社会呈现的降低，依靠网络交往建立亲密、真诚的人际关系是相对困难的。这也意味着，在网络环境中，人可能难以建立起基于深入了解和信任的亲密关系。网络社交中的大学生不仅要认识到自己在信息传播中的角色变化，还要学会在网络世界中合理运用自己的权利，平衡自主性与约束性，以实现健康、和谐的网络交往。

2. 网络社交对大学生人际情感的影响

研究显示，通过网络交往建立的人际关系具有高效率、低稳定性特征，大学生通过网络交往获得的人际关系具有去抑制性和弱连接性特点。网络的去抑制性指人在网络环境中会表现出不同于现实交流时的行为，如会更放松、约束感更低和自我表达更开放等。弱连接性则主要是指交往对象之间由于直接的接触很少，因而形成的情感连接易断，交往双方共同关注的内容范围也比较狭窄。

因此，大学生应充分认识到网络社交的利与弊，既要充分利用网络优势拓展人际关系，又要关注现实生活中的情感需求，努力在网络与现实之间找到平衡，构建健康、和谐的人际关系。同时，社会各界也应关注网络社交对大学生的影响，加强对网络行为的引导和管理，为大学生创造一个安全、健康、有序的网络环境。

3. 网络社交媒体对大学生人际行为的影响

网络时代的到来无疑对人类社会产生了深远影响，尤其是对人的交流方式影响很大。在网络环境下，网络社交平台逐渐形成了一个庞大的网络体系，发布的信息能迅速传播到全球各地，影响力不断拓展。这正是网络社交间接性、广泛性的体现。

在网络社会中，人际交往呈现出诸多特点。网络社交方便、及时、省钱，无需受限于时间和空间，更容易突破年龄、性别等传统限制。网络的全球性和信息高效传递让空间不再是障碍，但网络的虚拟性也容易让大学生将网络交往视为一种游戏，导致信任危机风险加大，伦理约束不足。此外，在网络世界中，人们可以轻松地与他人建立联系，形成多元化的交往圈子。同时，网络交往规则呈现多元性，不同人群和文化背景的网络社区各有其独特的规则和价值观。这也导致了价值规范的不确定性。而且，网络交往更注重感性满足，人们在追求愉悦和刺激的同时，往往忽视了道德约束和责任意识。

（二）网络沉迷与心理健康

网络沉迷具有明显的特征，主要表现为：个体的网络使用行为无法控制，由于重复地使用网络而导致的一种慢性或周期性的着迷状态，并带来难以抗拒的再度使用欲望；个体的日常功能受损，由于长期和现实社会脱离，从而造成生理机能和社会、心理功能受损。互联网本身没有沉迷性，网络沉迷者主要是使用网络的双向交流功能，即"电脑中介交流"具有交互性、隐藏性、范围广、语言书面化、多对多等特点。因此，上网会产生亲密、失去控制、时间丧失及自我失控等体验。而且，网络身份是虚拟的、想象的、多样的和随意的，使得异于现实社会中的行为成为可能，如在网上获得社会支持，创造虚拟人物角色，获得权力和认同感，释放某些被压制或潜意识里的个性等。

心理学家通过研究认为，网络沉迷的青少年，其家庭在问题解决、家庭沟通、角色、情感反应、情感介入、行为控制及总体功能等几个方面均有较为不良的表现。

大学生现实孤独感越强、社会支持越匮乏，网络沉迷的可能性越高。如果大学生缺少现实生活中的社会支持，那他们会更多地从网络中寻求暂时的满足。研究还发现，学生的高自尊水平能够有效预防网络沉迷，但过于亲密的同学关系反而会削弱自尊对网络沉迷的保护性作用。研究发现，网络沉迷的学生往往具有某些特殊的人格特征，如忧虑性、焦虑性、自律性、孤独倾向等。互联网使用被概念化为一种社会认知过程，学生自身对事物否定的结果预期、自我贬损等容易造成自我调节功能的损害甚至缺损。

（三）网络信息与心理健康

1. 大数据与信息茧房

传统的信息茧房是由个人的兴趣和先前的知识所塑造的，人们往往只关注自己感兴趣的信息，而忽视其他类型的信息，从而形成自我封闭、信息单一、思维局限的信息空间。大数据技术使得信息推荐更加精准和个性化，推荐内容的信息类别一致且相似度很高。比如，过度关注娱乐信息，而忽视其他类型信息，对时事政治、社会热点不了解，严重者与时代脱轨。

2. 谣言与舆论

谣言和舆论会引发人们的焦虑和压力。在面对谣言和负面舆论时，人们可能会感到不安、担心和恐惧，尤其是当这些信息与他们所关注的人或事有关时。这种情绪反应会导致心理压力，影响日常生活和工作。

谣言和舆论的传播往往伴随着情绪的传递。当人接触到大量的负面信息时，情绪会受到感染而产生消极情绪体验，如愤怒、悲伤、恐惧等。

谣言和舆论会影响人的认知过程，导致认知偏差。当人对谣言和负面信息产生过度关注、过度解读或盲目相信，会影响人的判断力，这会导致恐慌、误解和偏见。

谣言和舆论的传播会影响人的社会支持网络。当人面临负面信息时，会感到孤立无助，难以找到支持和安慰，心理压力增大。

第三节
网络媒体困扰的应对

一、网络社交让我欢喜让我忧，怎么办

如果有人问你，你是"社牛"还是"社恐""社杂"？你会如何定义人际关系中的自己呢？其实，任何问题都不能脱离提问的情景，在不同情境下同样的问题会有不一样的答案。

在网络社交充斥的现代生活中，很多同学呈现出网络世界中的"社牛"、现实中的"社恐"。如"心灵故事"中的小李在网络游戏上叱咤风云，但是在现实生活中却屡屡碰壁，这种不一致给他带来了困扰或者冲突。那么，在网络社交如此"热闹"的今天，我们在人际关系中该如何做呢？

（一）保持真实的人际互动

人际交往是人类生活中不可或缺的一部分，尽管网络社交具有许多便利性，但真实的人际交往仍不可替代。

真实的人际交往能够让人们更好地理解彼此的情感和需求。在面对面交流中，人们可以通过语言、表情、肢体动作等方式来传达信息，使得交流更加真实、生动。在现代社会中，需要充分利用网络社交的便利性，也需要注重真实的人际交往价值。只有将两者有机结合起来，才能够建立起健康、充实、有意义的人际关系。

大学生在使用网络过程中，需要区分网络人际互动和现实人际交流的不同，要合理分配时间，确保现实生活中的交往不受影响；要提高沟通技巧，包括学会倾听、表达自己的观点、处理人际关系等，以便在现实人际交往中更加自信；还要学会在网络社交与现实人际交往之间找到平衡。

（二）养成良好的网络社交习惯

1. 注意个人隐私保护

个人隐私在心理健康层面的实质是个人与环境的边界感，这种边界感的设立受多方面因素影响，包括情绪状态、个体需要、环境诱导等。在网络社交过程中，需要有保护个人隐私的习惯，包括慎重对待个人信息发布、合理设置好友权限、关注隐私设置、谨慎点击链接、定期整理个人信息和动态等。

2. 适当的互动和反馈

在网络社交中，适当的互动和反馈可以展现出自己的关心和友善，也可以促进对话的进行和人际关系的建立。

3. 避免过度依赖网络社交

过度依赖网络社交会导致现实生活中的交往能力减弱，影响个人的心理健康。因此，需要认识到网络社交媒体是一种社交工具，而不是人际交往的唯一途径。在现实生活中，我们要积极参与各种社交活动，提高社交技能，同时也要学会独立思考和处理问题，避免过度依赖网络社交来满足自己的情感需求。

4. 保持独立思考

在网络信息爆炸的时代，提高信息素养和媒体批判能力显得尤为重要。这包括：学会筛选和辨别网络信息，避免被谣言、虚假信息误导；了解网络传播的规律和机制，避免被信息过载困扰；学会合理使用网络工具，提高学习、工作效率和生活质量。

二、走不出网络沉迷，怎么办

"心灵故事"中的小李有着足够的学习能力，也有非常强烈的改变意愿，但究竟是什么阻碍小李脱离对网络的依赖呢？如果我们遇到和小李一样的困境时，该如何做呢？

（一）加强自我调节能力

网络沉迷很大程度上是个体自我调节能力不足导致的。因此，我们需要提高自我调节能力。

1. 调节情绪的能力

调节情绪的方法有多种，以下是一些常见的方法：

（1）深呼吸。深呼吸可以帮助放松身心，减缓紧张和焦虑。

（2）运动。运动可以帮助释放压力和情绪，如跑步、瑜伽、游泳等。

（3）听音乐。听音乐可以调节情绪，使心情愉快。

（4）社交。与朋友、家人或心理咨询师交流，分享自己的感受和情绪，可以帮助缓解压力和焦虑。

（5）睡眠。保证充足的睡眠可以让人精神焕发，缓解疲劳和紧张情绪。

（6）冥想。冥想可以帮助放松身心，减轻压力和焦虑，同时还可以提高注意力和专注力。

2. 提高自我控制力

（1）意识到自我控制的重要性。自我控制是一种能力，尝试在日常生活中运用好它，可以帮助我们克服冲动，更好地掌控自己的情绪和行为。

（2）学会冷静思考。在面对诱惑或冲动时，尝试"暂停10秒"，让自己冷静下来，花些时间思考自己的行为和后果。这有助于更好地控制自己的情绪和作出正确的决策。

（3）制定目标和计划。明确自己的目标，制订详细的计划，包括每天或每周的目标和任务，有助于更好地管理自己的时间和行动。

（4）学会说"不"。有时候，我们需要拒绝事情或人。学会说"不"，不违背内心作决策。

（5）寻求支持。寻求家人、朋友、专业人士的支持，他们可以提供帮助和建议，帮助你更好地调整自己的情绪和行动。

（二）探索网络沉迷的产生原因

1. 生理需求

网络沉迷行为的产生有生理原因，包括大脑的兴奋水平需求、自主神经的唤起功能等。起初往往是为了满足基本的生理需求，如缓解疼痛、消除压力等。然而，长期过度依赖网络会导致生理需求逐渐减弱，而使网络沉迷成为一种习惯。

2. 现实需求

在现实生活中，人们面临许多压力，有的人会选择网络来逃避现实。例如，学业受挫导致的自我认知偏低、人际关系紧张导致压力过大等。而网络可以让人迅速获得成就感，缓解压力逃避现实，但并没有真正解决问题。

3. 心理需求

通过网络这种虚拟的方式可以满足内心的需要，如社交互动、追求快乐、求知探索、寻求尊重和爱、自我实现和成就等。而如果出现网络沉迷行为，它是一种信号，告诉我们应该停下来，思考自己当下真正需要的是什么。

三、如何应对网络诈骗

网络诈骗对大学生的财产安全和个人信息安全构成了严重威胁。一些不法分子利用大学生社会经验不足，通过各种手段诱导他们泄露个人信息或账户信息，导致财产损失。有的大学生过于信任网络上的信息，容易被虚假信息所迷惑，轻易泄露了个人信息，使得诈骗分子利用这些信息进行非法活动，给大学生的个人信息安全带来严重威胁。那么，大学生应如何应对网络诈骗呢？

（1）增强警惕性和自我保护意识。大学生应保持警惕，不轻易相信陌生人，不随意泄露个人信息或账户信息。同时，还应该学会识别和防范各种诈骗手段，提高防范能力。

（2）学习网络安全知识。大学生应主动学习网络安全知识，了解网络诈骗的常见手段和特点，以便更好地识别和防范诈骗。学校和社会也应加强对大学生的网络安全教育，增强安全意识。

（3）及时报警和处理。一旦发现被骗，大学生应及时报警，寻求援助。同时，还应采取措施保护自己的财产和信息安全，避免损失扩大。

四、如何应对网暴

2023年6月，成都何先生在乘坐地铁回家途中，有两名女生看到他鞋面闪烁绿光，认为他鞋面上有摄像头，怀疑在偷拍。何先生当众脱鞋回应了质疑。但随着网络信息的传播和误解，何先生遭遇到了巨大的精神压力。虽然随后何先生通过司法途径保护了自己的权益，但是何先生的生活和工作受到了巨大的影响。

（一）网络霸凌的发展过程

网络霸凌通常表现为在网络上发布攻击性言论、恶意软件等行为，对他人造成伤害和不适。其发展过程一般为：

（1）发起攻击。攻击者首先通过网络社交媒体发布攻击性言论，这些行为可能针对特定的人或群体，也可能没有明确的目标。

（2）扩散传播。攻击者的行为被其他用户发现并传播，其他人可能会加入攻击者的行列中，或者只是围观而不采取行动。这种扩散传播会导致更多人受到伤害。

（3）人肉搜索。攻击者可能会利用技术手段获取受害者的个人信息，包括姓名、地址、电话号码等，以便进一步施加压力或骚扰。

（4）集体施压。攻击者可能会联合起来，共同向受害者施加压力，如通过群发邮件、留言等方式，要求受害者公开道歉或给予赔偿。

由于网络霸凌的危害性和隐秘性，往往会对受害者造成长期的心理创伤和社会影响。

（二）如何应对网络霸凌

（1）保持冷静。不要回应侮辱或嘲讽，避免情绪激动。从行为动力的角度来说，网络霸凌的目的通常是通过激怒受害者来获得满足感，因此保持冷静是应对网络霸凌的关键。

（2）收集证据。记录下网络霸凌的证据，包括时间、地点、内容等，用于自我保护和寻求帮助。

（3）寻求帮助。向亲友、老师、辅导员或其他可以信任的人寻求帮助。他们可以提供支持、建议或协助解决问题。

（4）寻求专业帮助。如果网络霸凌情况严重，可以考虑寻求司法公安系统介入。他们可以提供更具体的建议和支持，帮助受害者维护权益。

（5）应对个人攻击。如果个人隐私被暴露或受到其他形式的个人攻击，及时采取措施保护个人信息和安全，如更改账号密码、报告相关平台等。

五、如何让网课更高效

（一）学习前后策略

1. 先前知识经验

先前知识经验是指学习者已经拥有的与所学主题有关的知识。研究发现，先前知识经验水平较高的大学生在网络学习环境中会更多地使用计划和监控策略，相对较少使用认知策略。

2. 制定反馈机制

在网络学习情境中，反馈对自我调节学习的影响机制尤为关键。反馈是指能反映学生当前学习表现，并能帮助学生作出认知和行为上的调整，以促进学习的信息。在进行线上学习之前，准备好书写工具，便于通过笔记、划线等方式完成自我元认知上的反馈机制。还可以与授课教师用留言、评论、回答问题等方式交流，这也是有效的反馈机制。

3. 环境营造

环境对在线学习的影响大，好的环境有利于专注学习，高效地获取知识。

（1）检查设备是否正常。确保网络连接正常，拥有访问在线课程的必要设备。提前熟悉学习平台的操作和各项功能，定期检查和更新学习平台，以确保学习平台运行稳定，不会出现技术故障。

（2）学习环境安全安静。确保学习环境不会被打扰打断，包括管理好手机、调适好灯光、无干扰声音等。

（3）营造良好的学习氛围。可以邀请同伴一起参与学习，共同关注学习进展，形成相互陪伴、互相监督和讨论合作的学习氛围。

（二）学习中策略

1. 有意识地觉察和提升自我效能感

自我效能感是指个体对自己能否完成某一任务的自我判断或信念。自我效能感对学习有重要影响，因为它影响学习者的任务选择、付出努力程度、学业情绪、目标设定、策略的选择、克服困难的决心。大学生在进行线上学习时，其效能感不仅影响网络课程的选择、网络学习任务的选择，也影响网络学习时的策略选择、元认知监控等自我调节学习过程。

2. 及时修正认识论信念

认识论信念是指个体对知识本质以及如何获取并评判它的认识系统，如有的人认为知识是确定的、是事实的堆积等，有的人认为知识的形成是需要不断建构和相互连接的。在网络学习环境下，具有合理科学的认识论信念的学生能更好地根据学习材料来设定目标、制订计划，更好地投入学习。

3. 调整学习情绪

学习情绪是指在教学或学习过程中，与学生学业相关的各种情绪体验，包括高兴、厌倦、失望、焦虑、气愤等。学习情绪不仅指学生在获悉学习结果后所体验到的情绪，也指学生在课堂学习中的情绪体验。在线上学习中，可以通过制定一个小目标、正向反馈等方式提升学习情绪。

心灵补给站

推荐书籍：《人工的你》（作者：[美] 苏珊·施耐德）

在《人工的你》一书中，作者认为人工智能不可避免地会将智能的发展引向新的方向，但如何规划一条合理的前进路线则取决于我们。随着人工智能技术不仅向内发展重塑大脑，同时向外发展创造出机器心智的可能性，我们必须提高警惕。智人作为心智的设计者，以后将会摆弄的一些"工具"是自己并不理解使用方法的：自我、心智，还有意识。作者论证的是，如果没有充分掌握这些实体的本性，那么这可能会给人工智能和大脑增强技术的应用埋下祸根，会带来有意识存在的死亡或者苦难。要获得繁荣发展，我们必须掌握算法深处潜藏的哲学问题。

推荐书籍：《网络行为心理学》（作者：雷雳）

为什么一上网就想怼人？互联网会让人更易产生嫉妒与自恋吗？打造互联网人设能找到自我吗？谣言为何疯传？层出不穷的网络热词暗藏什么心理？为什么明明很累还是忍不住刷手机？哪些语言和思维习惯被互联网悄然改变？本书深入剖析了互联网空间中的心理特性，从心理学角度深入剖析了网络社会中的行为模式。从个体层面到人际关系、文化影响，一一揭示了互联网对人们心理状态的塑造和影响，帮助人们更好地理解和应对数字时代带来的心理挑战。

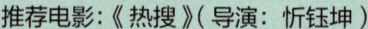

推荐电影：《她》（导演：[美]斯派克·琼斯）

《她》是一部讲述在不远的未来人与人工智能相爱的科幻爱情电影。主人公西奥多是一位信件撰写人，心思细腻而深邃，能写出感人肺腑的信件。他刚结束与妻子凯瑟琳的婚姻，还没走出心碎的阴影。一次偶然机会他接触到最新的人工智能系统OS1，它的化身萨曼莎拥有迷人的声线，温柔体贴而又幽默风趣。西奥多与萨曼莎很快发现他们如此投缘，而且存在双向的需求与欲望，人机友谊最终发展成为一段不被世俗理解的奇异爱情。

推荐电影：《热搜》（导演：忻钰坤）

热搜背后，真相究竟是什么？该电影讲述自媒体主编陈妙参透流量密码，打造爆款文章冲上热搜，却间接助推了当事人"霸凌者"女学生的跳楼。就在此时，陈妙意外发现女学生曾发来的求助信息，并牵扯出一桩性侵案。陈妙的合伙人何言，投资方富商岳鹏陆续卷入其中。舆论多次转向，事件背后又隐藏着怎样的利益链条，一场为弱者发声的舆论战打响。电影中爆料、作假、操控舆论场，为我们展现了一个制造"热搜"的完整流程，仿佛就是当下舆论的一面镜子。

网络剥离计划

请你准备一张A4纸对折打开，在A4纸的左边画一个尽可能大的圆圈，代表一天的24小时。请按你自己现在一天生活的平均状况，在圆圈内画出比例图，如一天睡眠时间为8小时，则圆圈的1/3被睡眠占据，把包括网络使用在内的各项事务依自己的平均状况填入圆圈内，完成后在A4纸的右边部分画一个相同的圆圈，画出期待中的时间比例图。

（1）比较两者有何区别，你有什么感受？

（2）将网络使用在左边圆圈中的比例细化，如在一共8小时的网络使用中，有2小时被网络聊天占据，则1/4被网络聊天占据。想一想，你理想中的网络使用情况是什么样的？在右边圆圈中画出，并想想你打算怎么改善？把你的计划记录下来。

祝你成为网络的主人。

"向真、向善、向美、向上，提高自身判断力和抗干扰力，具备复杂网络环境中自我保护的意识和能力。"

师小星："在信息化时代，我们能从网络中汲取丰富的信息以开阔眼界，从社交媒体中收获友谊。虽说睁眼看世界无疑是好事一桩，但现实与理想的落差也会让我们困扰。因此我们需要平衡理想和现实，不要被过高的期望击垮了对现实的认知，应当正确地认识自己的目标和实现它的方法。在使用社交媒体时，应当慎言慎行，既不去做乌合之众，被裹挟为雪崩里那片自认为无辜的雪花，也要保护好自己，维护自身的合法权益。我们应当认清网络交友与现实交友的区别，用合适的方法对待人际关系、参与社区讨论，为维护互联网环境贡献自己的力量。"

第十四章

危中有机：
危机应对与生命教育

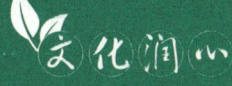

天地之性人为贵。

——《孝经·圣治》

心灵导航

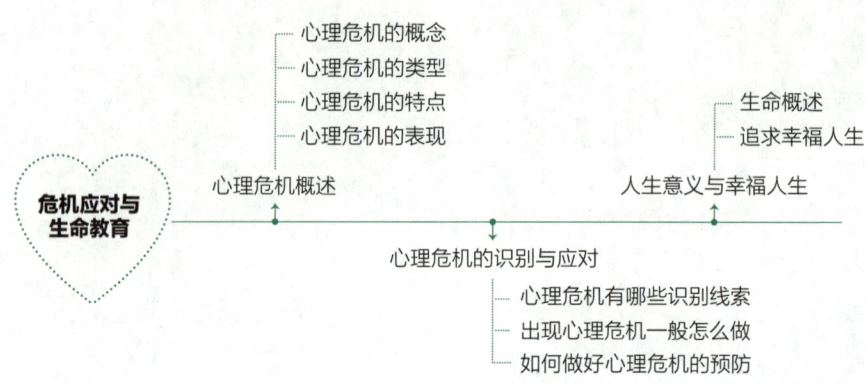

危机应对与
生命教育

心理危机概述
—— 心理危机的概念
—— 心理危机的类型
—— 心理危机的特点
—— 心理危机的表现

心理危机的识别与应对
—— 心理危机有哪些识别线索
—— 出现心理危机一般怎么做
—— 如何做好心理危机的预防

人生意义与幸福人生
—— 生命概述
—— 追求幸福人生

心灵故事

　　小微是一名大一学生。高考至今，面对高考失利、失恋分手、大学专业不喜欢，小微感到自己状态越来越不好，常常闷闷不乐，做事提不起兴趣，经常无力起床、不想吃饭、连续缺课，也不想和人交往，连最喜欢的电视剧也不想追了，常感到人生没有意义。小微常责备自己为什么不能像其他同学一样优秀努力、讨人喜欢？为什么自己这么糟糕，一事无成？小微也很自责，觉得自己是家人、朋友的累赘。甚至在大一期末考试挂科4门之后，萌生了"如果自己不在了，是不是可以摆脱这么痛苦的感觉，是不是大家会过得更好的想法"。有一天，室友小优听到小微说想买把美工刀，准备……

你能理解"心灵故事"中小微的感受吗？你是否有过类似小微的某些状态？你身边的同学出现过类似的情况吗？如果有，请务必更加关心自己或同学，必要时进行心理危机评估与干预。

一、心理危机的概念

心理危机理论起源于社会精神病理学、自我心理学和行为学习理论。1944年，在对失去亲人的伤痛研究中，林德曼率先提出了心理危机的概念。20世纪60年代，美国心理学家卡普兰对心理危机进行了系统的理论研究，并于1964年首次发表心理危机干预理论，他也因此被视为现代危机干预的鼻祖。卡普兰认为，每个人都在不断努力保持一种内心的稳定状态，以及自身与环境的平衡和协调。当重大问题或变化的发生使个体感到难以解决和把握时，平衡就会被打破，正常的生活会受到干扰，内心的紧张不断积蓄，继而个体会出现无所适从甚至思维和行为紊乱，而他先前的危机处理方式和惯常的支持系统不足以使其应对眼前的处境，即他必须面对的困难情境超过了他的应对能力时，其心理就进入了一种失衡状态，这就是心理危机。

像"心灵故事"中的小微，因为高考失利、失恋分手、频繁挂科等这些事件慢慢打破了以往的心理平衡状态，她出现情绪持续低落，影响正常的学习生活、人际交往等，甚至出现了生活无意义感、轻生的念头和计划。这就是一种心理危机的表现。

在卡普兰提出心理危机的概念后，很多学者开始关注该领域并提出了自己对心理危机的理解。格拉斯将危机定义为问题的困难性、重要性和立即进行处理所能利用资源的不均衡性。美国加州大学的心理学教授凯恩认为不管哪种方式的定义，心理危机实质上包含三个基本的部分：① 危机事件的发生；② 对危机事件的感知导致当事人的主观痛苦；③ 惯常的应对方式失败，导致当事人的心理、情感和行为等方面的功能水平较突发事件发生前降低。凯恩的定义比较全面准确地概括了心理危机的过程和实质，得到了许多研究者和临床工作者的认同。

由此可见，心理危机本质上是伴随着危机事件的发生，个体出现的一种心理失衡状态。心理危机不是疾病，而是一种情感危机的反应，心理危机人人都会有。如果人们所承受的压力超过了自己应对压力的能力，就会出现心理危机。

二、心理危机的类型

心理学家根据不同的分类标准可将心理危机分为不同的类型。例如，按表现形式来分，可以分为显性心理危机和隐性心理危机；按心理危机应激源的差异来分，可以分为学业危机、前程危机、人际关系危机、家庭危机、恋爱危机、性心理危机、灾难危机和自杀危机等。美国学者布拉默将危机分为发展性危机、境遇性危机和存在性危机三种类型。

发展性危机是指由于个体在成长过程中要不断地面对生理变化、心理变化、角色变迁、生物性不可逆的转变等因素，这些因素影响个体的内在情境，从而引起心理的异常反应。大学生生活、学习在校园环境中，面临发展性危机的概率大，如升学危机、考试心理危机、恋爱心理危机、毕业心理危机等。发展性危机是比较常见的危机，成长中也必然经历这种危机。

境遇性危机事发突然或者无法预料、无法控制，除了给当事人带来外在的灾难，也会给其心理造成难以抚平的创伤，导致个体的情绪波动比较大，一时间难以接受，甚至造成自我世界的崩塌。例如，亲人的逝去或重大疾病、自己患有重大疾病、突发事故、公共卫生事件、自然灾害、遭遇暴力等。

存在性危机是指作为人要面对人生的一些重要问题，这些问题无法回答或者无能为力的时候会让人的内心产生冲突、焦虑、持续的无意义感、无法弥补的丧失感等。如我的责任是什么，我的任务是什么，我的生命意义是否达到了，我的人生是否如我所愿，我的人生是否有价值等。随着人的成长、文化背景、社会环境的影响，我们会去思考一些问题。例如，在患有危及生命重病的时候，对于生的渴望，对死的恐惧以及那份无能为力；大学生在社会上摸爬滚打，在诸多生活压力下，眼看着时光流逝，自己不再有活力和精力去接近自己最初的理想，就会变得焦虑、无力。

危机无法避免，我们能做的是以适合自己的方式处理危机，避免危机的堆积，并使危机向机遇转变，不断提高自身的心理健康水平。

三、心理危机的特点

心理危机具有以下特点：

（1）突发性。危机在发生前是一个逐渐堆积的过程，是积攒量的过程。在危机爆发的阈限值之下，危机产生于幽微且不易被发现。随着危机的积攒，危机状态继续升级，遇到一些应激事件，危机就会突然爆发，情况紧急，个体无法控制。所以，心理危机通常是突然发生的，不在预料之内，且个体无法控制。

（2）应激性。应激属于一种生理应对，危机的发生需要马上应对，而不管危机主体是否愿意、是否以当前的机制反应、是否能够承受，主体都会应对。

（3）痛苦性。人生的情感体验是五味杂陈的，或悲伤、或失望、或难过、或痛苦、或开心、或幸福。危机的体验会比平常的体验更加痛苦，个体有孤独、无助、痛不欲生、空洞、无意义感、哀默等情感体验，严重的情况下个体甚至会自伤、自杀等。

（4）危险性。危机会体现在认知、行为、情绪和生理上，个体的危机到一定程度可能会自伤，也可能伤人。例如，在生理上，危机当事人会感觉痛苦、胸闷、气短、胃痛等，这些情况如果长时间不控制就会积劳成疾，甚至演变成重疾；在认知上，个体会对有些危机产生极端的认知，如果认知不在个体的控制之下就会产生自杀、伤人等严重情况。

（5）机遇性。危机是危险与机遇共存的。只要对心理危机及危机干预有正确认识，了解和识别心理危机，掌握应对心理危机的技巧，在无力应对的时候及时求助，就会化险为夷，度过危机。危机过后个体恢复到危机前的平衡状态并且心理水平得到了发展，这就是机遇。

（6）时限性。危机的急性期一般在30~50天，如果危机没有得到解决，可能导致危机慢性化，转换成精神类疾病，甚至会出现自杀或伤人的极端情况。

（7）隐蔽性。许多大学生在遭受心理困扰时，往往不容易被察觉。他们可能表现出沉默、孤独、缺乏自信和紧张等迹象，包括可能会因为感到自己与他人不一样，害怕被议论、被评价，刻意隐藏自己的"失衡状态"。

四、心理危机的表现

由于个体与环境的差异，每个人在面对危机时会有自己的反应模式，但由于危机的普遍特点，这些反应在差异之外还是具有一定的规律性。提前了解常见的危机反应，可以让我们对危机更具有敏感性，能及时察觉自己或他人的危机状态，寻求干预与支持。个体出现危机时会产生一系列反应，包括生理反应、情绪反应、认知反应和行为反应。

（一）生理反应

生理反应主要表现为自我身体免疫力下降、胸闷、头晕、失眠、食欲缺乏、胃部不适、敏感、紧张等。这是因为在心理危机状态下，自主神经系统、下丘脑－腺垂体－靶腺轴和免疫系统对身体生理反应的调节功能会发生改变。

（1）自主神经系统。当机体遭受某些刺激的强烈侵袭时，心跳加快，心肌收缩力增强，心排血量增加，血压增高，同时，凝血时间缩短，儿茶酚胺分泌增多，中枢神经系统兴奋性升高，人会变得警觉、敏感。

（2）下丘脑－腺垂体－靶腺轴。下丘脑肽能神经元分泌的神经肽调节腺垂体的活动，而肽能神经元的活动又受到人脑内神经递质和体液中性激素、肾上腺皮质激素与多种代谢产物的调节和控制。腺垂体是人体内重要的内分泌腺，起着上连中枢神经系统、下接靶腺的桥梁作用。

（3）免疫系统。免疫系统的反应既可以表现为功能减退，也可以表现为功能增强。心理神经免疫学的研究表明，大脑作为环境与免疫系统之间的协调者，在调节机体对各种应激源的免疫防御中起着重要作用。强烈的情绪活动，特别是消极的情绪，通常会抑制免疫系统的功能，其结果是降低人的抗病能力。

（二）情绪反应

陷入心理危机的个体，其情绪反应一般表现为焦虑、恐惧、怀疑、沮丧、悲伤、易怒、绝望、麻木、孤独、紧张、愤怒、烦躁、自责、过分敏感或警觉、无法放松、持续担忧、害怕即将死去等。

（三）认知反应

在心理危机状态下，个体的感知觉功能可能会受损，易出现记忆力减退、思维反应迟钝、认知不合理等现象。此外，其自我认知和情绪之间存在相互影响的关系。愤怒、恐惧和抑郁等情绪反应会破坏人的心理平衡，进而影响个体的感知、记忆和逻辑思维。消极情绪会与个体消极的自我认知互为因果，可能因此形成恶性循环。此时，陷入心理危机的个体会觉得活着没有价值或意义，自我丧失了活动的能力和兴趣，甚至会自恨、自责和自杀。

（四）行为反应

心理危机中的行为表现是个体为排解和减轻痛苦而采取的一些防御手段。比如，有些人表现出社交退缩、沉默、情绪失控、典型习惯改变、过度活动、没有食欲或暴饮暴食、逃避与疏离等行为，容易自责或怪罪他人，不易信任他人，与他人易生冲突等，严重的还会出现自杀倾向。

心理学研究发现，人在危机当中心理通常会经历三个不同的阶段，即冲击阶段、安定阶段和解决阶段，在每个阶段个体的心理反应有所不同。

第一阶段为冲击阶段，也称强烈的情绪反应阶段，一般发生在危机事件出现后不久或当时。如果刺激过大，就会使人感到震惊、眩晕、不知所措，这也称为类休克状态。

第二阶段为安定阶段，也呈逐渐接受现实阶段。在此阶段，人会采取各种措施努力恢复心理上的平衡、控制焦虑和情绪紊乱，恢复受到损害的认识功能，而后采用各种心理防御机制或争取亲人、朋友的支持。

第三阶段为解决阶段，也称寻求改变阶段。此时，人会将自己的注意力转向引发压力的危机事件，并设法处理它。人们可能会采取逃避行为远离引发压力的应激源，如依赖药物、酗酒等；或者提高自己的应对技能，改变策略和行为，直接面对危机、解决困扰。

第二节
心理危机的识别与应对

心理危机干预（crisis intervention）是通过调动处于危机之中的个体自身潜能，重新建立或恢复危机爆发前心理平衡状态的心理咨询和治疗的技术，是临床心理服务的一个重要分支。心理危机干预通过对危机当事人进行减轻、化解、消除或中断危机的一系列行动，帮助处于个体恢复心理平衡。心理危机干预具有及时性、目的性、简短性和接近性等特点。危机干预的目的性非常强，就是为了降低急性、剧烈的心理危机和创伤的风险，减少危机或创伤情境带来的直接严重后果，促进个体从危机和创伤事件中复原或康复。危机干预的接近性是指从事危机干预的人需要积极、主动地向遭受危机的人群提供帮助，让他们知道哪里可以获取所需的资源。

一、心理危机有哪些识别线索

（一）言语线索

（1）直接或间接表达自杀的想法，如"我再也不想活了""这一切都快结束了""没有我，别人会生活得更好""我的生活一点意义也没有""谁也帮不了我"等言语。

（2）与人讨论有关死亡、自杀相关的话题或是开与自杀相关的玩笑，如"人生的意义到底是什么""哪种自杀方式死得最快、痛苦最小""人死了其实也是没什么大不了的"等。

（3）在社交媒体表达自杀想法，如微信朋友圈、微博等社交账号上表达自杀的想法或寻求自杀的建议等。

（4）在宿舍等生活、学习场所留下遗书、遗言。

（5）突然向周围的人表达歉意或是感谢，如"对不起，以前对你的态度那么不好""原谅我""感谢你们的养育之恩""感谢你们一直以来对我的帮助"等。

（6）流露出无助、无望或无价值感以及消极、悲观、绝望等主观感受。

（二）行为线索

（1）行为方式突然而显著地改变。如原本活泼开朗的学生突然变得沉默，原本吝啬的学生突然变得大方等。

（2）突然把个人珍爱的有价值、有纪念性的物品送人。

（3）身体与神态的显著变化。如睡眠、饮食或体重明显增加或减少，体质或个人卫生状况下降，面色憔悴、疲劳乏力，目光游移、闪躲回避等。

（4）出现经常性旷课、缺勤，学业成绩明显下降，做事注意力不集中。

（5）人际关系变化明显。突然结束与好友、恋人等的重要关系，孤僻，人际交往明显减少，或者易与周围人发生冲突等。

（6）持续情绪低落，常常莫名悲伤流泪，对一直热衷的事物兴趣减退甚至丧失。

（7）频繁出现意外或事故，如经常走神，心不在焉，总是出一些小差错等。

（8）反复在一些危险区域逗留，如河边、楼顶、宿舍的阳台等。

（9）有了解或购买有毒药品、安眠药等行为。

（三）紧急危险信号

凡是在言语或行为上表现出自我伤害、伤害他人的情况，或者是生活上已经出现无法自我照顾（如自知力、自制力丧失）等情况，属于危险性高、紧迫性强的危险信号。大学生要坚持"三不"原则，即"不忽视、不侥幸、不拖延"，第一时间向老师汇报。

心理危机的"三托三变"

自杀是有预兆的。想自杀的人绝大多数会在自杀之前表现出警告讯号。当发现周围人有下列现象时，他可能正处于自杀的危机中。心理学家刘明波老师将自杀的危险征兆归纳为"三托三变"。

（一）"三托"

1. 托人

突然向亲友嘱咐、要求或委托，加强对某人的照顾。

2. 托事

突然把自己的重大事件，要求或委托某人代为执行或完成。

3. 托物

突然打包身边重要物品或宠物，要求或委托某人代为照顾或保管。

（二）"三变"

1. 言语大变

开始谈到自杀或想到死亡，对自己关系亲近的人，表达想死的念头，或在日记、绘画等中流露出来。

2. 行为大变

（1）开始消失无踪或开始一直缠人，突然由坏急剧转好，或者行为完全相反。

（2）开始自伤自残，频繁出现意外事故，从事高危险活动，查阅自杀方式，收集危险药品。

（3）开始酗酒，服用毒品，突然开始吃得很少或很多。

（4）开始安排后事，包括全部捐献或赠送财产物品，将自己珍贵的东西送人，整理要丢掉的东西，无缘无故收拾东西，向人道谢或告别，归还所借物品等。

3. 性情大变

（1）神态反常，出乎预料地由悲伤情绪转为平和安详，甚至表现出愉快的样子。

（2）外向的人突然变内向，内向的人突然变外向，谨慎小心突然变成满不在乎。

（3）少语的人突然多语，多语的人突然少语。

（4）出现严重抑郁的表现，如深度悲伤、兴趣丧失、食欲不良、沉默少语、失眠等。

二、出现心理危机一般怎么做

（一）学会发现

及时发现大学生的心理危机，可以帮助学校畅通心理危机信息反馈机制，第一时间掌握学生心理危机动态，密切关注发展变化。当然，这一切要在保密的前提下进行。

（二）及时报告

一旦发现涉及生命安全的危急情况，学生应及时向辅导员报告，也可以同时向学院、学生处、学校心理健康教育中心报告。如果发现者了解危机者的情况，可详细汇报有关情况，报告内容包括：当事人基本信息如姓名、所在学院、学号、报告人及当事人的联络方式等。

（三）实时陪护

危机发生时，大学生可在评估自我状态与意向的基础上，配合教师做好相关的陪护措施，对可能发生危险的学生采取紧急保护措施，如高楼层宿舍调整至低层宿舍，避免其独自到楼顶、窗口、平台等处，远离利器、绳索、有毒药品等，保护学生的生命安全。

（四）做好保密

任何危机事件的发生都不是我们所愿意看到的。因此，大学生应用宽容的心、理解的心去理解危机当事人。同学有义务本着"生命第一，健康第一"的原则，及时将危机当事人的相关情况与学校相关老师等进行沟通，调动和善用多方资源一起帮助当事人转危为安。在寻找资源时，要遵循"最小暴露原则"，在法律规范、职业伦理和学校工作制度等范围内，将信息限定在必要和最小范围内。为了维护当事人的尊严，应学会保护当事人的隐私。对于尚未确定的信息，不随意在外传播，不随意接受媒体采访，不对外渲染事件，防止不恰当报道引发负面影响。对自杀未遂者不歧视，表达关心，积极交往。如果遇到了无法挽回的危机后果，带着对逝者的尊重态度，不散布有失当事人尊严的消息。

（五）接受危机知情人员的心理干预

若身边同学遭遇危机，关心帮助他人的同时也要照顾好自己的情绪，及时求助，避免过度卷入。危机过后，学校根据情况，使用支持性干预及团体辅导策略，通过班级辅导等方法，需要对知情人员进行干预，协助经历危机的大学生及相关人员正确处理危机遗留的心理问题。

三、如何做好心理危机的预防

心理危机的预防在于个体的积极应对。在心理危机发生前，个体自身必然已经开始发生微小或明显的量变，外界可能难以迅速识别和辨认，但个体已经能够察觉这种细微变化所带来的不适。解铃还须系铃人，心理危机的预防也必然最早由个体自身开始介入。

（一）寻求滋养性的环境，搜集充分的信息

环境对人的心情有很大影响，处于危机中的个体可尝试寻找安全、信赖的环境滋养自己。虽然个体在危机中会陷于莫名其妙的恐惧和不知所措的境地，不知道发生了什么，也不知道将可能发生什么，但那些有类似经历的人可以提供经验分享。个体可以向有危机处理经验的人员请教，或者从有关书籍中寻找解决问题的办法。

（二）积极调整情绪

危机的出现通常会使人感受到强烈的紧张和沮丧。调整情绪的中心环节，就是要培养承受这些痛苦的能力。通过调整情绪，将使诸如焦虑导致恐慌、沮丧导致失望等情绪的恶性循环得到控制。当危机超出我们的控制以及我们无力改变外部事物时，把握自己的情绪尤为重要。可以先主动做一些使人开心的事，情绪才会往积极方向调整。

（三）建立良好的人际关系

在危机期间和危机过后，个体需要与周围的人保持良好的人际关系，不一定是要求他们提供强烈的情感支持，而是与他们保持日常的联系，共同分享喜悦，共同面对困难。这有助于遭受危机的个体重新适应社会，还可以分散注意力，使其不再

为消极紧张情绪所困扰。这种良好的关系可以表现为与自己的朋友一起散步、听音乐或是静静地坐一会儿。从心理学角度来说，每个人在与朋友的交往动机中都包含肯定自我的成分，人们在交往中倾向于选择能肯定自我的人。

（四）暂时避免作重大的决定

处于危机中的个体处理问题的能力比平时要低，这是由于个体受到问题和情感的双重困扰，搜集信息和处理信息的能力受到限制。也就是说，这时个体对面临的问题不能进行深入分析，掌握的信息量太少，无法作出正确的决策。个体虽然很想摆脱危机，努力寻求解决问题的办法，但危机无法控制往往使得个体无功而返，甚至造成更大的伤害。在危急时期，避免作重大决定，有利于个体保护自我，以免再次受到伤害。

（五）寻找专业资源

当感觉自己状态不好、自我调节效果不明显时，可先到专业的心理咨询机构求助，心理咨询人员会运用专业知识帮助你找到解决问题的方法，并判断是否需要接受精神卫生机构的帮助和治疗。如果需要接受治疗，一定要遵医嘱服用药物，并积极配合心理治疗。

问题外化技术

人的生命只有一次，弥足珍贵。人的一生中，不可避免地会遇到各种困难、挫折和不如意。但正是这些困难、挫折和不如意，构成了每个人的生命故事。每个人可以去建构自己的故事，在故事中发现新的闪光点，继而通过新的闪光点，迸发出新的人生色彩。

或许同学们可以带着这样的眼光去看待问题。

（1）问题是独立于个体之外的，问题并不是个体本身。

（2）问题像是寄生虫，同学们需要去面对它，将它解决掉。

（3）每个问题对于自身而言都是独特的，它含有一定的意义。

同时，问题对每个人都会产生或多或少的影响。我们可以去想象问题所导致的个人行为，对个人有什么样的影响，或积极或消极。我们可以对其进行评估，同时可以通过多方探讨进行论证。

和问题进行对话常常可以使用以下语句：

（1）什么样的人或事会让你感觉到它的出现？（理清问题发生的前因，借此避免重蹈覆辙）

（2）如果要用一个具体的形象来代表它，你会用什么形象？（使用象征的手法，探索问题的多个方面）

（3）如果它能够说话，它会跟你说些什么？（理清当事人是否有不合理或不适应的思考模式）

（4）它所说的话及它的样子，会让你联想到生命中的哪些人或哪些经验？（探索问题与早期经验的关系）

（5）当它出现时，你会有哪些不同或改变（生理、想法、感觉与行为）？（理清当事人遭受的影响有哪些）

（6）它的出现，让你最不舒服或是最不喜欢的影响是什么？（针对影响进行评估，强化改变的动机）

（7）它的出现，曾经为你带来哪些好处？（理清抗拒改变的潜在原因，进而思考选择替代行为）

（8）哪一次你没有（或比较不会）受到它的影响，是因为外在环境的改变，还是自己的改变？（寻找例外经验）

（9）你希望自己和它的距离或关系可以有怎样的改变？（确认改变的目标）

（10）你打算如何开始改变？（拟订改变的计划）

我的社会支持系统

社会支持系统即个人在自己的社会关系网络中所能获得的来自他人的物质和精神上的帮助和支援。一个完备的支持系统包括亲人、朋友、同学、同事、邻里、老师、上下级、合作伙伴等，当然，还应当包括由陌生人组成的各种社会服务机构。

当心理危机发生时，哪些人可能成为你的求助对象。

按顺序将自己的求助对象进行排序，并简要阐述理由。

如何用QPR技术帮助他人

第三节
人生意义与幸福人生

一、生命概述

（一）生命的含义

生命是什么？广义的生命是指一切具有新陈代谢、繁殖、生长和环境适应能力的动植物和无机物。狭义的生命一般专指人的生命。人的生命除了具有生理属性，还具有心理和社会属性。人的生理生命是人之所以为人的基础和前提。新陈代谢是一切生命现象的基础。作为一种生物体的新陈代谢过程，人的生命有生和死。人的生命与其他生命的本质区别在于人的心理生命和社会生命。人的心理生命是指人具有自我意识，能够通过各种心理活动自觉地思考、调控、引导自己的生命活动。人的社会生命是指人生命的存在是一种社会关系存在。社会关系决定了人的潜能和创造力的实现，决定了人的生命具有自由、尊严等内容，决定了人的生命的权利、义务和责任。

（二）生命的特征

1. 有限性

生命的长度是有限的，无法逆转的。人的生命都只有一次，无法重来。正如罗曼·罗兰所说，人生不出售来回票，一旦动身，决不返回。在人的一生中会遇到各种选择，一旦确定，无法重新来过。伴随着时光流逝，个体生命和时间一去不复返，所有人在有限的生命里走着不可逆的道路，那么走出的每一步都意义重大。

2. 独特性

每个生命都是宇宙中的独特存在，人的遗传素质具有差异性，这一特点能够通过个体性格、器官功能、身形体态等得以呈现。先天存在的遗传差异难以通过后天进行弥补，个体拥有天生的独特性特点。同时，个体特质性属于先天和后天共同作用的结果。

3. 超越性

创造性是生命的基本特点，是新形态之所以不断涌现的关键。人实现个体生命，又能够超越个体生命，不断成长，展现独特生命价值。虽然生命的长度有限，不过其思想和宽度无限，我们能够在有限的生命中创造无限的生命价值，这就是生命的超越性。

（三）生命意义对心理健康的影响

生命意义和心理健康是相互作用的。个体的心理健康在一定程度上依赖人们怎样看待生命；相反，自我对于生命意义的认识也受心理健康水平的影响。

1. 生命意义的心理学研究

从心理学角度看，按照马斯洛需要层次理论的解释，当人们的较低层次需要获得满足之后，有可能体验生命的价值会获得高峰体验。马斯洛对自我实现的研究直接启发了后来人们关于生命意义的研究。存在主义心理学则直接涉及对生命意义的积极思考，其中最有影响力的是弗兰克提出的理论。他认为，在生活的压力之下，人们之所以会产生各种心理问题，是因为他们没有找到生命的意义。心理学研究已经证明：生命意义对个体的心理健康有积极影响；缺乏对生命意义的理解与心理问题呈正相关；对生命意义的探索和情绪健康呈正相关；个体对生命意义的认识能够减缓消极生活事件对忧郁情绪的影响。

2. 缺乏生命意义的后果

一些西方学者提出个人对生命意义和生活目标的认识对其心理健康有着非常大的影响。一个人在生活中如果没有找到自己生命的意义，就会产生非常严重的后果。第一，如果人们在探索生命意义的过程中遭受挫折，就可能会被生存的空虚感所笼罩，转而便会寻求享乐和追求金钱以作为补偿；第二，生存意义的挫折感和价值观的矛盾会导致心理疾病的产生；第三，缺乏生命意义是大学生自杀的主要原因。研究发现自杀的人缺乏对生存的重要信仰和对生命价值的认识，当遇到较大的压力时他们往往会放弃解决问题的努力和尝试，从而选择轻生。弗兰克曾提出星期天精神病的概念，他说，很多人在忙碌了一周以后突然间变得无所事事，于是感到内心惆怅和空虚。许多人自杀及产生抑郁情绪、攻击性和沉溺于药物等是他们心灵深处的空虚感造成的。显然，人们需要意义和精神的支撑，不仅仅是在面临严重压力时，在日常生活中也同样如此。

3. 自我超越的生命意义对心理健康有着直接的影响作用

人们对于生命意义的执着，使得他们能够对消极生活事件有新的、不同的解释，使他们有能力在消极事件中找到积极的意义，从而提高他们应对的能力。

二、追求幸福人生

（一）什么是幸福

幸福是人类的普遍追求，追求幸福就是追求希望。同时，幸福又是一个充满困惑、充满神秘色彩的千古话题。梭伦说谁拥有最多的东西才能给他加上幸福的头衔；苏格拉底认为幸福是一切行为的最终目的，他所说的幸福是由知识和智慧决定的；柏拉图说，德性和智慧是人生的真幸福；亚里士多德则把最高的善称为幸福；伊壁鸠鲁也说过，幸福生活是我们天生的善，我们的一切取舍都从快乐出发，我们的最终目标乃是得到快乐。积极心理学家马丁·瑟利格曼是这样定义幸福的：幸福是感到满意的愉快体验。目前，学术界还没有哪一个学者能给幸福下一个统一且明确的定义。亚里士多德在两千多年前就指出，不同的人对幸福有不同的了解。有时甚至同一人，前后的解释也不一致。著名哲学家康德也曾经很无奈地说，幸福的概念如此模糊，以至于虽然人人都在想得到它，但却是谁也不能对自己所求或选择的东西说得清楚明白，条理一贯。

追求幸福是人类永恒不变的主题之一，也是人类追求幸福生活的重要目标。那么，幸福到底是什么呢？《现代汉语词典》是这样解释的：使人心情舒畅的境遇和生活。心理学家认为：幸福是人们依据自己的认知标准，基于客观条件，对当前所处的生活进行主观性的评价，是一种心理上美好与满足的心理过程。总而言之，幸福是没有统一性的标准的，它是因人而异的，是每个人根据自己的主观需要，并对客观地满足需要的可能性进行评价之后设定的。因此，幸福的标准具有明显的个体差异性。也就是说，人们是否感受到幸福不是以外在的物质生活是否充裕为标准，而取决于外在的物质生活是否适合内在的评价标准。

（二）如何获得幸福

积极心理学的研究提出了三种幸福生活：

第一种，愉快的生活，即情感积极、快乐，自我可以感觉良好的生活；

第二种，美好的生活，即深入地参与家庭、工作之中，有自己的兴趣与爱好；

第三种，有意义地生活，即充分发挥自身人格的长处和优势。

同时，积极心理学发展出了一些提升幸福感的有效方法，如读书，想想你的幸事，感恩，做善事助人为乐，充分运用人格力量，学会谅解和宽恕，在家庭和朋友关系上投入时间和精力，关心自己的身体健康，发展应对压力与困难的策略，增进乐观等。

塞利格曼的研究发现，幸福的大学生和其他大学生最不同的地方在于，前者会花更多的时间与朋友聚会、结识新朋友，并善于维护友谊。这项研究也表明，人如果每天花一些时间和他人进行深入的交谈，能有效地提高幸福感。

具体说来，我们可以尝试以下努力去追求幸福：

保持积极的心态：积极的心态是幸福的基础。无论生活中遇到什么困难，都要相信自己有能力解决，保持乐观和积极的态度。

保持健康的生活方式：包括合理的饮食、规律的作息、适量的运动等，都能让我们的身体更健康，心情更好。

建立良好的人际关系：和家人、朋友、同事保持良好的关系，可以给我们带来支持和帮助，也能让我们感到幸福。

追求自己的梦想：找到自己真正热爱的事情，并为之努力，可以让我们感到充实和满足。

学会感恩：对生活中的每一件小事都心怀感激，可以让我们更加珍惜现在的生活，从而感到幸福。

学会放下：不要执着于过去的事情，学会放下，才能更好地面对现在和未来。

做自己喜欢的事：找到自己的兴趣爱好，抽出时间去做自己喜欢的事情，可以让我们的心情变得更好。

学会自我接纳：接受自己的优点和缺点，认识到每个人都是独一无二的，这样可以让我们更加自信，也更容易感到幸福。

帮助他人：帮助他人不仅可以让我们感到满足，也可以让我们的生活变得更有意义。

保持学习和成长：不断学习新的知识和技能，提升自己，可以让我们的生活变得更加丰富多彩。

 心理科学

幸福小练习

下面6种做法，被心理学研究证明能有效增强幸福感。

（1）三件好事。每天晚上记录下当天发生在自己身上的三件好事，写出它们发生的原因。持续进行1~2周。

（2）全力以赴。写一个故事，在这个故事中你尽了最大的努力，一周内每天都回顾这个故事。

（3）感恩访问。写一封感谢信，给曾经帮助过自己但没有机会表达感谢的人。

（4）运用优点。通过优点测量找到自己的突出优点，坚持在生活中善用这些优点。

（5）放慢脚步。每天花时间慢慢做至少一件你平日匆忙就完成的事（如吃饭、洗澡、去上课），然后好好地品味。做完后，写下你做了什么，做的时候与以往相比有哪些不同，感觉上有哪些不同。

（6）欣赏、赞美。当你听到别人的好消息时，表现出积极热切，主动赞美。每天至少这样给别人反馈一次。

当人处于放松状态的时候，更容易体验到幸福感。下面是几种放松方法，我们可以试一试。

（1）想象放松法。开始想象放松时，先使自己安静下来，平躺并闭上眼睛，使

自己的身体处于舒服的位置，然后集中注意力，开始想象。想象让自己感到舒服的事或者物，时间为8~10分钟，每天一次。

（2）微笑放松法。使自己处于安静的环境中，盯着镜子试着微笑。刚开始的时候可能会因为心情烦闷或者紧张焦虑而不想笑，但要尽量做出微笑的样子，直到从眼睛到嘴巴都开始微笑。看到自己真的笑了时，就会感到心情放松，此刻焦虑感就会减少。

（3）冥想训练法。日本京都大学的一个研究小组发现，人的幸福感越强，其楔前叶的体积越大。冥想训练可以改变楔前叶的体积。在进行冥想训练时，关掉手机、电脑，在这段时间里不允许有任何打扰。练习时，以舒服的姿势坐下，用鼻子深呼吸，缓慢地数呼吸的次数。

心灵补给站

推荐书籍：《走出抑郁》（作者：[美]（理查德·奥康纳））

在不知不觉中，抑郁的人会渐渐变得"擅长"抑郁，学会了如何隐藏它，如何以它为中心安排一切生活。抑郁的人或许可以成就非凡，却必须在抑郁的泥潭中不断挣扎，这使他们永远无法真正康复，无法从心底体验喜悦。但是他们可以打破从前的习惯，学习一系列全新的健康技能，最终得以康复。

推荐书籍：《见证生命，见证爱》（作者：路桂军）

中国安宁疗护旗手、中国疼痛领域专家、医学人文学者路桂军医生首次分享自己21年生命教育的实践与思考，述说动机来自21年在临床一线所触碰的每一个真实可感的生命故事。在这部作品中，作者从一线接触的病患案例讲起，探讨疼痛、安宁疗护、生命与死亡、中国传统文化对于哀伤抚慰的作用，以及生命教育等诸多问题。他基于一名疼痛科医生对生命的认识和反思，提出"四道人生——道爱、道谢、道歉、道别"应该成为每一位中国人、每一个中国家庭面对死亡的智慧。

推荐电影:《死亡诗社》(导演:[美]彼得·威尔)

威尔顿预备学院以其沉稳凝重的教学风格和较高的升学率闻名,作为其毕业班的学生,理想是升入名校。新学期文学老师约翰·基汀的到来如同一阵春风,一反传统名校的严肃刻板。基汀带学生们在校史楼内聆听死亡的声音,反思人生的意义;让男生在绿茵场上宣读自己的理想,鼓励学生站在课桌上,用新视角俯瞰世界。老师自由发散式的哲学思维让学生内心产生强烈的共鸣,他们渐渐学会自己思考与求索,勇敢地追问人生的路途,甚至违反门禁,成立死亡诗社,在山洞里击节而歌!基汀教授、基汀老师、基汀队长,他的教育宛若春风化雨,润物无声地留在每个人心里……

推荐电影:《一念无明》(导演:黄进)

佛教把死亡称为"往生"。当一个人死了,他其实又走向了另外一个新生命的开始,当一个人出生的时候,其实他是注定走向死亡的。电影中有一句台词:我们每个人都是由宇宙星尘构成的,死亡只不过又回归到了尘埃的状态。电影讲述了一个父亲照顾重回社会的躁郁症儿子的故事,原生家庭、心理疾病、人性的疏离和冷漠,似乎每个人都无罪,却又都是罪恶的帮凶。

活动1 生 命 线

活动目的:引导学生思考人生的价值,规划将来的生活。

活动操作:

(1)我们来一起画一条线,再画一个箭头,使它成为一条有方向的线。这就是属于你的生命线,它会是什么样子的? 可以是直线或曲线,是横向或纵向,可以是任何颜色,只要是一条连续的线就可以。

(2)在生命线的一端标注"0",在末端标注一个你认为自己将会有的寿命长度,并与小组同伴分享。

(3)在这条生命线上画出你现在的位置,并与同伴分享你对处在这个年龄有什么感想。

(4)在现在年龄之前的生命线上标记4~5个点,分别代表你人生中发生过的重要事件,并与同伴分享。

（5）在现在年龄之后的生命线上标记4~5个点，分别代表你认为将来可能会发生的重要事件。

讨论分享：

（1）你的生命线为什么是这个形状的？

（2）为什么你预估这个年龄是你生命的长度？如果你在接下去的人生中努力地延长自己的寿命，你认为生命的长度会得到延伸吗？新的长度是到多少岁？

（3）在你现在年龄之前的人生中，发生的重大事件有哪些？对你有什么影响？

（4）在你现在年龄之后的人生中，可能会发生的重大事件有哪些？会对你有什么影响？

活动2 幸福拍卖会

人的一生是由无数次选择构成的。不同的选择构成每个人人生幸福的关键要素。在面临相同的选择时，每个人作出的决定却不完全一样，或许这也是我们获得幸福的途径不同。

现在，每位同学手上都有10 000元道具钱，它代表了一个人一生的时间和精力。每个人可以根据自己对人生的理解随意竞买下面的东西。每样东西都有底价，每次出价都以500元为单位，出价高者得到东西，有出价10 000元的，立即成交。拍卖的东西如下所示。

1. 爱情：1 000元　　　　　　　2. 三五个知心朋友：500元

3. 金钱：2 000元　　　　　　　4. 至高无上的权力：2 000元

5. 出国深造的机会：1 000元　　6. 一门精湛的技艺：1 500元

7. 亲情：2 000元　　　　　　　8. 美貌：1 000元

9. 自由：2 000元　　　　　　　10. 豪宅名车：1 000元

11. 长命百岁：2 000元　　　　　12. 勇敢和诚信：1 000元

13. 一颗爱心：1 000元　　　　　14. 名垂青史：2 000元

15. 每天都能吃美食：1 000元　　16. 拥有自己的图书馆：1 000元

17. 健康：1 500元　　　　　　　18. 智慧：1 000元

19. 欢乐：1 000元　　　　　　　20. 冒险精神：1 500元

21. 孝心：1 000元　　　　　　　22. 周游世界：1 500元

由教师或一位同学担任拍卖师。如果10 000元代表人一生的所有时间及精力，你会花多少钱来买哪些项目？根据拍卖规则一般喊价三次成交。在座的每一位同学都是竞价者，请大家在心中选定自己想要的东西。大家要记住，生涯也如战场，假如你已认定自己的目标，就紧紧锁定它，不要让机会溜走。

"幸福拍卖会"结束后进行讨论与分享。

（1）假如现在已经是人生的尽头，请看看你手上所有的是什么东西？你是否后悔得到你所买的东西，为什么？它们对你来说是否能够带来幸福？

（2）在拍卖过程中你的心情如何？你是否后悔刚才为自己争取的东西太少？

（3）有没有同学一件物品都没有买到呢？为什么？

（4）你争取回来的东西是不是你最想得到的？

（5）金钱是否一定会带来幸福和欢乐？

（6）有没有一些东西比金钱更重要，或能够比金钱带来更大的满足感呢？你是否甘愿为了拥有金钱、权力而放弃一切呢？

（7）有没有比上面所列拍卖物品更值得追寻的东西呢？

（8）整个活动给了你哪些启示？

"生命仅有一次，绝没有重启，更没有轻易放弃的权利！任何当下迈不过的坎，定会成为将来的一笑而过。"

师小星："在信息时代，难免遭到各式各样解构的影响，而陷入低迷和消沉。事实上，我们仍然持有生而为人最神圣的权利，那就是为自己的生活赋予意义。人的消沉往往是因为失去了社会共识的保护而直面难辨真假的现实。作为大学生，享受着年轻而活力的岁月，我们自然拥有足够的时间去充分发挥主观能动性重新构筑属于自己的世界观与方法论，去积极改造自己的生活。诚然，将壁垒打破是痛苦的，再认知是艰难的，但只要能走出消极，那无论先前所打破的是怎样的温室，也会理所当然地成为只存在于过去的枷锁，而现在与未来依旧是璀璨的。"

第十五章

奔向幸福：
积极心理与健康成长

文化润心

五福：一曰寿，二曰富，三曰康宁，四曰攸好德，五曰终考命。

——《尚书·洪范》

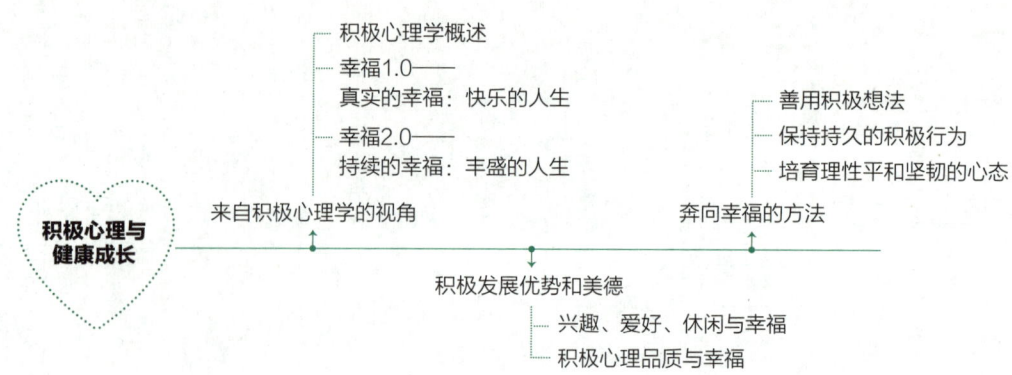

积极心理与健康成长

来自积极心理学的视角
- 积极心理学概述
- 幸福1.0——
  真实的幸福：快乐的人生
- 幸福2.0——
  持续的幸福：丰盛的人生

奔向幸福的方法
- 善用积极想法
- 保持持久的积极行为
- 培育理性平和坚韧的心态

积极发展优势和美德
- 兴趣、爱好、休闲与幸福
- 积极心理品质与幸福

每个人都有自己的独特经历和幸福经验，让我们听听同学们的分享。

小A：我曾在高考前的一次模考经历过失败，产生了考不上大学的担忧，这激发了我破釜沉舟的动力。最后高考的时候考出了高三的最好成绩，拿到录取通知书的时刻是幸福的，好像经过了波折和磨难的历程才有可能获得印象深刻的幸福。

小B：高中时，我转学到另一所学校。在我生日那天，我的同学在我座位上放了礼物，我以前学校的同学也发祝福给我，我感受到了双倍的幸福。

小C：我曾经参加过一个公益组织的志愿活动，为一些因患病化疗的青少年捐献头发并定制成发套。有需要的患者戴上后，心情好了就更有信心和病魔抗争。传递爱心和温暖，帮助需要帮助的人，让我感受到一种有意义的幸福。

小D：中学时，我曾经历过身心状态的低迷，经常看病吃药，功课落下很多，心情也很低落。那段时间父亲抽出周末的时间，带我去爬山、骑行。有一次爬到半山腰手脚酸软，已经很疲劳了，但父亲一直坚定地陪在身边、加油打气。当登上山顶，一览众山小的时候，我忽然有种心胸开阔、内心舒畅的幸福。

小E：高考结束后，我第一次去到音乐会现场，见到了心仪的偶像，现场大合唱时那种共鸣时刻，回想起来特别激动，令人陶醉和难忘。

幸福作为一种综合的美好体验，每个人都乐于拥有。2012年6月28日，第66届联合国大会宣布，追求幸福是人的一项基本目标，幸福和福祉是全世界人类生活中的普遍目标和期望。决议将每年的3月20日定为"国际幸福日"（International Day of Happiness）。

一、积极心理学概述

积极心理学（Positive Psychology）是一门致力于研究人的积极力量和美德的科学，其核心理念在于帮助人们发现并发展自身的内在潜能和优势，以实现更好的生活质量和心理健康。积极心理学的兴起源于对传统心理学的一种反思和革新，是建立在科学原则基础上的一个新兴领域。传统的心理学研究往往聚焦于问题、疾病和负面情绪。随着社会的快速发展和生活节奏的加快，人们越来越意识到，仅仅关注问题和疾病并不能真正提高生活质量和幸福感。积极心理学不是"心灵鸡汤"，而是一门关注和研究人类内在积极力量和潜能的科学，力图客观、真实、有依据、可反复验证。伴随着神经科学的发展，积极心理学研究与神经科学相结合，探究积极情绪和行为的神经机制。这有助于我们更深入地理解积极力量在人类大脑中的运作方式，为创造人类福祉提供新的思路和方法。

藏在大脑里的快乐源泉

神经心理学家在研究大脑的构造和功能后发现，幸福和三个重要的生理指标密切相关。

幸福感产生的神经生理条件和大脑的一些区域活动有关，包括边缘系统、杏仁核等。杏仁核位于海马体和侧脑室下角顶端，如同一颗杏仁。它是人类情感行为的核心，是存储恐惧和焦虑信息的重要神经组织结构。杏仁核的活跃有警示的作用。特别活跃时，人们会处在比较强烈的负面情绪中；不那么活跃时，人更容易感受到幸福和快乐。大脑的前额叶是对我们体验幸福感特别重要的区域，我们对于"意义"的感受，包括领悟、德行等都和前额叶有关。

幸福感也和几种重要的神经传导物质有关。大脑有一个特别重要的神经加工中心叫中脑腹侧被盖区（VTA），它分泌的神经物质包括内啡肽、多巴胺、催产素和血清素。当人们特别有欲望去完成某件事，大脑就会分泌大量多巴胺。而内啡肽可以帮人缓解或隐藏身体的痛苦，让人坚持完成某个任务或做出某种行为。催产素被称为"爱的激素"，它也并非女性的专利，男女都可分泌催产素。它可以减少肾上腺酮等压力激素水平，有效抑制负面情绪加工，增进信任，促进人际关系。血清素则是一种情绪调节剂，影响人的胃口与情绪，提高血清素有助于增进食欲，改善睡眠，振奋精神。

积极心理学中关于幸福的研究是一个广泛而深入的领域。了解、增进幸福是积极心理学的核心目标之一。越来越多的心理学研究表明，人性中的优点是心理健康重要的资源和保护性因素。开发与培养人性的优点，促进心理健康成长，已成为当代心理学研究新的增长点。彭凯平和闫伟在《活出心花怒放的人生》中指出，积极心理学方向有科学证据的论断有：

大部分人是心理健康的，而且是快乐的；

人心是坚强的，不幸是可以克服甚至超越的；

人性是善良的，即使是婴儿也有善恶之辨；

积极的心态是长寿的重要原因；

良好的人际关系是幸福感的重要来源；

良好的社会关系是我们应对各种挫折和失败的最好保障；

金钱对幸福的影响是边际递减的，把钱花在有意义的事情上更容易产生幸福感；

幸福的生活是可以习得的，并通过知行合一去实现它；

追求高尚，甚至只是心向往之，也比无动于衷好得多。

积极心理学是心理学领域的一场革新。这场变革的发起者是美国心理学会（APA）前主席马丁·塞利格曼，他被誉为"积极心理学之父"，是当代最知名的心理学家之一。他在主席任期内（1998年）提出了"积极心理学"的概念，并持续地研究和探索，提出了幸福1.0和幸福2.0的理论和模型，致力于将积极心理学应用于教育、职场和社会政策等领域。

二、幸福1.0——真实的幸福：快乐的人生

塞利格曼在幸福1.0中提出追求幸福的三个层次：积极情绪、投入和意义。第一个层次是通过促进积极情绪，享受"愉悦的人生"；第二个层次是追求一种能够全身心沉浸于生活的状态，进入"投入的人生"；第三个层次是找到方向、追求、使命、梦想并为之奋斗，追寻有意义的人生。这个阶段的幸福理论核心是生活满意度。塞利格曼教授认为幸福1.0理论是积极心理学的核心，它是一个可以通过测量生活满意度来定义的真实的东西。

幸福1.0理论认为，我们需要作出选择时，会估计行为能带来多少生活满意度，然后采取行动来最大化未来的幸福。幸福最大化是个人选择的最终共同目标。塞利格曼提出了追寻幸福的三个指导原则。

（一）塞式幸福法则一：过去的就让它过去

过去的事不能决定你的未来，不要把自己桎梏在过去。童年的不幸不能完全决定长大后会出现什么样的问题，没有任何理由将自己的抑郁、焦虑、婚姻不美满、失业、攻击性、酗酒或暴怒，都怪罪到童年的事件上去。研究结果显示感恩和宽恕能改变人的记忆，感恩能增加美好记忆的强度，而宽恕则将痛苦记忆的保险丝拆掉，使它不再引爆，这样你会更幸福。

小L在高中一直是班里排名靠前的学生之一。他每天起早贪黑地学习，期待着进入梦想中的院校。然而，他在高考中发挥失常，只进入了本地的一所二本院校的冷门专业。小L的心情一下跌入了谷底，看着身边的朋友都如愿收到了理想大学的录取通知书，小L的心情愈发沮丧和低落，甚至起了复读、辍学的念头。到了新学校，他总觉得自己本不该属于这里，要是当时做得再快一点，审题再仔细一点就好了。小L的情绪非但没有得到改善，反而因为这样的心态，他开始抱怨新学校的一切，宿舍条件不佳、老师上课照读PPT、同学不爱学习，小L逐渐自暴自弃。到了期中考试，小L成绩很差，他为此感到非常苦恼，感觉做什么都提不起兴趣，也找不回从前的自信。

转眼到了小L的生日，小L收到了好朋友小M的来信。在信里，小M感谢小L在高中时期迎难而上的学习态度鼓舞了自己，回忆起他们共同学习的时光，祝福小L在大学中依然做自己，发光发热。好朋友的话语一下子照亮了小L，他突然明白不是命运搞丢了曾经的自己，而是他对自己的努力价值与高考结果的认同绑定。他为自己扛上了这块过去的"石头"，使得他无法在如今的学习生活中创造新的生活。而好朋友的鼓励，让他重新看待过去，不再沉溺在无穷的抱怨、后悔和自责中。面对现实重新出发，才是自己当下可控和可以选择的，未来已来，未来是什么，就在当下的每一天的积累中。过去的就让它过去吧。

（二）塞式幸福法则二：未来不全像你想象那样

塞利格曼的研究发现乐观的人具有韧性。他们把自己所面临的挫折看成是特定的、短暂的，是别人行为的结果。相反，悲观的人常常认为造成挫折或失败的原因是永久的、普遍的，而且全是自己的错，失败后就认命了，不再尝试或不再努力的心理状态就是习得性无助。乐观的人会将好事归因于自己的人格特质或能力，所以好事是永久的，而且乐观的人会认为自己各方面都棒。悲观的人则认为好事是暂时的，而且一方面好不代表其他方面也好。乐观的人遇到挫折后会很快重新振作起来，而且成功后，他们会继续努力，获得更多的胜利。悲观的人碰到挫折就会垮掉，很难东山再起，获得成功后也不继续努力去追求更多的成功。

（三）塞式幸福法则三：抓住现在的幸福

品味和正念幸福时刻可以帮人们增加生活中的愉悦。比如与他人分享愉悦；保留、唤醒愉悦记忆的东西；善于祝贺自己的点滴进步；打开感官通道，体味细节；放慢脚步，用心去感受生活，以开放和好奇的心态去观察世界。尝试全身心投入到所做的事中，忘我地做事情，会带领我们享受当下的幸福。

小丫和朋友们趁着春光来到公园写生，他专注于眼前的风景，感受着一草一木的生机色彩。在绘画过程中，小丫专注于色彩和笔触的舞蹈，眼、心、手融为一体。几个小时过去了，小丫收笔，在这场与大自然的近距离邂逅中他感受到专注带来的平静、喜悦与充实。

三、幸福2.0——持续的幸福：丰盛的人生

在幸福1.0的基础上，塞利格曼研究和发展了达成幸福路径的更多要素。幸福2.0理论中，不但强调持续的幸福，更拓展了发展蓬勃人生（flourish life）的概念。追寻蓬勃盛放的幸福人生包括5个元素：积极情绪、投入、人际关系、意义和成就。

（一）积极情绪（positive emotion）

幸福2.0理论的第一个元素是积极情绪，也是幸福1.0理论中的第一个元素，它仍然是幸福2.0理论的基石，但有一个关键的改变是幸福感和生活满意度从整个理论的目标转变为包含在积极情绪里的一个因子。

小W在上大学生活中保持记日记的习惯。他将每天发生的值得铭记或感恩的小事记下来，存入他的"幸福银行"，如收到了一位陌生同学的帮助，春天校园里开放的花。这种记录的习惯让他对身边的美和喜悦有了更加敏锐的感知力。

（二）投入（engagement）

投入的状态主要依靠主观评估。（"有没有感觉到时间停止？""你完全沉浸在任务中了吗？""你忘了自我吗？"）积极情绪是快乐（或愉悦）的元素，包含主观幸福感的所有常见因素，如高兴、狂喜、舒适、温暖等。当人处于心流状态时，通常会全身心沉浸其中，只会在回顾时说"那真好玩"或者"那真棒"。因此，对快乐的主观感受是在现在，而对投入的主观感受只能靠回顾。

（三）人际关系（relationships）

英国心理学家尼克·汉弗莱（Nick Humphrey）提出大脑是用来解决社会问题的，而不是物质问题。大脑是一个社会关系模拟机，为了能设计和开展和谐而有效的人际关系，它得到了进化。我们深知，积极的人类情感在很大程度上是为了社会和人际关系。在感情上，我们是群体动物，不可避免地寻求与群体内其他成员的积极关系。

小J是一名大学一年级的学生，她来自一个小城市。来到大学后，她发现自己很难融入新环境。她缺乏社交技巧和自信，不知道如何与人交往和沟通。但幸运的是，小J遇到了特别好的室友，在室友开朗的聊天氛围之下，小J也慢慢地打开了自己。她发现大学其实是一个多元的小社会，因为对于专业的喜爱和拥有独特的见解，她总可以找到一个环境去表达，也因此吸引来更多志趣相投的朋友。后来，小J慢慢从一个"社恐"变成在团队中广受好评的队友。在遇到困难时，她会收到好朋友的支持和鼓励。在成长道路上，虽然迷茫和不确定，但因为和好朋友在一起，成长之路变得不再孤单。

（四）意义（meaning）

意义指归属于和致力于某样你认为超越自我和有价值感的东西。学者白令认为，生活意义可以是：① 让生活变得合情合理；② 生活有目标；③ 生活有升华；④ 产生自尊、效率、正义。

（五）成就（accomplishment）

幸福2.0理论的第5个元素：其短暂的形式是成就，长期的形式是"成就的人生"，即把成就作为终极追求的人生。成就的元素也表明了积极心理学的任务是描述或发展人们追求幸福的方法。

小R是一名大学二年级的学生，他在一所工科院校学习机械工程专业。他总觉得自己对这门学科缺乏热情和兴趣，难以在这个领域长久地发展下去。一次偶然的机会，小R参加了学校的计算机编程比赛。在比赛中，他发现自己对计算机编程有着浓厚的兴趣和天赋，并且能够快速地理解和掌握编程知识，并且能够用代码解决各种问题。这次比赛的经历让他对计算机产生了浓厚的兴趣，他开始思考是否应该转修计算机专业。然而转修并不是一件容易的事情。小R面临着来自家庭和朋友的反对和质疑，他们认为他已经学习了两年机械工程，放弃这个专业太可惜了。但是，小R坚信自己对计算机的兴趣和天赋，他决定勇敢地追求自己的梦想，去做正确但困难的事，这句话一直萦绕在小R的心底。小R开始利用课余时间自学计算机知识。他参加了各种计算机培训班和研讨会，与业内专家面对面交流，学习他们的经验和技巧。他还积极参加各种计算机比赛和项目，展示自己的编程能力，接受外界的评判和建议。在这个过程中，小R虽遇到重重阻碍，但始终没有放弃，他坚信自己所选择的是具有长远价值的人生方向。最终，小R的努力得到了回报。他成功地转修计算机专业，并在毕业后顺利地找到了一份满意的工作。他成为一名优秀的软件工程师，他的能力和天赋得到了公司和客户的认可和赞赏。

在幸福1.0理论中，仁慈、社会智慧、幽默、勇气、正直以及其他优势与美德（共24个），是投入的基石。当使用最强的优势去应对最大的挑战时，就能体验到心流。在幸福2.0理论中，这24个优势支撑着5个元素，而不仅仅是投入——它们运用人最强的优势，以获得更多积极情绪、更多意义、更多成就以及更好的关系。

第十五章
奔向幸福：积极心理与健康成长

第二节
积极发展优势和美德

一、兴趣、爱好、休闲与幸福

（一）个人的兴趣与幸福

  钢琴家郎朗自小便展现出对音乐的非凡天赋和浓厚兴趣。他每天坚持数小时的钢琴训练，这种持之以恒的努力让他在青少年时期便赢得了多个国际音乐比赛的奖项，逐渐崭露头角。成年后，他的演奏技艺更加精湛，受邀在世界各地举办音乐会，与知名乐团合作，其独特的演奏风格深受观众喜爱。然而，在职业生涯中，他并非总是一帆风顺。青少年时期，他参加了一场国际钢琴大赛，这本应是他展示才华的绝佳机会，却因为紧张过度而失误，未能发挥出最佳水平。这次挫折给他带来了巨大的打击，使他开始怀疑自己的能力和选择，陷入短暂的迷茫和沮丧之中。但幸运的是，郎朗对音乐的热爱和兴趣成为他前行的灯塔。他明白失败只是暂时的，于是重新振作起来，以更加坚定的信念和更加努力的态度投入到钢琴的练习中。经过一段时间的调整和努力，他逐渐走出了失败的阴影，技艺更加精湛，心态也更加成熟稳定。

  郎朗的故事告诉我们，兴趣的力量是无穷的。正是因为对音乐的浓厚兴趣，他才能够克服重重困难，成为享誉全球的钢琴家。他的成功也激励着更多人去追寻自己的梦想，以梦为马，不断前行。对于钢琴家郎朗而言，兴趣是重要的起点。因为热爱所以不畏困难，坚持不懈，点燃生命的精彩。

  心理学家将兴趣定义为个体对生活环境中的人、事、物的喜好程度以及对学习、职业等活动主动接触参与的积极心理倾向。

  兴趣可以促进学习质量的提高。希费尔等人对一系列研究结果所进行的元分析表明个人兴趣和成就之间的相关接近30%。

  兴趣可以影响个性发展。孟昭兰基于伊扎德的情绪维度量表测量分析认为，兴趣各维度受先天个性和情境活动影响，与情绪、认知相互作用形成个性结构。兴趣的个性倾向主要有逻辑思维优势型、操作活动优势型、感情体验优势型和社会交往优势型四种类型。这四种类型的人分别可以被塑造为相关领域的专家，如理论家或思想家、各行业的技术专家、艺术家、社会活动家、政治家等。

兴趣可以维护心理健康。研究表明有兴趣爱好并且经常参与的人，他们的心理健康状况显著优于那些缺乏兴趣爱好的人，也高于那些有兴趣爱好但不常参与的人。兴趣有利于克服焦虑和改善作业。兴趣活动能满足个人的需要，从而促进心理发展增强自我效能感，还能使个人的主动性和意志力得到检验和培养。

（二）成熟的爱好与幸福

圣何塞州立大学公共卫生与娱乐系主任强调，当我们通过爱好为休闲时间带来意义时，它不仅有助于改善我们的心理健康，还可以加强我们的联系感、认同感和自主性。发展成熟爱好的重要性体现在多个方面。

第一，它有助于提升生活质量。当人沉浸在自己热爱的活动中时，会感到无比的愉悦和满足，这种积极的情绪状态有助于人们更好地应对生活中的挑战和压力。第二，成熟的爱好能够培养专注力和耐心。发展爱好需要投入大量的时间和精力去学习和实践，在这个过程中会锻炼人的意志力和毅力。第三，拥有成熟的爱好有助于建立广泛的人际关系网络。在追求爱好的过程中，我们会遇到志趣相投的人，共同分享喜悦和成就。这种互动和交流不仅能够丰富人生经历，还能够提高我们的社交能力。

如何发展成熟的爱好呢？首先，要深入了解自己的兴趣和喜好。其次，要制订明确的目标和计划。再次，要不断学习和提升。最后，要保持开放和包容的心态。

（三）适度的休闲与幸福

休闲不是人们劳动之后简单的身体恢复，也不是人们对闲暇时间的一般意义上的占有，而是人们在自由时间里寻求身心愉悦与自我发展的一种自主存在状态。休闲包含三个基本内容：一是可供自由选择的时间，休闲以拥有自由时间为前提；二是自主愉悦的内在体验，休闲是人们摆脱必然性后的一种自主性体验；三是人们价值实现的方式。休闲是实现人的自由的状态和方式。从价值理想与现实条件来说，休闲与美好生活具有内在的耦合性。休闲是人们美好生活的重要组成部分，是美好生活的一种重要表征。

人们不仅要适度休闲，还需要调整休闲的心态，充分认识到休闲对于调整身心状态的重要性，没有心理负担地去休闲。积极有效的休闲能够放松身心，提升自我，增加幸福感。而如果潜意识里将休闲视为浪费精力、无意义，那么会降低幸福感，带来压力，增加抑郁风险。

二、积极心理品质与幸福

罗杰斯人本主义心理学强调个体的主观体验和自我实现的重要性。他认为，每个人都有实现自身潜能的内在动力，即自我实现倾向。他提出的无条件积极关注和共情是促进个体成长和心理健康的关键因素。罗杰斯的观点为理解个体如何通过自我接纳和自我探索来克服困难和实现个人成长提供了深刻见解。马丁·塞利格曼等学者提出，积极心理品质包括智慧、勇气、仁慈、正义、节制和升华等6个维度24项积极心理品质。积极心理学认为，通过培育这些积极心理品质，个体不仅能够提升幸福感，还能促进社会的整体福祉。对美德的培育不仅限于个人层面，也涉及教育、组织和政策制定等领域，旨在创建一个更加积极、有韧性的社会。

（一）智慧：创造力、好奇心、开放的思想、好学、洞察力

创造力是创新的源泉，让人们不断尝试新的方法和思路，打破陈规，开创新局。好奇心则是推动人们探索世界的动力，让人们保持一颗永不停息的好奇心，去追寻真理和智慧。开放的思想让人们能够接纳不同的声音和观点，从中汲取营养，丰富自己的认知。热爱学习则让人们保持学习的热情和动力，不断提升能力和素质。有视野的人能在复杂的情况下作出正确的判断，具备远见卓识。

（二）勇气：勇敢、真诚、坚持、热情

勇敢和真诚是人格魅力的体现，让人们在人际交往中更加坦诚和果敢，赢得他人的尊重和信任。坚持和热情则是人们实现目标的关键，让人们在困难面前不屈不挠，始终保持对生活和事业的热爱。

（三）仁慈：友善、爱、社会智慧

友善和爱是人对待他人的态度，使人际交往更加和谐、融洽，主动创造美好。社会智慧让人在人际关系中主动交往，理解他人。

（四）正义：公平、领导力、团队精神

公平是社会正义的基石，做事公正合理。领导力和团队精神则共同推动团队的发展和进步。

（五）节制：宽容、谦虚、谨慎、自律

宽容和谦虚则是人对待自己和他人的态度，让人在与人相处中更加包容、理解，保持谦逊和低调，不断提升境界和修养。谨慎使人深思熟虑，避免犯错。自律使人有序生活，控制言行。

（六）升华：审美、感恩、希望、幽默、信仰

审美让人们发现生活中的美，丰富内心；感恩让人们珍惜并感激所拥有的一切。希望激励人们在困难中坚持。幽默为生活增添乐趣。信仰赋予人们生命的意义和目标。

第三节
奔向幸福的方法

一、善用积极想法

（一）理性情绪疗法

如果在不如意事件发生后，有效反驳悲观想法，也许可以改变受事件打击的反应，使心态和行为变得更稳定和自信。理性情绪疗法就是这样的认知调节方式：A（adversity）代表不好的事，B（belief）代表事件发生时自动浮现的念头、想法，C（consequence）代表这个想法所产生的后果，D（disputation）代表反驳，接着用E（energization）代表成功反驳后所受的启发。

小明是一名大学生，正面临毕业和就业的压力。他对自己的能力和未来充满期待，同时也有些担忧和紧张。小X在准备面试的过程中，积极寻找各种资源和信息，努力提升面试技巧和专业知识。他相信自己的能力，认为只要努力就能找到满意的工作。在面试中，即使遇到了一些问题，他也能够保持冷静，从失败中吸取教训，调整策略，最终成功地获得了心仪的职位。面对就业压力，小G感到焦虑和不安。他担心自己找不到好工作，或者即使找到了，也不适合自己。在面试中，一旦遇到挫折，他就会感

到沮丧和失落，认为自己不够优秀，无法胜任这份工作。这种消极的想法让他更加紧张，影响了他的表现，最终导致面试失败。

使用ABCDE模式反驳悲观想法：

A（adversity）：面试失败。

B（belief）：我太差了，找不到好工作。

C（consequence）：沮丧、失落、失去信心。

D（disputation）：反驳这个想法，认识到面试失败并不代表我不够优秀，只是这次没有发挥好。我可以从失败中学习，提升自己，下次做得更好。

E（energization）：通过反驳，重新找回自信，更加积极地准备下一次面试，最终获得更好的工作机会。

（二）意义疗法

意义疗法是由奥地利著名心理学家弗兰克尔创立的心理咨询与治疗的方法，也是奔向幸福的哲学智慧。意义疗法理论基础中对个体有三方面的假设：一是精神，个体是由身体、精神、心理三个主要部分组成，精神是其中的最高层次；二是个体在任何困境中仍然有自己作出选择的自由，这个假设肯定了个体的自主能动性；三是个体作出选择要承担相应的责任，在履行责任时实现自己独特的意义。精神、自由、责任是个体存在的根本性特征，是发现与寻找生命意义的前提。

现有心理学的科学研究大多支持生命意义感与幸福感显著正相关的观点，一般认为，生命意义感可正向预测情绪幸福感、社会幸福感和心理幸福感。弗兰克总结归纳了三个寻找生命意义的途径，分别是创造性价值、体验性价值和态度性价值。创造性价值是指在工作生活实践中创造自己的价值，获得自己的价值感。除了工作，还可以从志愿服务、科学研究、发明创造等活动获得创造性价值。体验性价值是指在爱与被爱的体验中、对于美的体验中获得人生意义，追寻幸福。这种爱可以是亲情、友情、爱情，也可以是博爱。态度性价值是指在面对人生路上不可避免的挫折与困难时，可以选择面对苦难的方式、方法与态度，选择从新的视角去解读挫折和困难的意义。

二、保持持久的积极行为

（一）积极行为的源泉：内在动机

动机指的是驱使个体活动的内在动力，而动机可以分为内在动机和外在动机。

个体拥有内在动机时，其活动的原因在于个体本身，比如摄影师享受通过镜头对美好瞬间的记录；徒步者享受傍山涉水中的奇妙体验；学生热爱学习过程中的知识汲取。而当个体拥有外在动机时，其活动的原因不在于个体本身，比如摄影师为了获得金钱报酬，徒步者为了获得别人的关注，学生学习为了逃避家长的批评。个体在从事某项事务时，动机往往是复杂的，但内在动机是积极行为的源泉。

自我决定理论（Self-Determination Theory，SDT）是20世纪80年代以积极心理学为背景发展起来的一种认知动机观。该理论认为，个体是积极向上的，具有自我实现和自我成长的需要，具有自主、胜任、归属三项基本的心理需要。当个体自主、胜任、归属的基本心理需要得到满足，就能够增强内在动机。

自主需求是行为决策时不受限制，如个体自己对什么感兴趣，想学习哪方面的知识技能，而不是由家长、老师来决定。胜任需求即个体觉得自己能胜任某个任务，当任务难度高不可攀时，个体的胜任需求就不能得到满足。归属是指个体在所处环境中能够收到来自他人的关怀与爱。

（二）积极行为的巩固：心流体验

心理学教授彭凯平在《吾心可鉴：澎湃的福流》中提及心流体验是一种"幸福的终极状态"。

心流体验由心理学家契克森米哈赖提出。他认为当人们参与某项活动并全身心投入其中时，会忽略时间的流逝，达到物我两忘的境界，这就是心流体验。当个体具备的技能水平与其从事任务的挑战难度达到平衡时，会出现心流体验，进而激发个体产生愉悦感、满足感以及自信度，赋予个体长时间坚持的内在动力。心流体验是一种深度体验，心流体验会给个体带来积极情绪体验，同时也能巩固积极行为。

心理学家米哈伊对于心流体验有三条建议：一要有清晰的目标。当个体树立清晰明确的目标，考虑好自己出于何种目的时，更容易获得心流体验。二要及时反馈。个体如果能在从事的活动中获得及时、有效、积极的反馈，那么会有更强烈的意愿实施这个活动，才更有可能获得心流体验。三要技能与挑战的匹配性。如果挑战过于困难，个体则会产生挫败、失望，而挑战过于简单时，个体则觉得乏味无聊，这两种不匹配的状态都不利于心流体验的产生。

三、培育理性平和坚韧的心态

（一）积极情绪的培育

积极情绪是指个体由于体内外刺激、事件满足个体需要而产生的伴有愉悦感受的情绪。积极情绪能够激活一般的行动倾向，对于认知具有启动和扩展效应，能够建设个体的资源，撤销消极情绪产生的激活水平，能够促进组织绩效。积极情绪是心理健康的重要组成部分，同时对身体健康具有促进作用。

在《孩子的品格》一书中，彭凯平教授提出"五施"法激发积极情绪，它涵盖了言施、身施、眼施、颜施和心施5个方面。这5个方面相互关联，共同构成了激发积极情绪的有效策略。

言施，即通过积极的语言表达来激发积极情绪。在与他人交流时，使用正面、乐观的话语，能够传递出积极向上的能量，从而引发积极的情绪反应。对于孩子来说，言施尤为重要，父母用积极的语言引导孩子，可以帮助他们形成乐观向上的心态。

身施，指的是通过身体的动作和接触来产生积极情绪。运动、拥抱、拍手等动作都能促进身体分泌快乐的化学物质，带给人们愉悦的体验。与孩子一起参与运动或游戏，不仅可以增进亲子关系，还能让孩子在运动中体验到快乐，激发他们的积极情绪。

眼施，意味着用一双慧眼去发现生活中的美好。当人们关注生活中的积极变化，欣赏大自然的美景，或者看到孩子的笑脸时，心中自然会涌起温暖和满足的感受。这种感受能够激发人们的积极情绪，让人们更加热爱生活。

颜施，即通过微笑来表达内心的喜悦和幸福。微笑是人与人之间传递积极情绪的有效方式，能够传递出深厚的情感和关爱。多对孩子微笑，可以让他们感受到父母的爱与关注，有助于维持稳定的亲子关系。

心施，则是用心去感受生活中的每一个瞬间。通过聆听悦耳的鸟鸣、抚摸每一个物件、闻花香、品尝美食等方式，可以培养内心的感受力，让心灵变得更加丰富和充实。这种内心的丰富和充实能够激发人的积极情绪，让人更加珍惜和享受生活的美好。

（二）心理韧性的培育

心理韧性（resilience）指从逆境、冲突、失败甚至一些积极事件中迅速恢复的心理能力。通常具有韧性的人能够在任何情况下接受现实，内心有稳定的价值观，并且受这种价值观的支持，深信生活的积极意义，面对重大变化时，能够拥有强大的心态去应对和适应。美国心理学会指出，心理韧性是个体在面对生活逆境、创伤、悲剧、威胁和其他生活重大压力时良好的适应能力。它是一种能从困难中恢复过来的能力。心理韧性强的个体通常能够拥有强烈的社会支持联系和感情联系。因此，提升个体的心理韧性，使得个体在面对困难时不轻易言弃，成为一个积极、自信、乐观、向上的人。

彭凯平教授提出的ABC模型是一个旨在培养个体心理韧性的实用框架，同样也适用于大一新生在面对大学生活挑战时的心理调适和行为应对。

A代表"接受"（acceptance）：作为大一新生，可能会面临新环境的适应问题、学业压力和人际关系的挑战。首先要接受这些困难是大学生活的一部分，然后积极寻找资源，如老师、学长、学姐的帮助，以更好地解决问题。

B代表"行为"（behavior）：鼓励采取积极的行动来解决问题。成长型思维模式是关键，它让你相信通过努力可以克服困难。例如，如果在学习某个课程上遇到困难，不要否认自己，而是要积极寻找学习策略克服困难，如组建学习小组、参加辅导课或利用在线资源。

C代表"认知"（cognition）：这涉及保持积极的心理预期，并将注意力集中在可以控制的事情上。例如，面对繁重的课业，专注于自己的学习计划和时间管理方面，而不是过分担忧成绩。通过这种方式，可以减少焦虑，提高解决问题的能力。

心理韧性是个体应对压力、挫折、创伤等消极生活事件的能力或特质。有的个体在遭受逆境挑战时，反而激发出潜能，变得更为坚强和成功。心理韧性为缓冲应激对健康的消极影响和促进积极适应具有重要作用。心理韧性是个体对应激健康适应重要的决定性因素和保护性资源之一。研究表明，高心理韧性个体体验到更少的心理困扰，表现出更好的适应结果。平夸特对1 221名德国青少年进行的研究发现，心理韧性与较低水平的心理困扰相关。随着时间的推移，心理韧性与心理困扰水平的降低有关，并且心理韧性缓解了日常琐事应激对学生心理困扰的消极影响。曼奇尼和博南诺的研究发现，高心理韧性个体比较其他经历相同创伤事件的个体，表达较少消极情绪、更多积极情绪，心理韧性和乐观得分高的个体报告感知到的压力更少。弗里堡等人的研究发现，高心理韧性个体通过使用支持性资源来提高他们的应对能力，从而能够减少他们感知到的压力体验和心理痛苦。

心理韧性自评
量表

综上，大学生可着眼于树立积极的人生观和世界观、训练积极的成长性的思维方式、创造主观幸福的体验；在面对问题和困难时，积极归因，有意识接纳、调节和转化消极情绪；重视培养积极的心理品质和人格，将积极心理学的理念应用到学习、生活的各个方面。主动觉察和尊重自己内在心理变化的特点和规律，不盲目和他人比较，向内调试，向外求教或求助，提高心理韧性和化解心理危机的能力。祝福同学们不断自我超越，奔向幸福的人生。

推荐书籍:《幸福的真意》（作者:［美］米哈里·契克森米哈赖）

《幸福的真意》的作者投入四分之一世纪的时间，钻研人类深邃的喜乐经验，凭借丰富的学养，揭开快乐的真相，使人们重获内心和谐与幸福满足。借由书中的启发，人人都可以通过内在的省思，提升日常生活经验的层次，享受超越自我、得意人生的狂喜。今天，"不快乐"的文明病日益猖獗，你是否发现许多人终生盲目追求，幸福仍像抓不住的青鸟？人生只有一次，没有人希望自己活得浑浑噩噩。但是，若想活出生命的真意，享受神采飞扬、意气风发的生活，就必须依靠自己把握方向，不为外力所控，充分利用时间与潜能，发挥个人特质，并与宇宙万物相契合。

第十五章
奔向幸福: 积极心理与健康成长

推荐书籍:《青年烦闷的解救法》（作者：宗白华）

宗白华先生将生活中的多元化问题以"悟道"的形式来理解：既跳出来又扎进去，才能将问题看深、看透。这是一种淡泊的生活之道，也是大众排遣日常烦闷、规避生无用之气的清心之道，是真正觉悟后的生活美学。辑录本文集的目的正是如此。唯美的眼光、研究的态度、积极的工作，用三种方法去缓解年轻人的"烦闷"，在繁杂、多样的世界里学会"悟"，即保持住生命的诗意和对人间、生活的憧憬。

推荐电影:《心灵奇旅》（导演:［美］彼特·道格特/凯普·鲍尔斯）

究竟是什么塑造了真正的你？电影中，乔伊·高纳这位中学音乐老师获得了梦寐以求的机会——在纽约最好的爵士俱乐部演奏。但一个小失误把他从纽约的街道带到了一个奇幻的地方"生之来处"，在那里，灵魂们获得培训，在前往地球之前将获得他们的个性特点和兴趣。决心要回到地球生活的乔伊认识了一个早熟的灵魂"二十二"，二十二一直找不到自己对于人类生活的兴趣。随着乔伊不断试图向二十二展示生命的精彩之处，他也将领悟一些人生终极问题的答案。

推荐电影:《送你一朵小红花》（导演：韩延）

影片讲述了患癌男孩韦一航从一开始的消极生活，逃避与人接触交往的悲观态度，到后来遇见同样拥有患癌经历，但人生态度却与他原先截然相反的乐观女孩马小远，最后两人互相鼓励，积极生活与追寻梦想的故事。两个抗癌家庭，两组生活轨迹。在机缘巧合之下，孤僻消极的韦一航碰到了乐观开朗的马小远，两人由"失恋水"到"不共戴天"再到"生死与共"，在与癌细胞化干戈为玉帛的过程中相互给予鼓励和陪伴，死亡对他们而言，随时都会到来。在此之前，他们能做的只有爱和珍惜。

三 件 好 事

晚上睡觉前，请想一想24小时内发生在你身上的三件好事儿，即令你感到开心、欣慰、满足、高兴或者愉悦的事儿，不必轰轰烈烈，哪怕是一个问候的短信、一个友善的微笑，把它们记录在手机备忘录或者纸上，并想想这件事为什么会发生？

无论你今天过得如何，你的今天一定有至少三件好事发生！

未来每天也会如此。

"心中有阳光，脚下有力量。前行的路可能有微风轻拂、阳光雨露，也可能有风吹雨打甚至狂风暴雨，用积极认知，尝试积极行动，体验积极情绪，更容易看到风雨之后的彩虹。"

师小星："在大学生活中，心理健康和心理韧性的培养显得尤为重要。通过丰富的教学活动、积极观念的建立以及积累积极情绪，我们可以促进主观幸福感体验，增强心理韧性。同时，我们也需要树立正确的理念，辩证地看待问题，对问题进行积极归因，使自己能够脱离逆境，实现自我超越。此外，培养积极心理品质也是非常重要的。只有个体的潜力得到激发与增长，才能制约与消减内在的消极因素。彭凯平教授提出的 ABC 模型是一个旨在培养个体心理韧性的实用框架。希望这些建议能帮助我们在面对挑战时保持积极的心态，提高心理韧性，成为一个更坚强、自信的人。"

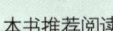

参考文献

本书推荐阅读

［1］［美］希尔. 助人技术: 探索、领悟、行动三阶段模式［M］. 胡博, 等, 译. 3版. 北京: 中国人民大学出版社, 2013.

［2］［英］波特利. 我需要去看心理医生吗?［M］. 刘彦, 译. 北京: 世界图书出版公司, 2022.

［3］［加］布里永. 心理治疗如何改变人［M］. 鲍轶伦, 译. 北京: 人民邮电出版社, 2021.

［4］［美］麦克威廉斯. 精神分析治疗: 实践指导［M］. 曹晓鸥, 古淑青, 等, 译. 北京: 中国轻工业出版社, 2015.

［5］傅安球. 实用心理异常的诊断矫治手册［M］. 5版. 上海: 上海教育出版社, 2019.

［6］［美］杜兰德, 巴洛. 异常心理学［M］. 张宁, 孙越异, 译. 6版. 北京: 中国人民大学出版社, 2018.

［7］WHO.ICD-11精神、行为与神经发育障碍临床描述与诊断指南［M］. 王振, 黄晶晶, 译. 北京: 人民卫生出版社, 2023.

［8］［美］美国精神医学学会. 精神障碍诊断与统计手册［M］.［美］张道龙, 等, 译. 5版. 北京: 北京大学出版社, 2016.

［9］傅小兰, 张侃, 陈雪峰, 等. 中国国民心理健康发展报告 (2021~2022)［M］. 北京: 社会科学文献出版社, 2023.

［10］信春鹰, 黄薇, 全国人大常委会法制工作委员会行政法室. 中华人民共和国精神卫生法解读［M］. 北京: 中国法制出版社, 2012.

［11］高湘萍, 朱敏, 徐欣颖. 教师专业发展的自我心理研究［M］. 苏州: 苏州大学出版社, 2016.

［12］林崇德, 杨治良, 黄希庭. 心理学大辞典［M］. 上海: 上海教育出版社, 2003.

［13］［美］布朗, 等. 自我［M］. 王伟平, 陈浩莺, 译. 2版. 北京: 人民邮电出版社, 2015.

［14］许燕. 成为更好的自己——许燕人格心理学30讲［M］. 北京: 机械工业出版社, 2020.

［15］［美］韦登, 邓恩, 哈默. 实用青年心理学——从自我探索到心理调适［M］. 杨金花, 等, 译. 11版. 北京: 商务印书馆, 2023.

［16］闵宝权，大津秀女. 房树人绘画投射测验——临床应用实践手册 ［M］. 北京：清华大学出版社，2021.

［17］［美］迈尔斯，等. 天生不同：人格类型识别和潜能开发［M］. 闫冠男，译. 北京：人民邮电出版社，2016.

［18］［瑞士］荣格. 心理类型［M］. 吴康，译. 上海：上海三联书店，2009.

［19］傅小兰. 情绪心理学［M］. 上海：华东师范大学出版社，2016.

［20］王芳. 当压力来敲门［M］. 北京：华夏出版社，2020.

［21］彭凯平. 吾心可鉴：澎湃的福流［M］. 北京：清华大学出版社，2021.

［22］费俊峰，李健明，李献斌，等. 大学生心理健康教育［M］. 上海：上海交通大学出版社，2021.

［23］江光荣. 大学生心理健康素养［M］. 长沙：湖南师范大学出版社，2020.

［24］［美］塞利格曼. 真实的幸福［M］. 洪兰，译. 沈阳：万卷出版公司，2010.

［25］［美］塞利格曼. 持续的幸福［M］. 赵昱鲲，译. 杭州：浙江人民出版社，2012.

［26］程淑华，于童，李欣. 积极心理学视域下大学生心理弹性的培养 ［J］.长春教育学院学报，2018，34（02）：3-4.

［27］孟昭兰. 情绪心理学［M］. 北京：北京大学出版社，2005.

［28］［瑞典］诺特伯格. 番茄工作法图解：简单易行的时间管理方法 ［M］. 大胖，译. 北京：人民邮电出版社，2023.

［29］邱仲潘，叶文强，傅剑波. 大学生职业生涯规划［M］. 北京：清华大学出版社，2017.

［30］涂雯雯，魏超. 大学生职业生涯规划［M］. 北京：人民邮电出版社，2019.

［31］［美］福特，沃特曼. 脑科学压力管理法［M］. 吕云莹，译. 南昌：江西人民出版社，2019.

［32］［美］谢弗尔. 压力管理心理学［M］. 方双虎，等，译. 4版. 北京：中国人民大学出版社，2009.

［33］［美］卡巴金. 多舛的生命：正念疗愈帮你抚平压力、疼痛和创伤 ［M］. 童慧琦，等，译. 北京：机械工业出版社，2018.

［34］［美］希奥塔，卡拉特. 情绪心理学［M］. 周仁来，等，译. 2版. 北京：中国轻工业出版社，2015.

［35］陈发展. 为什么家庭会生病［M］. 北京：机械工业出版社，2021.

［36］朵拉陈. 走出原生家庭创伤［M］. 北京：机械工业出版社，2018.

［37］孟馥，姚玉红，刘亮，等. 从出生到独立写给父母的养育心理学［M］. 北京：人民邮电出版社，2021.

［38］［美］萨提亚. 新家庭如何塑造人［M］. 易春丽，叶冬梅，等，译. 北京：世界图书出版公司，2018.

［39］官锐园. 人际沟通的核心能力：共情的理论与应用［M］. 北京：北京大学医学出版社，2018.

［40］［美］瓦尔丁格，舒尔茨. 美好生活——哈佛大学跨越85年的幸福研究启示［M］. 许丽颖，译. 北京：中信出版集团，2023.

郑重声明

读者意见反馈

为收集对教材的意见建议，进一步完善教材编写并做好服务工作，读者可将对本教材的意见建议通过如下渠道反馈至我社。

咨询电话　400-810-0598

反馈邮箱　gjdzfwb@pub.hep.cn

通信地址　北京市朝阳区惠新东街 4 号富盛大厦 1 座

　　　　　高等教育出版社总编辑办公室

邮政编码　100029

防伪查询说明